2023年西南财经大学教改实践项目"党的二十大精神一体化融入大中小学思政课研究：总体思路与实现路径"（项目号：330310004007000012）

思想政治研究文库

# 党的二十大精神一体化融入大中小学思政课的理论与实践

杨奇才　王晓玉　李玲◎主编

光明日报出版社

图书在版编目（CIP）数据

党的二十大精神一体化融入大中小学思政课的理论与实践 / 杨奇才，王晓玉，李玲主编. -- 北京：光明日报出版社，2024.6. -- ISBN 978-7-5194-8049-3

Ⅰ.D64

中国国家版本馆 CIP 数据核字第 2024YW7077 号

## 党的二十大精神一体化融入大中小学思政课的理论与实践
DANGDE ERSHIDA JINGSHEN YITIHUA RONGRU DAZHONGXIAOXUE SIZHENGKE DE LILUN YU SHIJIAN

| 主　　编：杨奇才　王晓玉　李　玲 | |
|---|---|
| 责任编辑：许　怡 | 责任校对：王　娟　李学敏 |
| 封面设计：中联华文 | 责任印制：曹　净 |

出版发行：光明日报出版社
地　　址：北京市西城区永安路 106 号，100050
电　　话：010-63169890（咨询），010-63131930（邮购）
传　　真：010-63131930
网　　址：http://book.gmw.cn
E - mail：gmrbcbs@gmw.cn
法律顾问：北京市兰台律师事务所龚柳方律师
印　　刷：三河市华东印刷有限公司
装　　订：三河市华东印刷有限公司

本书如有破损、缺页、装订错误，请与本社联系调换，电话：010-63131930

| 开　　本：170mm×240mm | |
|---|---|
| 字　　数：320 千字 | 印　张：18 |
| 版　　次：2025 年 6 月第 1 版 | 印　次：2025 年 6 月第 1 次印刷 |
| 书　　号：ISBN 978-7-5194-8049-3 | |
| 定　　价：98.00 元 | |

版权所有　　翻印必究

# 前　言

习近平总书记指出:"我们党立志于中华民族千秋伟业,必须培养一代又一代拥护中国共产党领导和我国社会主义制度、立志为中国特色社会主义事业奋斗终身的有用人才。在这个根本问题上,必须旗帜鲜明、毫不含糊。这就要求我们把下一代教育好、培养好,从学校抓起、从娃娃抓起。"[①] 党的二十大是在我国迈上全面建设社会主义现代化国家新征程、向第二个百年奋斗目标进军的关键时刻召开的一次十分重要的大会,事关国家强盛、民族复兴大局,事关全国各族人民的生活,事关青少年学生的人生。党的二十大报告提出了系列新思想、新战略、新任务,是指引党和国家未来长远发展的纲领性文献,也是引领青少年学生成长成才的纲领性文献。根据党中央、教育部党组关于学习宣传贯彻党的二十大精神及大中小学思政课一体化建设工作要求,切实推动党的二十大精神一体化融入大中小学思政课堂、深入大中小学学生头脑,经过深入研究,提出此报告,供学界同人和大中小学思政课教师参考。

本书是西南财经大学2023年教改项目"党的二十大精神一体化融入大中小学思政课的理论与实践"研究成果。杨奇才、王晓玉、李玲负责审定大纲和总纂,徐跃辉负责统稿以及审校。各章节撰写人员均是来自大中小学的一线教师,具有丰富的教学经验和扎实的理论功底。第一部分由杨奇才编写;第二部分由杨奇才、李玲、王晓玉、代镕镕、南琳、陈柏岚、周凡力、汤锡莲、黄德芳等共同编写;第三部分教学案例,大学阶段由杨奇才、李玲、徐跃辉编写,高中阶段由王晓玉、代镕镕、南琳、陈柏岚编写,初中阶段由汤锡莲、周凡力、吉

---

[①] 习近平主持召开学校思想政治理论课教师座谈会强调:用新时代中国特色社会主义思想铸魂育人贯彻党的教育方针落实立德树人根本任务 [N]. 人民日报, 2019-03-19 (1).

白、王雅丹、林光辉、张颖晨、余婷婷编写，小学阶段由黄德芳、郑思、李嘉欣编写。课题研究和本书编写得到了西南财经大学教务处汤火箭教授、许志教授以及马克思主义学院唐晓勇教授、吴玉平教授等专家学者的指导和支持，在此一并致谢。由于作者水平和能力有限，本书难免存在不足，恳请各位读者批评指正。

杨奇才

2024 年 1 月 1 日于成都

# 目 录
## CONTENTS

**第一章　理论分析** ·················································· **1**
  第一节　党的二十大精神一体化融入大中小学思政课的重要意义 ………… 1
  第二节　党的二十大精神一体化融入大中小学思政课的总体目标 ………… 3
  第三节　党的二十大精神一体化融入大中小学思政课的主要内容 ………… 5
  第四节　党的二十大精神一体化融入大中小学思政课的理论逻辑 ………… 8
  第五节　党的二十大精神一体化融入大中小学思政课的教学方式 ………… 11

**第二章　实践路径** ·················································· **13**
  第一节　党的二十大精神融入小学思政课的实践路径 ······················ 13
  第二节　党的二十大精神融入初中思政课的实践路径 ······················ 20
  第三节　党的二十大精神融入高中思政课的实践路径 ······················ 27
  第四节　党的二十大精神融入大学思政课的实践路径 ······················ 35

**第三章　教学案例** ·················································· **52**
  第一节　"创新发展"大中小学教学设计 ······························· 52
  第二节　"人民至上"大中小学教学设计 ······························· 90
  第三节　"依法治国"大中小学教学设计 ······························· 125
  第四节　"社会主义核心价值观"大中小学教学设计 ······················ 163
  第五节　"弘扬中华优秀传统文化"大中小学教学设计 ···················· 198
  第六节　"人与自然和谐共生"大中小学教学设计 ························ 235

## 第四章　政策建议 …………………………………………………… 270
### 第一节　对国家教育主管部门及教材建设部门的建议 ………… 270
### 第二节　对省市教育主管部门的建议 …………………………… 272
### 第三节　对大中小学学校的建议 ………………………………… 273
### 第四节　对大中小学思政课教师的建议 ………………………… 275

## 参考文献 …………………………………………………………… 277

# 第一章

# 理论分析

党的二十大在中国共产党史、新中国史、改革开放史、社会主义发展史中有着十分重要的地位。党的二十大精神一体化融入大中小学思政课是十分必要的。但党的二十大精神融入大中小学思政课究竟有什么意义，应实现什么目标，其融入内容、方式有什么特点和要求，需要从理论上进行系统思考。

## 第一节　党的二十大精神一体化融入大中小学思政课的重要意义

**一、学习宣传贯彻党的二十大精神的政治要求**

2022年10月29日，《中共中央关于认真学习宣传贯彻党的二十大精神的决定》（以下简称《决定》）发布。《决定》提出："学习宣传贯彻党的二十大精神是当前和今后一个时期全党全国的首要政治任务，事关党和国家事业继往开来，事关中国特色社会主义前途命运，事关中华民族伟大复兴，对于动员全党全国各族人民更加紧密地团结在以习近平同志为核心的党中央周围，高举中国特色社会主义伟大旗帜，坚定道路自信、理论自信、制度自信、文化自信，为全面建设社会主义现代化国家、全面推进中华民族伟大复兴而团结奋斗，具有重大现实意义和深远历史意义。"[①] 2022年10月31日，中央教育工作领导小组秘书组、教育部党组印发《关于教育系统深入学习宣传贯彻党的二十大精神的通知》（以下简称《通知》），就做好学习宣传贯彻党的二十大精神有关工作作出部署。《通知》要求："扎实推进习近平新时代中国特色社会主义思想和党的二十大精神进教材、进课堂、进头脑，推出一批高水平讲义、示范慕课等多样

---

① 中共中央关于认真学习宣传贯彻党的二十大精神的决定［J］. 共产党员（河北），2020（Z1）：98-104.

化教学资料，将党的二十大精神有机融入思政课教学和专业课教育教学。"① 青年学生作为中国特色社会主义事业的建设者和接班人，必须同全党全国人民一道，充分利用思政课课堂主渠道，持续深入学习好、领会好党的二十大精神。

## 二、落实立德树人根本任务关键课程的历史使命

"人无德不立，育人的根本在于立德。"2019年3月18日，习近平总书记在主持召开学校思想政治理论课教师座谈会时指出："思政课是落实立德树人根本任务的关键课程。"② 习近平总书记特别强调："当前形势下，办好思政课，要放在世界百年未有之大变局、党和国家事业发展全局中来看待，要从坚持和发展中国特色社会主义、建设社会主义现代化强国、实现中华民族伟大复兴的高度来对待"，"要成为社会主义建设者和接班人，必须树立正确的世界观、人生观、价值观，把实现个人价值同党和国家前途命运紧紧联系在一起"，"把爱国情、强国志、报国行自觉融入坚持和发展中国特色社会主义、建设社会主义现代化强国、实现中华民族伟大复兴的奋斗之中"。③ 党的二十大站在全面建成小康社会后的新起点，对未来近30年如何全面建设社会主义现代化国家、实现中华民族伟大复兴作出了具体部署，对党、对国家、对民族、对全国各族人民都有十分重要的意义。对于当前正处于6~20岁阶段的大中小学生而言更是意义重大，他们将陆续走向社会，直接参与全面现代化国家建设，直接推动和见证中华民族伟大复兴，是全面建设社会主义现代化国家、奋力实现中华民族伟大复兴的接棒人、生力军、冲刺者。因此，将党的二十大精神一体化融入大中小学思政课，有利于直接激发他们的爱国情、强国志、报国行，有利于激励他们形成勤奋学习、刻苦钻研、立志报国的强大动力。

## 三、统筹推进大中小学思政课一体化建设的应然逻辑

2019年3月18日，习近平总书记在主持召开学校思想政治理论课教师座谈会时提出："要把统筹推进大中小学思政课一体化建设作为一项重要工程，坚持问题导向和目标导向相结合，坚持守正和创新相统一，推动思政课建设内涵式

---

① 中央教育工作领导小组秘书组 教育部党组织印发通知对教育系统深入学习宣传贯彻党的二十大精神作出部署安排［EB/OL］.教育部，2022-10-31.
② 习近平.思政课是落实立德树人根本任务的关键课程（2019年3月18日）［M］.北京：人民出版社，2020：5.
③ 习近平新时代中国特色社会主义思想学生读本（大学）［M］.北京：人民出版社，2021：2.

发展。要针对不同学段，根据思想政治理论教育规律和学生成长规律科学设置具体教学目标，抓好教学目标设计、课程设置、教材编写、教学改革、教师培养、考核评价等环节，既不能揠苗助长、操之过急，又不能刻舟求剑、故步自封。课程设置要相对稳定，坚持大中小学纵向主线贯穿、循序渐进，各类课程横向结构合理、功能互补的原则，确保教材的政治性、科学性、时代性、可读性。"① 2022年4月25日，习近平总书记在中国人民大学考察时再次强调大中小学思政课一体化建设问题，他指出："青少年思想政治教育是一个接续的过程，要针对青少年成长的不同阶段，有针对性地开展思想政治教育。"② 习近平总书记在党的二十大报告中，结合党的十八大以来党领导全国各族人民在新时代中国特色社会主义建设中的成功实践，提出了系列新观点、新论断、新思想，是新征程武装干部群众头脑、指导国家建设实践的纲领性文献，是大中小学思政课最新颖、最权威的教学内容。但由于各学段学生的认知特点、思想政治教育目标有差异，党的二十大精神融入大中小学思政课时必须遵循一体化思维、差异化设计。

## 第二节 党的二十大精神一体化融入大中小学思政课的总体目标

### 一、学段要全面覆盖

党的二十大是在全党全国各族人民迈上全面建设社会主义现代化国家新征程、向第二个百年奋斗目标进军的关键时刻召开的一次十分重要的大会；党的二十大报告进一步指明了党和国家事业的前进方向，是我们党团结带领全国各族人民在新时代新征程坚持和发展中国特色社会主义的政治宣言和行动纲领。鉴于教育立德树人的根本任务和思想政治课在立德树人中的关键课程地位，党的二十大精神融入思政课要实现大中小学所有学段学生全覆盖。

一是从小学开始。小学阶段是学生世界观、人生观、价值观播种萌芽期，党的二十大精神首先要进小学思政课堂、教材和学生头脑，让党的二十大精神从小就在学生的思想里播下种子、生根发芽。

---

① 习近平. 论坚持党对一切工作的领导[M]. 北京：中央文献出版社，2019：292.
② 新华社. 习近平在中国人民大学考察强调 坚持党的领导传承红色基因扎根中国大地 走出一条建设中国特色世界一流大学新路[EB/OL]. 中国政府网，2022-04-25.

二是在中学深化。中学阶段是学生成长成才的拔苗孕穗期，学生的世界观、人生观、价值观逐步形成，党的二十大精神要结合教材内容、中考高考要求不断深化，让党的二十大精神成为学生人生记忆中的重要内容与人生成长的重要养料。

三是把大学作为重点。大学阶段是学生世界观、人生观、价值观的成熟期，也是学生成长成才的收获期，很多学生大学毕业都要直接走向社会、亲身参与新时代新征程强国建设，党的二十大精神进课堂、教材和学生头脑就要把大学作为重点，要让党的二十大精神成为大学生刻苦钻研、勇于创新和投身实践的强大精神动力和科学行动指南。

**二、精神要准确把握**

党的二十大精神内容丰富、内涵深刻，有很强的政治性、思想性、理论性、实践性，在融入的过程中教师务必要准确把握。

首先，要掌握科学方法。一是要把党的二十大在"政治上的高瞻远瞩和理论上的深邃思考"及"目标上的科学设定和工作上的战略部署"结合起来，准确把握其中有机统一的内在关系；二是要"坚持历史和现实、理论和实践、国际和国内相结合的办法，从整体到局部、再从局部到整体进行反复揣摩"，"避免知其一而不知其二、知其然而不知其所以然"，准确把握其中蕴含的历史逻辑、理论逻辑和实践逻辑。

其次，要把握精神实质。一是要准确把握习近平新时代中国特色社会主义思想的世界观、方法论和贯穿其中的立场、观点、方法，教育引导学生在思想上、行动上自觉用习近平新时代中国特色社会主义思想武装头脑、指导实践；二是要准确把握新时代十年伟大变革的深刻内涵、重大意义、深远影响及根本原因，教育引导学生在思想上深刻领悟"两个确立"的决定性意义，在行动上自觉做到"两个维护"；三是要准确把握中国式现代化的中国特色、本质要求和必须牢牢把握的重大原则，教育引导学生在思想上、行动上坚定"四个自信"；四是要准确把握新时代新征程以中国式现代化全面推进中华民族伟大复兴的战略任务，教育引导学生在思想上、行动上听党话、跟党走，立强国志、践报国行。

**三、融入要生动务实**

党的二十大精神尽管政治性、思想性、理论性很强，但其都是对中国特色社会主义现代化建设，特别是党的十八大以来新时代中国特色社会主义建设实践的科学总结，是立足世界百年未有之大变局、着眼中华民族伟大复兴战略全局推动强国建设实践作出的科学谋划。在融入思政课过程中，教师一定要坚持目标导向，结合融入内容实际、思政教材实际、所教学生实际、教育资源实际等丰富教学形式、提升教学实效，力求让党的二十大精神生动地展现在学生的眼前、进入学生的脑海。一是针对学生整体社会经验不丰富的特点，不论针对哪个学段的学生，教师都要尽可能坚持理论与实践相结合，尽可能采取图文并茂、影音协同以及看、读、写、画、讲、演、评、论、辩、研等相结合的方式宣讲党的二十大精神；二是要针对不同学段甚至同一学段不同年级学生的认知特点、教育目标选择教学方式，低年级学生尽可能选择看、读、写、画、讲、演等方式，高年级学生可增加评、论、辩、研等方式，切实提升宣讲的生动性、实效性。

### 四、要求要螺旋上升

由于不同学段的育人目标不同，党的二十大精神在融入大中小学思政课的要求方面要坚持循序渐进、螺旋上升。首先，在融入内容要求上，坚持由少到多，中学比小学多，大学比中学多，如小学高年级比小学低年级多，高中比初中多，大学本科比大学专科多；其次，在融入目标上，坚持由低到高，中学比小学高，大学比中学高，如小学高年级比小学低年级高，高中比初中高，大学本科比大学专科高；再次，在融入深度上，坚持由浅入深，小学、初中阶段尽可能浅显，高中、大学阶段逐渐提高难度。

## 第三节　党的二十大精神一体化融入大中小学思政课的主要内容

党的二十大精神要求全体党员干部、全国各族人民学习领会。但对于在校学生这个群体，应该讲什么、预期达到什么目标，是与其他群体有一定差异的。应根据党的二十大报告、习近平总书记以及党中央关于学习宣传贯彻党的二十大精神的有关要求，以及育人目标、学生的成长阶段及认知能力等确定。主要包括以下八个方面的内容。

### 一、党的二十大的重大意义

要向学生介绍党的二十大的重大意义，教育引导学生了解这次大会是在我国全面建成小康社会以后，正式向全面建设社会主义现代化国家、实现中华民族伟大复兴的新征程迈进时召开的一次十分重要的会议，是中国共产党实现对国家全面领导的具体体现，在党史、新中国史、改革开放史、社会主义发展史、中华民族发展史上都具有里程碑意义。

### 二、党的二十大的主要成果

要向学生介绍本次大会取得的主要成果，一是教育引导学生了解此次大会通过了习近平同志代表第十九届中央委员会所作的《高举中国特色社会主义伟大旗帜　为全面建设社会主义现代化国家而团结奋斗》的报告，二是审议通过了《中国共产党章程（修正案）》，三是二十届一中全会选举产生了以习近平同志为核心的新一届中央领导集体。

### 三、党的二十大的主题

要向学生介绍此次大会的主题及其重要内涵，教育引导学生要认真学习习近平新时代中国特色社会主义思想，认真学习科学文化知识，自信自强、守正创新，踔厉奋发、勇毅前行，致力于为全面建设社会主义现代化国家、全面推进中华民族伟大复兴而努力学习，将来用自己的所学努力为全面建设社会主义现代化国家、全面推进中华民族伟大复兴作出贡献。

### 四、党的二十大对新时代十年伟大变革的科学总结

要向学生介绍党的十八大以来的十年是极不寻常、极不平凡的，中国共产党团结带领全党全军全国各族人民，有效应对严峻复杂的国际形势和接踵而至的巨大风险挑战，攻克了许多长期没有解决的难题，办成了许多事关长远的大事要事，推动党和国家事业取得举世瞩目的重大成就，推动我国迈上全面建设社会主义现代化国家新征程；要向学生介绍新时代十年的伟大变革，是在以习近平同志为核心的党中央坚强领导下、在习近平新时代中国特色社会主义思想指引下全党全国各族人民团结奋斗取得的；教育引导学生衷心热爱中国共产党、坚定拥护党的全面领导，衷心认同习近平新时代中国特色社会主义思想、坚定信仰习近平新时代中国特色社会主义思想。这部分内容是党的二十大精神融入学生思政课的重点。

### 五、党的二十大对马克思主义中国化时代化新境界的科学论述

要向学生介绍习近平新时代中国特色社会主义思想是马克思主义中国化时代化最新成果，向学生介绍党的二十大进一步丰富了习近平新时代中国特色社会主义思想的基本内容，包括党的十九大、十九届六中全会提出的"十个明确""十四个坚持""十三个方面成就"，向学生介绍党的二十大首次提出了习近平新时代中国特色社会主义思想的世界观和方法论——六个"必须坚持"，教育引导学生认真学习、自觉践行习近平新时代中国特色社会主义思想及其世界观和方法论。

### 六、党的二十大提出的新征程中国共产党的使命任务

要向学生介绍"从现在起，中国共产党的中心任务就是团结带领全国各族人民全面建成社会主义现代化强国、实现第二个百年奋斗目标，以中国式现代化全面推进中华民族伟大复兴"，教育引导学生了解、理解中国式现代化的五个本质特征及实现中国式现代化的五项基本原则，对全面建成社会主义现代化强国、实现中华民族伟大复兴充满期待、充满自信，并为此勤奋学习、刻苦钻研。

### 七、党的二十大对未来党的重点工作作出的重大部署

要向学生介绍党的二十大围绕新征程中国共产党的历史使命——全面建成社会主义现代化强国、实现第二个百年奋斗目标，以中国式现代化全面推进中华民族伟大复兴，分别从经济、科教、政治、法治、文化、民生、生态、安全、国防、祖国统一、外交、党建等方面作出的战略部署，教育引导学生了解、理解、认同、支持这些部署，并结合自身实际自觉贯彻落实有关决策部署。

### 八、党的二十大对青年提出的殷切期望

要向学生介绍党的二十大提出的"青年强，则国家强""当代中国青年生逢其时，施展才干的舞台无比广阔，实现梦想的前景无比光明"等论断的深刻含义，教育引导广大青年学生坚定不移听党话、跟党走，怀抱梦想又脚踏实地，敢想敢为又善作善成，立志做有理想、敢担当、能吃苦、肯奋斗的新时代好青年，让青春在全面建设社会主义现代化国家的火热实践中绽放绚丽之花。

## 第四节　党的二十大精神一体化融入大中小学思政课的理论逻辑

### 一、融入内容：由少到多

小学"道德与法治"重点融入党的二十大的重大意义、党的二十大"选举产生了以习近平同志为核心的新一届中央领导集体"这一重大政治成果、党的二十大报告提出的"以中国式现代化全面推进中华民族伟大复兴"这一重要使命任务以及关于培育和践行社会主义核心价值观、道德养成和法治素养等重要论述及具体要求；初中"道德与法治"除了融入小学阶段的内容，还应重点融入党的二十大"审议通过了习近平同志代表第十九届中央委员会所作的报告《高举中国特色社会主义伟大旗帜　为全面建设社会主义现代化国家而团结奋斗》"这一重大理论成果，以及党的二十大报告关于加强党的全面领导以及新时代新征程文化建设、依法治国、国家安全等重要论述、重要部署；高中"思想政治"除了融入初中阶段的内容，还应重点融入大会的主题、"大会通过了《中国共产党章程（修正案）》"这一重大实践成果，党的二十大报告关于开辟马克思主义中国化时代化新境界以及新时代新征程重要论述、重大部署，以及对青年的殷切期望；大学阶段，除了融入高中阶段的内容，还应重点融入新时代新征程"四个全面"以及军事、外交、祖国统一等重要论述、重要部署。

### 二、融入目标：由低到高

1. 小学阶段：初步领会、埋下种子

小学阶段要教育引导学生做到对党的二十大精神"初步领会、埋下种子"，初步领会党的二十大的重大意义，知道中国共产党是中国人民和中华民族的主心骨，从小立志要听党话、跟党走；初步领会党的二十大"选举产生了以习近平同志为核心的新一届中央领导集体"这一重大政治成果，从小产生对习近平总书记的爱戴之情；初步领会党的二十大提出的"以中国式现代化全面推进中华民族伟大复兴"重大使命，从小萌生对中国特色社会主义的道路自信；初步领会党的二十大报告中关于社会主义核心价值观、道德养成和法治素养等重要论述，从小形成爱国主义思想情感和良好的道德习惯、法纪意识。

2. 初中阶段：基本领会、奠定基础

初中阶段要教育引导学生做到对党的二十大精神"基本领会、奠定基础"，基本领会党的二十大的重大意义，基本领会党的全面领导的重要性，基本理解中国共产党是中国人民和中华民族的主心骨，立志要听党话、跟党走；基本领会党的二十大"选举产生了以习近平同志为核心的新一届中央领导集体"这一重大政治成果，增强对习近平总书记的拥护、爱戴之情；基本领会党的二十大提出的"以中国式现代化全面推进中华民族伟大复兴"重大使命，增强对中国特色社会主义的道路自信；知道党的二十大审议通过了习近平同志代表第十九届中央委员会所作的报告《高举中国特色社会主义伟大旗帜　为全面建设社会主义现代化国家而团结奋斗》，并基本领会其重要性；初步领会党的二十大报告中关于社会主义核心价值观、道德养成和法治素养、文化建设、依法治国、国家安全等重要论述、重要部署，增强爱国主义思想情感，养成良好的道德习惯、法纪意识，对建成社会主义现代化强国、以中国式现代化实现中华民族伟大复兴充满信心。

3. 高中阶段：较好领会、强化认同

高中阶段要教育引导学生做到对党的二十大精神"较好领会、强化认同"，较好领会党的二十大的主题、重大意义，较好领会党的全面领导重要性，较好理解中国共产党是中国人民和中华民族的主心骨，知道大会通过了《中国共产党章程（修正案）》，立志要听党话、跟党走；较好领会党的二十大选举产生了以习近平同志为核心的新一届中央领导集体充分反映了全党同志和全国各族人民对习近平总书记的衷心爱戴，反映了习近平总书记在全党全军全国各族人民心中的崇高威望，反映了亿万人民紧跟党的核心、人民领袖开创更加美好未来的共同心声和坚定决心，强化对习近平总书记的拥护、信赖和爱戴之情；较好领会党的二十大提出的"以中国式现代化全面推进中华民族伟大复兴"的重大使命，强化对中国特色社会主义的道路自信；知道党的二十大审议通过了习近平同志代表第十九届中央委员会所作的报告《高举中国特色社会主义伟大旗帜　为全面建设社会主义现代化国家而团结奋斗》及其主题、主要内容，较好领会其重要性；较好领会党的二十大报告关于开辟马克思主义中国化时代化新境界以及新时代新征程重点工作的重要论述、重大部署，对建成社会主义现代化强国、以中国式现代化实现中华民族伟大复兴充满信心；较好领会党的二十大报告对青年的殷切希望，立志为国家富强、民族复兴勤奋学习、多做贡献。

4. 大学阶段：深刻领会、勇担使命

大学阶段要教育引导学生做到对党的二十大精神有"深刻领会、勇担使命"，深刻领会党的二十大的主题、重大意义，深刻领会党的全面领导的重要性，深刻理解中国共产党是中国人民和中华民族的主心骨，知道大会通过了《中国共产党章程（修正案）》，立志坚定听党话、跟党走；深刻领会党的二十大选举产生了以习近平同志为核心的新一届中央领导集体充分反映了全党同志和全国各族人民对习近平总书记的衷心爱戴，反映了习近平总书记在全党全军全国各族人民心中的崇高威望，反映了亿万人民紧跟党的核心、人民领袖开创更加美好未来的共同心声和坚定决心，坚定了对习近平总书记的拥护、信赖和爱戴之情；深刻领会党的二十大提出的"以中国式现代化全面推进中华民族伟大复兴"重大使命，强化对中国特色社会主义的道路自信、理论自信、制度自信、文化自信；熟悉党的二十大审议通过了习近平同志代表第十九届中央委员会所作的报告《高举中国特色社会主义伟大旗帜　为全面建设社会主义现代化国家而团结奋斗》及其主题、主要内容，较好领会其重要性；深刻领会党的二十大报告关于开辟马克思主义中国化时代化新境界以及对新时代新征程各项工作所作出的重要论述、重大部署，对建成社会主义现代化强国、以中国式现代化实现中华民族伟大复兴充满了必胜信心；深刻领会党的二十大报告对青年的殷切希望，坚定为国家富强、民族复兴勤奋学习、刻苦钻研、勇担使命。

### 三、融入深度：由浅入深

1. 小学阶段：注重"启蒙性"

小学阶段注重"启蒙性"，主要通过讲故事和描述性语言，运用看图画、看视频、看展览等生动具体、形象直观的方式，教育引导学生知道中国共产党召开了二十大，知道党的二十大选举习近平继续担任中国共产党中央总书记，知道党的二十大报告提出了"以中国式现代化全面推进中华民族伟大复兴"等重要论断以及对国民道德、法治建设提出了重要要求，并能在思想上、行动上有积极表现。

2. 初中阶段：注重"体验性"

初中阶段注重"体验性"，主要以具体事实、鲜活案例、生活体验等，教育引导学生围绕党的二十大报告中提出的基本概念、重要论断、重大部署等进行初步理性思考，能真切感受到新时代十年中国共产党带领全国人民取得了伟大历史变革，感受到习近平及习近平新时代中国特色社会主义思想对于国家强盛、民族复兴的决定性意义，感受到党的二十大作出的重大决策部署的科学性、重要性。

3. 高中阶段：注重"常识性"

高中阶段要注重"常识性"，主要运用观察、辨析、反思和实践等形式，教育引导学生理解党的二十大的重大意义、主要成果，理解党的二十大报告中提出的基本概念、重要论断、重大部署，理解新时代十年伟大历史变革及其主要原因，理解习近平新时代中国特色社会主义思想的世界观、方法论及其对马克思主义中国化时代化的重大贡献，理解习近平及习近平新时代中国特色社会主义思想对于国家强盛、民族复兴的决定性意义，理解党的二十大作出的重大决策部署的科学性、重要性。

4. 大学阶段：注重"理论性"

大学阶段需要注重"理论性"，主要通过系统学习和理论阐释的方式，运用理论与实践、历史与现实相结合的方法，结合观察、辨析、反思和实践等形式，做到对党的二十大精神有深刻理解和领悟，并且大学阶段要重点对习近平新时代中国特色社会主义思想的理论特征、主要内容及其世界观方法论等重大理论问题有深入系统学习，对习近平新时代中国特色社会主义思想的原创性贡献有深入系统思考，从理论和实践的辩证关系把握新时代十年伟大历史变革及其主要原因、把握新时代新征程的重大战略部署，进一步深化对习近平经济思想、文化思想、法治思想、生态文明思想、强军思想等思想理论的理解。

## 第五节　党的二十大精神一体化融入大中小学思政课的教学方式

根据党的二十大精神的性质、学生特点、教材结构以及实效性原则等，我们认为，党的二十大精神在融入大中小学思政课时可选择以下方式进行融入。

### 一、专题式融入

专题式融入是指集中用一个或几个学时对党的二十大精神进行全面深入宣讲。这种方式一般在党的二十大召开后、全党组织集中学习时采用。据了解，这种方式目前在大学采用较多。例如西南财经大学通过4个学时集中、全覆盖方式向学生宣讲了党的二十大精神，不仅向学生宣讲了大会的基本情况，也向学生宣讲了大会的主要精神。

中小学在融入党的二十大精神时，这种方式也适用。中小学可通过主题班会或思政课形式，利用1至2个学时集中对党的二十大的基本概况（召开的时间、地点、参加的人员、大会的盛况等）、大会的意义、大会的主题、大会的成果、报告的主要精神等进行专题式宣讲，当然中小学特别是小学在宣讲上述内容时特别需要话语体系转化以及宣讲形式创新，方能取得较好的效果。由于中考、高考以及考研因素，专题式融入对于初三、高三以及大四学生特别重要。

## 二、嵌入式融入

党的二十大精神如此丰富且深邃，希望通过几个学时的专题宣讲就能理解透彻显然是不太可能的。要做到让党的二十大精神入脑入心见行，还要持续性嵌入式融入。持续性嵌入式融入是指将党的二十大精神嵌入教材相关内容的教学之中，并根据各学段、各年级的教学安排循序渐进地、深度地融入。由于思政课是育人的主渠道、主阵地，持续性嵌入式融入应作为党的二十大精神融入大中小学思政课的主要方式。

嵌入式融入具体在实践中又体现为三种方式：一是强化式融入，主要对教材内容与党的二十大精神基本一致的内容进行重点教学；二是变更式融入，主要对教材内容与党的二十大精神不一致的内容在教学时进行更新；三是拓展式融入，主要对党的二十大重要精神与教材涉及主题直接相关，但教材又欠缺的内容进行拓展教学。

# 第二章

# 实践路径

## 第一节　党的二十大精神融入小学思政课的实践路径

**一、党的二十大精神融入小学思政课的价值分析**

1. 培养正确的世界观和人生观。小学阶段是儿童价值观念形成的启蒙时期。将党的二十大精神融入小学思政课，可以引导学生树立正确的世界观和人生观，帮助他们建立正确的价值取向，培养正确的道德观念，使他们具备正确的判断力和辨别力。

2. 培养学生的爱国情怀。通过融入党的二十大精神，引导学生热爱祖国、热爱人民，培养他们对国家的责任感和使命感，激发他们为实现国家富强、民族复兴贡献力量的意识。

3. 培养社会主义核心价值观。党的二十大精神中强调的核心价值观是富强、民主、文明、和谐、自由、平等、公正、法治、爱国、敬业、诚信、友善。将其融入小学思政课，有助于培养学生正确的价值观念，引导他们形成积极向上、良好的行为习惯，为社会主义建设和发展作出积极贡献。

4. 增强创新意识和实践能力。党的二十大精神中提出了加快实施创新驱动发展战略。将其融入小学思政课，可以培养学生的创新思维和实践能力，激发他们的创造潜能，为持续发展和创新建设提供有力支持。

5. 加强党性教育和党的领导教育。通过介绍党的二十大精神中对党性修养的内容，可以引导学生树立对党忠诚、拥护党的领导的意识，培养他们的政治认同感，使他们在日常行为中遵纪守法，培养良好的公民道德意识。

## 二、党的二十大精神融入小学思政课的实现路径

1. 党的二十大重大意义融入小学思政课的实现路径

一是可融入《道德与法治》（2019年统编版，人民教育出版社，后同）五年级下册第三单元"百年追梦　复兴中华"、第七课"不甘屈辱　奋勇抗争"、第八课"推翻帝制　民族觉醒"、第九课"中国有了共产党"、第十课"夺取抗日战争和人民解放战争的胜利"，通过简单生动的故事、图片、影视作品等方式介绍中国共产党的发展历程，特别强调党的二十大在中国共产党历史上的重要地位和影响。引导学生认识到党的二十大是中国共产党自建党以来的一次重要会议，对党和国家发展具有深远影响。

二是可融入五年级下册第三单元"百年追梦　复兴中华"、第十一课"屹立在世界的东方"和第十二课"站起来到富起来"，介绍党的二十大通过的一些重要决策和提出的新理念新思想，如习近平新时代中国特色社会主义思想、全面建设社会主义现代化国家等。引导学生理解这些决策和理念对国家建设和中国特色社会主义发展的重要性，并通过案例和实例印证其对人民群众生活的改善和国家发展的推动作用。

2. 党的二十大主要成果融入小学思政课的实现路径

可融入《道德与法治》五年级下册第三单元"百年追梦　复兴中华"和第十二课"站起来到富起来"一课中。将我国在民族团结、脱贫攻坚、创新发展、绿色环保等领域所取得的重大成果嵌入式融入教材，更好地给学生讲解党的二十大所取得的重要成果，让学生了解党的二十大召开对全面建设社会主义现代化国家、全面推进中华民族伟大复兴的重大意义。

3. 党的二十大主题融入小学思政课的实现路径

一是可融入《道德与法治》五年级上册第四单元"骄人祖先　灿烂文化"和第十课"传统美德　源远流长"中，将弘扬伟大建党精神，自信自强、守正创新，踔厉奋发、勇毅前行精神与中华传统美德相连接，有助于学生理解伟大建党精神。

二是可融入五年级下册第三单元"百年追梦　复兴中华"中，补充介绍学生可感知、能理解的新时代十年的重大成就，增强学生的历史自信、自豪感。并强化中共中央关于学习宣传贯彻党的二十大精神"为全面建设社会主义现代化国家、全面推进中华民族伟大复兴而团结奋斗"有关精神。有助于小学思政课将党的重要思想、重要精神的种子播种到小学生的心中，为学生终身发展打下精神底色。

4. 党的二十大对新时代十年伟大变革科学总结融入小学思政课的实现路径

一是可融入《道德与法治》二年级上册第四单元"我们生活的地方"这一单元，通过家乡近10年来的变化，让学生了解中国共产党的相关政策。

二是可融入《道德与法治》三年级下册第四单元"多样的交通和通信"这一单元。通过呈现近10年来在中国共产党的领导下中国交通和通信方面取得的典型成就，补充一些关键核心技术的突破、战略性新兴产业的发展壮大等内容，使学生深刻领会过去五年的工作和"新时代十年的伟大变革"有关精神。

三是可融入《道德与法治》五年级下册第三单元"百年追梦　复兴中华"这一单元。嵌入式融入"全面建成小康社会""完成脱贫攻坚"；我们坚持绿水青山就是金山银山的理念；一些关键核心技术的突破，战略性新兴产业的发展壮大等内容。让学生了解中国共产党在新时代中国发展中所作出的巨大贡献，拥护中国共产党的领导。

5. 党的二十大对马克思主义中国化时代化新境界科学论述融入小学思政课的实现路径

可融入《道德与法治》五年级下册第三单元"百年追梦　复兴中华"、第十二课"站起来到富起来"和六年级下册第四单元"让世界更美好"和第十课"我们爱和平"，在教学中嵌入式融入马克思主义和新时代中国特色社会主义给中国人民带来的福祉，初步了解中国特色社会主义制度的优越性，使学生初步树立对马克思主义的信仰。

6. 党的二十大提出的新时代新征程中国共产党的使命任务融入小学思政课的实现路径

可融入《道德与法治》五年级下册第三单元"百年追梦　复兴中华"、第十二课"富起来到强起来"。嵌入式融入我国目前取得的巨大成就，知道新时代中国各族人民全面建成社会主义现代化强国、实现第二个百年奋斗目标，以中国式现代化全面推进中华民族伟大复兴。引导学生能够在明晰我国现代化的发展的目标的基础上努力增强自身的本领，助力于中国现代化的建设。

7. 党的二十大对未来党的重点工作作出的重大部署融入小学思政课的实现路径

一是可融入《道德与治治》五年级上册第三单元"我们的国土　我们的家园"、第七课"中华民族一家"。嵌入式融入10年来国家在推进中华民族共同体建设（相互团结、共同发展）方面的成效，加强学生民族团结启蒙教育。以"一方水土养一方人"为切入点，使学生理解各民族的特色，以"祖国共育五十六枝花"为融合生长点，引导学生理解多元一体，相互影响相互融合。正确认识我国新型的民族关系，认识到我国是一个统一的多民族国家，"铸牢中华民族共同体意识"，形成政治认同。

二是可融入《道德与法治》六年级上册第一单元"我们的守护者"，第二单元"我们是公民"和第四单元"法律保护我们健康成长"。将课堂教学与学生的课前调查和课后实践相结合，通过"走进我们身边的国家机构"，采访身边的亲人、朋友，或体验陪伴父母前往国家机构办事的经历，了解国家机构的构成、职责及其适用的相关法律法规，在生活中进行法治教育启蒙。嵌入式融入二十大坚持全面依法治国、推进法治中国建设的精神，对学生进行法治教育启蒙，形成法治观。

三是可融入《道德与法治》一年级上册第三单元"我爱我家"。嵌入式融入党的二十大关于"加强和改进未成年人思想道德建设"的精神，促进学生养成良好私德（家庭美德）。学生通过感知家庭的爱，并意识到自己是家庭的一分子，初步培养家庭责任担当，弘扬劳动精神、奋斗精神、奉献精神、创造精神、勤俭节约精神。

四是可融入二年级上册第三单元"我们在公共场所"。将党的二十大"加强和改进未成年人思想道德建设"，推动"守公德"，"提高人民道德水准和文明素养"等精神嵌入式融入现场调查、情景模拟等活动中，运用谈话式、活动式等方法引导学生对话、表达，建立规则的概念。让学生了解日常生活中必须遵守规则，懂得社会生活有序也离不开规则，帮助学生明白遵守规则的重要性，初步建立规则的概念，在启蒙阶段提高学生道德修养。

五是可融入《道德与法治》三年级上册第二单元"我们的学校"。课堂进行"我是城市小主人"的游戏场景设计，创设情境让学生模拟城市运作场景拟定规则，嵌入式融入党的二十大"加强和改进未成年人思想道德建设，推动"守公德"，"提高人民道德水准和文明素养"等精神，教育引导学生尊敬师长、热爱母校，养成良好私德（个人道德品质）。使学生在参与社会公德实境模拟中理解社会公德，从而培养道德修养。

六是可融入《道德与法治》五年级下册第二单元"公共生活靠大家"。引导学生在课堂进行"城市设计师"的游戏场景设计，创设情境让学生模拟城市运作场景并拟定规则。嵌入式融入党的二十大关于"加强和改进未成年人思想道德建设，推动明大德、守公德、严私德，提高人民道德水准和文明素养"，提升学生公共生活秩序的规则意识和维护公共秩序的责任意识。

七是可融入《道德与法治》五年级下册第二单元"公共生活靠大家"。运用场景还原的方式通过模拟真实的公共生活片段，让学生在真实问题解决中提高道德修养，增强公民责任意识。嵌入式融入党的二十大关于"加强和改进未成年人思想道德建设，推动明大德、守公德、严私德，提高人民道德水准和文明素养，在全社会弘扬劳动精神、奋斗精神、奉献精神、创造精神、勤俭节约精神，培育时代新风新貌"等精神。引导学生进一步认识公共生活以及公共秩序的重要性，教育学生积极为良好的公共生活、公共秩序奉献智慧和力量。提高学生的道德水准和文明素养。

八是可融入《道德与法治》三年级上册第二单元"我们的学校"。运用场景还原的方式，通过模拟真实的公共生活片段，嵌入式融入党的二十大关于"加强和改进未成年人思想道德建设"，推动"守公德"，"提高人民道德水准和文明素养"，教育引导学生尊敬师长、热爱母校，养成良好私德（个人道德品质）。让学生在真实问题解决中提高道德修养，增强公民责任意识。

九是可融入《道德与法治》四年级上册第二单元"为父母分担"。学生通过观察生活，梳理观察记录表，以及观看课堂中播放的采访父母工作和日常生活的视频，感受父母勤劳、节俭等传统美德。嵌入式融入党的二十大关于在全社会弘扬"劳动精神""奉献精神"等精神，培养学生"劳动精神"和"奉献精神"。通过开展家庭道德建设、家庭家教家风建设活动，帮助学生形成家庭责任意识，弘扬中华传统美德。

十是可融入《道德与法治》五年级下册第一单元"我们一家人"。采用恳谈会的方式让学生及家长说说家庭里关于"不理解"的心里话，通过视频或信件交流等方式，加强家长与学生之间的沟通。嵌入式融入党的二十大关于"加强家庭家教家风建设"精神，教育引导学生弘扬优良家风，持续加强学生个人私德教育。培养学生感恩的精神，养成孝敬父母、尊敬师长的良好品质。

十一是可融入《道德与法治》二年级上册第二单元"我们的班级"。通过游戏发现规则的重要性，让学生共同制定班级公约，培养学生规则意识。嵌入式融入党的二十大"深化集体主义教育"精神，通过参加班务等活动，教育引导学生热爱班级、遵守班规，加强学生集体主义教育。

十二是可融入《道德与法治》四年级上册第一单元"与班级共成长"。采用项目式学习方式，共同设计班级标志，梳理班级特色，讲述班级与个体间的故事，形成班级共同目标，增强班级凝聚力。嵌入式融入党的二十大"深化集体主义教育"精神，通过开展系列班级活动，教育引导学生热爱班级、遵守班规，加强学生集体主义教育。

十三是可融入《道德与法治》四年级下册第四单元"感受家乡文化 关心家乡发展"。采用项目式学习方式，让学生以"家乡代言人"的方式，讲述家乡的风景、文化和故事。嵌入式融入党的二十大关于"加强城乡建设中历史文化保护传承"精神，教育引导学生关注家乡历史文化，形成建设家乡的责任意识。

十四是可融入《道德与法治》五年级上册第四单元"骄人祖先　灿烂文化"。教师从"古话今讲"的角度，引导学生在戏剧、动漫、文创、商业体等形式中发现当下文化传承的方式及带来的影响。嵌入式融入党的二十大"传承中华优秀传统文化"精神，增强学生对中华优秀传统文化的自信和传承中华优秀传统文化的自觉。

十五是可融入《道德与法治》五年级下册第三单元"百年追梦　复兴中华"。运用图文、新闻、影视等资料介绍近10年强国建设有关举措、成效。嵌入式融入党的二十大"深化爱国主义教育"，"持续抓好党史、新中国史、改革开放史、社会主义发展史宣传教育，引导人民知史爱党、知史爱国，不断坚定中国特色社会主义共同理想"等精神，引导学生不断坚定中国特色社会主义共同理想，形成政治认同。

十六是可融入《道德与法治》四年级下册第三单元"美好生活哪里来"第九课"生活离不开他们"。教师引导学生收集相关资料，在探究学习中嵌入式融入党的二十大"统筹城乡就业政策体系，破除妨碍劳动力、人才流动的体制和政策弊端，消除影响平等就业的不合理限制和就业歧视，使人人都有通过勤奋劳动实现自身发展的机会"等精神，帮助学生形成尊重每一位劳动者的健全人格，树立尊重、感恩不同职业、岗位的道德意识。

十七是可融入《道德与法治》一年级下册第二单元"我和大自然"。在评选"大自然的精灵"和我是"家乡小导游"活动中，嵌入式融入党的二十大"尊重自然、顺应自然、保护自然"，"推动形成绿色低碳的生产方式和生活方式"等精神，推动形成绿色低碳的生产方式和生活方式。

十八是可融入《道德与法治》四年级上册第四单元"让生活多一些绿色"。在学生了解社会生活中环境污染情况的活动中嵌入式融入党的二十大"尊重自然、顺应自然、保护自然"，"推动形成绿色低碳的生产方式和生活方式"等精神，加强学生生态文明教育。

十九是可融入《道德与法治》六年级下册第二单元"爱护地球共同责任"。在学生开展社会调查及合作交流中嵌入式融入党的二十大"推动绿色发展"及"尊重自然、顺应自然、保护自然"等精神，加强学生生态文明教育，增强学习环境保护意识。

二十是可融入《道德与法治》五年级上册第三单元"我们的国土　我们的家园"第六课"我们神圣的国土"。选用图片、故事、影视作品等开展导读、研读，引导学生交流表达，嵌入式融入党的二十大关于"坚决维护国家安全"精神，让学生初步感知国家安全是民族复兴的根基，理解感悟国土安全与国民安全重要性，增强政治认同感，形成守卫国土、守护国家安全是每一个中华民族传承者义不容辞的责任意识。

二十一是可融入《道德与法治》六年级下册第四单元"让世界更美好"。采用文字、图片、影视等资料向学生介绍近10年来我国外交工作成绩及未来外交工作部署。嵌入式融入党的二十大关于"对外交工作的部署"精神，帮助学生领会过去五年的工作和新时代十年的伟大变革，增强民族自豪感和使命感。

| 党的二十大精神一体化融入小学思政课逻辑框架表 | | | | | | |
|---|---|---|---|---|---|---|
| 融入内容 | 融入路径 | | | | | |
|  | 一年级 | 二年级 | 三年级 | 四年级 | 五年级 | 六年级 |
| 大会意义 |  |  |  |  | √ |  |
| 大会主题 |  |  |  |  | √ |  |
| 大会成果 |  |  |  |  | √ |  |
| 伟大变革 |  | √ | √ |  |  |  |
| 理论境界 |  |  |  |  | √ |  |
| 使命任务 |  |  |  |  | √ |  |
| 未来部署 | √ | √ | √ | √ | √ | √ |
| 青年期望 |  |  |  |  |  |  |
| 学段目标 | 注重启蒙教育　播下精神种子 | | | | | |

### 三、党的二十大精神融入小学思政课的教学建议

基于党的二十大精神的重要性，以及小学生学习领会党的二十大精神的必要性，现就党的二十大精神融入小学思政课教学提几点建议。

1. 做好规划，明确融入的目标性

凡事预则立，不预则废。将党的二十大精神作为小学思政课教学重点内容之一，明确将其融入教学计划中，并设计相应的教学目标和教学活动，保证党的二十大精神的有效融入。

2. 创设情境，增强融入的启蒙性

"不识庐山真面目，只缘身在此山中。"精神在生活中是内隐性存在，使身在其中的人有着精神无意识状态。而在某些特殊情境下，如在两难情境下或任

务驱动的情境下，精神的意义与价值则更容易显现出来。小学阶段的融入目标是初步领会、埋下种子、重在启蒙。教师可通过多种教学手段，如角色扮演、小组合作、实地参观等，让学生亲身感受党的二十大精神所追求的社会理想和实践成果，增强学生对党的二十大精神的领悟力。

3. 选材恰当，确保融入的科学性

党的二十大报告原文对于小学生而言，领悟起来较困难。我们可以从党的二十大报告、重要讲话等中选取生动具体的例子和故事，适当调整内容，以符合小学生的认知水平和兴趣爱好。还可以通过选取案例、讲故事等方式，引导学生理解党的二十大的核心概念、重大战略和社会主义核心价值观，并与道德和法治的概念相结合，让学生明白党的二十大精神对个人和社会的重要意义。

4. 联系实践，强化融入的育人性

道德内蕴于生活之中，是生活的构成性要素。而道德的领悟性学习不同于一般的书本学习，必须是在生活中向生活学习。就小学思政课教学中融入党的二十大精神而言，可以通过组织学生参与各种实践活动，让他们实际体验党的二十大精神的内容；也可以组织学生参加社区服务、环境保护等活动，让他们从实践中感受到党的二十大精神对社会的积极作用，培养他们的社会责任感和公民意识。

5. 多元评价，丰富融入方式

评价在教学中起到诊断、激励和调节的作用。利用思政课教材的开放性，在学生的德育评价体系中加入对党的二十大精神的评价要素，建立相应的评价指标体系，评价学生在品德、行为、态度等方面的表现，丰富二十大精神的融入方式，引导学生树立正确的价值观和人生观，提升融入实效。

## 第二节　党的二十大精神融入初中思政课的实践路径

**一、党的二十大精神融入初中思政课的价值分析**

1. 深化学生政治认同

党的二十大精神，集中体现在大会报告和党章中。习近平总书记在报告中对党和国家事业发展的目标任务和大政方针进行了全面、周密的谋划，对开创中国特色社会主义事业新局面、全面建设社会主义现代化国家必将产生重大而深远的影响，具有划时代意义。培育初中学生的政治认同是道德与法治课程的首要任务。初中学生政治认同的培育不仅是一种心理归属，更是一种承认、认可的情感倾向,还是一种政治实践。培育学生的政治认同,有助于他们形成正确的世界观、人生观、价值观,坚定正确的政治方向,初步树立共产主义远大理想和中国特色社会主义共同理想,成为德智体美劳全面发展的社会主义建设者和接班人。

2. 提升学生道德修养

党的二十大精神中指出,"实施公民道德建设工程,弘扬中华传统美德,加强家庭家教家风建设,加强和改进未成年人思想道德建设,推动明大德、守公德、严私德,提高人民道德水准和文明素养"。对于初中学生而言,形成健康、文明的生活方式,懂得生命的意义,热爱生活,遵守基本的社交礼仪,理性维护社会公德;理解诚信是做人的基本要求,做到言行一致;同时能够做到维护公共秩序,讲社会公德,爱护公共财物,在公共生活中做一个文明的社会成员。此外,能够感知劳动创造的成就感、幸福感,领会劳动对个人和社会的价值,形成诚实劳动、劳动创造美好生活的意识。

3. 增强学生法治意识

党的二十大中明确提出,"完善以宪法为核心的中国特色社会主义法律体系"。初中学生要了解宪法的主要内容,明确宪法的地位与作用,认识国家基本制度和国家机构,知道中国共产党领导是中国特色社会主义最本质的特征,是中国特色社会主义制度的最大优势。此外,初中学生在初步了解宪法主要内容的基础上,要增强个人参与社会生活必备的基本法律常识,强化宪法法律至上、法律面前人人平等、权利与义务相统一和守法用法意识,初步树立公平正义、民主法治等观念,初步具备依法维护自身合法权益、参与社会生活的能力,具有生命安全意识和一定的自我保护能力。

4. 激发学生责任意识

党的二十大报告中指出"广大青年要坚定不移听党话、跟党走,怀抱梦想又脚踏实地,敢想敢为又善作善成,立志做有理想、敢担当、能吃苦、肯奋斗的新时代好青年,让青春在全面建设社会主义现代化国家的火热实践中绽放绚丽之花"。初中学生要在党的二十大精神的指引下关心公共事务,关心国家发展和前途命运,具备国家利益高于一切的观念。积极参与志愿者活动、社区服务活动,有社会责任感,勇于担当,有为人民服务的奉献精神。具有现代生态文明观,践行绿色生活方式,自觉保护环境。具备民主与法治意识,积极参与公共事务和民主实践。

**二、党的二十大精神融入初中思政课的实现路径**

1. 党的二十大重大意义融入初中思政课的实现路径

一是重点融入《道德与法治》（2022年统编版，人民教育出版社，后同）八年级下册第一课第一框"党的主张和人民意志的统一"，主要是从党的二十大召开的重要意义给初中生做一些常识性知识的讲解。中国共产党第二十次全国代表大会是在全党全国各族人民迈上全面建设社会主义现代化国家新征程、向第二个百年奋斗目标进军的关键时刻召开的一次十分重要的大会，全面建设社会主义现代化国家、全面推进中华民族伟大复兴，关键在党。

二是重点融入《道德与法治》九年级上册和下册教材，重点给学生讲清楚党的二十大的召开无论是在中国共产党发展史上，还是在中华民族发展史乃至世界文明发展史上，都将留下浓墨重彩的一笔，具有里程碑意义。

2. 党的二十大主要成果融入初中思政课的实现路径

一是融入《道德与法治》八年级下册教材，重点把大会通过的《中国共产党章程（修正案）》融入第一单元"坚持宪法至上"，充分体现马克思主义中国化、时代化最新成果。

二是融入《道德与法治》九年级上册和下册教材，将党的二十大取得的重大理论成果、实践成果嵌入式融入九年级的教材中，更好地给学生讲解党的二十大作出的各项决策部署、取得的重要成果，让学生理解党的二十大召开对全面建设社会主义现代化国家、全面推进中华民族伟大复兴具有重大现实意义和深远历史意义。

3. 党的二十大主题融入初中思政课的实现路径

将大会主题中"弘扬伟大建党精神"和"为全面建设社会主义现代化国家、全面推进中华民族伟大复兴而团结奋斗"融入《道德与法治》九年级上册第八课第一框"我们的梦想"，对应教材111页。该部分通过嵌入式的方式引导学生"弘扬伟大党建精神"，建议以体验型和探究型课型为主，通过让学生搜集国家发展成果、观看《革命者》《觉醒年代》等类似党史纪录片的方式让学生感受到伟大的建党精神，激励学生为中华民族伟大复兴而努力奋斗。

4. 党的二十大对新时代十年伟大变革科学总结融入初中思政课的实现路径

将"十年来，我们经历了对党和人民事业具有重大现实意义和深远历史意义的三件大事"融入《道德与法治》九年级上册第一课第二框"走向共同富裕"，对应教材11至12页。建议开展项目式教学，设计"新时代十年成果展"项目主题，在项目主题背景下设计小组项目活动，可以从新时代十年国家在政治、经济、文化、生态、科技等领域取得的成就来进行项目的成果展汇报，也可以通过观看纪录片《非凡十年》的方式让学生感受中国在新时代这十年所取得的现实成果，增强政治认同感。

5. 党的二十大对马克思主义中国化时代化新境界科学论述融入初中思政课的实现路径

融入《道德与法治》九年级上册第五课第一框"延续文化血脉"，通过补充的方式在教材61页加入"马克思主义思想的精髓"，通过强化的方式更加强调"把马克思主义思想精髓同中华优秀传统文化精华贯通起来"，"不断赋予科学理论鲜明的中国特色"。建议通过典型事例的分享来引导学生感受当下马克思主义思想精髓的具体体现，以及通过我国古代具有代表性的科技成果、文艺作品的分享，让学生在感受中华文化源远流长、博大精深的基础上理解马克思主义思想精髓与中华优秀传统文化的结合点，从而激发学生民族自豪感和自信心。

6. 党的二十大提出的新时代新征程中国共产党使命任务融入初中思政课的实现路径

融入《道德与法治》九年级上册第八课第二框"共圆中国梦"，通过更新的方式将"中国式现代化"来实现中华民族伟大复兴融入教材，通过补充的方式将"中国式现代化"的本质要求和五大特征融入教材。这部分内容建议以"我们的美好生活"为主题，收集全面建成小康社会、脱贫攻坚所取得的伟大成就，知道党领导人民成功走出中国式现代化道路，创造了人类文明新形态，理解我国已开启全面建设社会主义现代化强国新征程。

7. 党的二十大对未来党的重点工作作出的重大部署融入初中思政课的实现路径

一是将"加快构建新发展格局，着力推动高质量发展"，"增强国内大循环内生动力和可靠性，提升国际循环质量和水平"融入《道德与法治》九年级上册第一课第二框"走向共同富裕"，对应教材第9页。在建设现代化经济的基础上补充"加快构建新发展格局，着力推动高质量发展"，以及将"增强国内大循环内生动力和可靠性，提升国际循环质量和水平"补充进教材。在"坚持中国特色新型城镇化战略"的基础上补充"全面推进乡村振兴"，在"推动城乡发展一体化"的基础上补充"坚持城乡融合发展"。建议通过以视频学习以及阅读拓展的形式让学生了解"新发展格局""乡村振兴"等国家发展战略思想。

二是将"全过程人民民主是社会主义民主政治的本质属性，是最广泛、最真实、最管用的民主"融入《道德与法治》九年级上册第三课第一框"生活在新型民主国家"，对应教材第33页。通过更新的方式将"社会主义民主"更新为"全过程人民民主"。建议以"中国式协商民主"为题，查阅资料，了解地方政协的工作内容与方式，通过互动探究和知识讲授的方式让学生理解全过程人民民主的内涵和具体要求。

三是将"弘扬以伟大建党精神为源头的中国共产党人精神谱系，用好红色资源，深入开展社会主义核心价值观宣传教育"融入《道德与法治》九年级上册第五课第二框"凝聚价值追求"，对应教材72页。通过强化的方式引导学生领悟伟大建党精神的内涵，建议通过观看党史纪录片、绘制党建精神宣传海报、历史情景剧表演等形式来给学生拓展伟大的党建精神的具体内涵，促进社会主义核心价值观入脑入心。

四是将"实施公民道德建设工程，弘扬中华传统美德，加强家庭家教家风建设，加强和改进未成年人思想道德建设，推动明大德、守公德、严私德，提高人民道德水准和文明素养"融入《道德与法治》九年级上册第五课第一框"延续文化血脉"，对应教材65页。通过对教材补充的方式增加"公民道德建设工程"内涵。建议通过设计以"美德"为主题的探究活动来引导学生在实践活动中去践行美德。

五是将"坚持按劳分配为主体、多种分配方式并存，构建初次分配、再分配、第三次分配协调配套的制度体系"融入《道德与法治》八年级下册第五课第一框"基本经济制度"，对应教材62页。将分配制度更新为"构建初次分配、再分配、第三次分配协调配套的制度体系"。建议通过时政分享和视频观看的方式来展示第三次分配与第一次和第二次分配的不同点，从而给学生拓展第三次分配的相关内涵。

六是将"积极稳妥推进碳达峰碳中和。实现碳达峰碳中和是一场广泛而深刻的经济社会系统性变革"融入《道德与法治》九年级上册第六课第二框"共筑生命家园"，对应教材86页。补充"碳达峰""碳中和"的具体内涵和要求。建议以"新梦想，新征程"为题，结合我国高质量发展的要求，认识"碳达峰""碳中和"是推动高质量发展、提升生态文明建设水平的重要抓手和重要标志。

七是将"新安全格局"融入《道德与法治》九年级上册第九课第一框"认识总体国家安全观"，对应教材98页。通过更新的方式将"新安全格局"的内涵融入教材。建议以"国家安全是头等大事"为题展开对"新安全格局"的学习，通过参观国家安全方面的展览，结合具体事例，懂得主权神圣不可侵犯，领土完整不容分裂，理解《反分裂国家法》《中华人民共和国香港特别行政区维护国家安全法》的意义。

八是将"坚持和完善'一国两制'制度体系，落实中央全面管治权，落实'爱国者治港''爱国者治澳'原则，落实特别行政区维护国家安全的法律制度和执行机制"融入《道德与法治》九年级上册第七课第二框"维护祖国统一"，对应教材 100 页。建议以"和平统一、一国两制对实现祖国完全统一的意义"为题，了解"一国两制"基本国策的实践过程，树立维护国家统一的责任意识；同时通过时政热点分享的方式让学生理解"爱国者治港""爱国者治澳"的重要意义。

九是将"完善以宪法为核心的中国特色社会主义法律体系。坚持依法治国首先要坚持依宪治国，坚持依法执政首先要坚持依宪执政，坚持宪法确定的中国共产党领导地位不动摇，坚持宪法确定的人民民主专政的国体和人民代表大会制度的政体不动摇"融入《道德与法治》八年级下册第二课第一框"坚持依宪治国"，对应教材 20 页。通过强化的方式指出依法治国中要坚持"依宪治国"，在依法执政中坚持"依宪执政"，同时突出要"健全保证宪法全面实施的制度体系，更好发挥宪法在治国理政中的重要作用"。

8. 党的二十大对青年提出的殷切期望融入初中思政课的实现路径

将"广大青年要坚定不移听党话、跟党走，怀抱梦想又脚踏实地，敢想敢为又善作善成，立志做有理想、敢担当、能吃苦、肯奋斗的新时代好青年，让青春在全面建设社会主义现代化国家的火热实践中绽放绚丽之花"融入《道德与法治》九年级下册第七课第二框"走向未来"，对应教材 20 页。建议通过活动课的方式让学生书写出自己十年后、二十年后、三十年后……的人生目标，同时借助讲故事的方式，注重用好学生身边可知可感的生动事例和典型人物，为学生树立身边的榜样，为学生埋下希望的种子，激发学生为中国梦的实现贡献出属于自己的力量。

| 党的二十大精神一体化融入初中思政课逻辑框架表 | | | |
|---|---|---|---|
| 融入内容 | 融入路径 | | |
| | 七年级 | 八年级 | 九年级 |
| 大会意义 | | √ | √ |
| 大会主题 | | √ | √ |
| 大会成果 | | √ | √ |
| 伟大变革 | | | √ |
| 理论境界 | | | √ |

续表

| 党的二十大精神一体化融入初中思政课逻辑框架表 | | | | |
|---|---|---|---|---|
| 使命任务 | | | √ | √ |
| 未来部署 | | | √ | √ |
| 青年期望 | | | | √ |
| 学段目标 | 注重体验教育　打牢思想基础 | | | |

### 三、党的二十大精神融入初中思政课的教学建议

基于党的二十大精神的重要性，以及初中学生学习领会党的二十大精神的必要性，现就党的二十大精神融入初中思政课教学提几点建议。

1. 融入话语彰显生动性

在引导学生理解党的二十大报告内容的基础上，还要发挥思政课的亲和力和感染力，讲出中国共产党"新时代十年的伟大变革"，讲出中国的历史自信和理论自信，讲出中国共产党的志气、骨气和底气，引导学生增强道路自信、理论自信、制度自信、文化自信，赋予教学生命力、增强教育鲜活性、亲和力和感染力。党的二十大报告中的党言党语须用初中学生听得懂、看得清、想得通、够得着的话语体系、活动方式进入课堂，传递给初中学生，才能真正成为初中学生的思政课。党的二十大精神融入初中思政课，需要创设真实的情境体验场，用生动的故事案例，把抽象的理论观点转换为学生能够理解和接受的话语体系来激发学生对党的二十大的精神的理解和感悟。

2. 融入方式注重体验性

"大学之道，在明明德，在亲民，在止于至善。"教师不仅要有传道情怀，还要担负起育人的职责，教师教学的艺术不仅在于传授知识，而且在于激励、感召和熏陶，在实践中做到做人与为师，学习与改进，立言与立行相统一。初中思政课教师只有具备高尚的品德，才能为人师表，才能激励、唤醒和鼓舞学生，让有马克思主义信仰的人讲信仰，基于高尚的人格魅力树立榜样，感化学生，才能内外统一。初中学生的思维认知正处于由感性思维上升为理性思维的关键时期，实践是提升初中学生思维认知的重要途径。

将党的二十大精神融入初中思政课，需要借助社会思政大课堂，通过实践的方式融合教学，将学生的学习路径和受教育空间，从校内延展到校外，从线下延展到线上，在学习党的二十大精神内容上可采取一体化衔接递进的方式，可通过诵读活动、征文比赛、知识竞赛、主题研学等途径，循序渐进地让育人

效果入脑入心。

3. 融入内容彰显育人性

《义务教育道德与法治课程标准（2022年版）》中提出"道德与法治课程要培养的核心素养主要包括政治认同、道德修养、法治观念、健全人格、责任意识"。对照党的二十大报告内容，不论是十五个方面的内容阐述还是各种关键词的表达，如"人民至上""国家统一""美好生活""法治中国""人类命运共同体"等，都能与五大核心素养的育人目标指向相对应，也都可以从初中思政课教材中找到相匹配和对应的教学内容。因此，把党的二十大精神融入初中思政课应该注重核心素养的培育，要以最鲜活、最具时代性的党的二十大精神作为初中思政教学的内容补给和精神支撑，为初中思政教学提供了更加丰富、多维、真实、深刻的学习体验，彰显出具有时代特征的育人目标导向。

## 第三节 党的二十大精神融入高中思政课的实践路径

**一、党的二十大精神融入高中思政课的价值分析**

1. 提升高中思政课教材话语体系的时代感

教材既是育人育才的重要载体，也是教师教学的主要依据。随着社会的发展和时代的变迁，高中思政课教材的内容也需要在保持相对稳定性的基础上适时更新，同时代发展并肩同行，否则会导致高中生对社会发展状况出现认知偏差，难以适应社会的发展。党的二十大报告提出一系列治国理政新理念、新思想、新战略，是指引国家未来发展、实现中华民族伟大复兴的纲领性文献，同时蕴含着丰富的思政课素材，是新时代高中生必须了解、掌握的时政内容。将党的二十大报告中的内容实质和精神要领融入高中思政课教材，是贯彻党的二十大精神的必然要求。党的二十大报告体现了中国共产党人高瞻远瞩的战略思维、全面系统的辩证思维、知古鉴今的历史思维、勇于开拓的创新思维等，这些思维方式融入高中思政课教材，既有利于革新教师教育思维，又有助于满足高中生成长成才的发展需求。由此，党的二十大作为新时代历史时期的重大时政事件，将其合理融入高中思政课教材能够使思政课教育内容紧跟时代步伐，提升教材话语体系的时代感。

2. 强化学生对党的创新理论的政治认同

党的二十大报告开宗明义，阐明了本次大会的主题，并全面深刻总结了在面对来自政治、经济、意识形态、自然界等方面的风险挑战考验下，党和国家事业取得的历史性成就、发生的历史性变革，阐述了马克思主义中国化时代化、中国式现代化等理论的科学内涵和基本要求，绘制了中国式现代化的美好前景。将党的二十大精神融入高中思政课教学，有利于提升高中生对党领导下的中国特色社会主义的高度认同。具体来说，一是有助于让学生充分认识到中国特色社会主义道路是符合中国实际、反映中国人民意愿、适应时代发展要求的，坚定中国特色社会主义道路、理论、制度、文化自信；二是有助于让学生充分认识到党的十八大以来的伟大成就，是在习近平新时代中国特色社会主义思想指引下取得的，是在以习近平同志为核心的党中央坚强领导下取得的，从而进一步坚定拥护"两个确立"，坚决做到"两个维护"；三是有助于让学生充分认识到社会主义核心价值观是全国各族人民团结奋斗的共同思想基础，是取得十年发展成就的文化价值密码，进而自觉弘扬和践行社会主义核心价值观。

3. 增强学生争做时代新人的使命担当

党的二十大报告指明了全面建成社会主义现代化强国的战略安排，而实现现代化之路并非轻松的平坦大道，作为一项伟大而艰巨的事业，需要一代又一代中国人的接续奋斗。青年是祖国的未来，民族的希望，青年强，则国强。高中学生处于"拔节孕穗"关键期，要引导他们充分认识到自身的历史使命，积极投身民族复兴伟业，勇于争先。同时，讲好高中思政课，必须坚持理论性和实践性的统一，学生既要学好思政学科基本知识，了解学科基本常识，更要回归实践，关注社会，积极参与政治生活。因此将党的二十大精神融入高中思政课教学，引导学生理解党的二十大的精髓要义和核心精神，将党的二十大报告中蕴含的强大真理力量转换为实践动力，有助于提升高中生责任感与使命感和有序参与公共事务的能力，积极行使人民当家作主的政治权利，在公共参与实践中增强公德意识、提升参与能力，投身于中国特色社会主义事业，为实现中华民族伟大复兴贡献力量。

## 二、党的二十大精神融入高中思政课的实现路径

1. 党的二十大重大意义融入高中思政课的实现路径

一是可融入必修一《中国特色社会主义》（2021年统编版，人民教育出版社，后同）第四课《只有坚持和发展中国特色社会主义才能实现中华民族伟大复兴》第一框"中国特色社会主义进入新时代"。重点阐释党的二十大对于新时代新征程坚持和发展中国特色社会主义的重大意义。教育引导学生坚持中国共产党的领导，努力实现新时代青年学生的使命与担当。

二是可融入必修一《中国特色社会主义》第四课《只有坚持和发展中国特色社会主义才能实现中华民族伟大复兴》第三框"习近平新时代中国特色社会主义思想"。习近平新时代中国特色社会主义思想作为中国特色社会主义理论体系的重要组成部分，要着重阐释党的二十大在习近平新时代中国特色社会主义思想、中国特色社会主义理论体系发展历程中的重大意义。教育引导学生深化对党的二十大在习近平新时代中国特色社会主义思想主题和主要内容等方面的意义，真学真懂真用，坚定理论自信。

2. 党的二十大主要成果融入高中思政课的实现路径

可融入必修一《中国特色社会主义》第四课《只有坚持和发展中国特色社会主义才能实现中华民族伟大复兴》第一框"中国特色社会主义进入新时代"。向学生介绍本次大会取得的主要成果，教育引导学生了解此次大会通过了习近平同志代表第十九届中央委员会所作的《高举中国特色社会主义伟大旗帜 为全面建设社会主义现代化国家而团结奋斗》的报告，通过了《中国共产党章程（修正案）》，党的二十届一中全会选举产生了以习近平同志为核心的新一届中央领导集体。教育引导学生以高屋建瓴的方式理解党的二十大的精髓要义和核心内容，深刻领悟其中蕴含的强大真理力量。

3. 党的二十大主题融入高中思政课的实现路径

一是可融入必修一《中国特色社会主义》第四课《只有坚持和发展中国特色社会主义才能实现中华民族伟大复兴》第二框"实现中华民族伟大复兴的中国梦"。阐明党的二十大主题对全面建成社会主义现代化强国两步走战略进行了宏观展望，体现了党中央宏阔的战略视野、高远的战略眼光与科学的战略谋划，让我们清晰地看到了民族复兴的光明前景。教育引导学生明确中华民族伟大复兴战略安排，增强政治责任感和历史使命感。

二是可融入必修一《中国特色社会主义》第四课《只有坚持和发展中国特色社会主义才能实现中华民族伟大复兴》第三框"习近平新时代中国特色社会主义思想"。说明党的二十大精神在大会主题中特别提出"全面贯彻习近平新时代中国特色社会主义思想"，突出"全面贯彻"。教育引导学生理解新时代要"全面贯彻习近平新时代中国特色社会主义思想"的原因和重要性，进一步增强学生对中国特色社会主义理论的政治认同与自信。

4. 党的二十大对新时代十年伟大变革科学总结融入高中思政课的实现路径

一是可融入必修一《中国特色社会主义》第四课《只有坚持和发展中国特色社会主义才能实现中华民族伟大复兴》第一框"中国特色社会主义进入新时代"。深刻认识和把握"三件大事"，对于深入理解新时代十年的伟大变革的重要认识、全面迈向社会主义现代化国家新征程具有重要意义。日常生活中，高中阶段的学生能够通过大众传媒、课堂学习了解到中国共产党在我国政治生活中的作用，对坚持党的领导有初步的情感认同，但对具有重要意义的关键时间节点和重大事件因缺少强化而时常记忆不清，需教育引导学生掌握"三件大事"及其意义，感悟党的坚强领导力。

二是可融入必修二《经济与社会》（2021年统编版，人民教育出版社，后同）第三课《我国的经济发展》第一框"坚持新发展理念"。补充介绍"绿水青山就是金山银山"的理念，一是阐明"为什么需要坚持'两山'理论"，即"两山"理论的地位和作用，强调绿色发展是永续发展的必要条件和人民对美好生活追求的重要体现；二是回答"怎样坚持'两山'理论"，要坚持节约资源和保护环境的基本国策，坚持可持续发展。教育引导学生明确经济建设与生态保护的有机统一，绿色发展理念的重要性；用辩证唯物主义观点，实际分析、正确对待我国现存的生态问题，做到理论和实践相结合，为地方环保事业发展建言献策。

5. 党的二十大对马克思主义中国化时代化新境界科学论述融入高中思政课的实现路径

一是可融入必修一《中国特色社会主义》，在第四课《只有坚持和发展中国特色社会主义才能实现中华民族伟大复兴》第三框"习近平新时代中国特色社会主义思想"的"习近平新时代中国特色社会主义思想的基本内容"这部分中补充"十三个方面成就"作为习近平新时代中国特色社会主义思想的基本内容之一，并强调"中国共产党为什么能，中国特色社会主义为什么好，归根到底是马克思主义行，是中国化时代化的马克思主义行"。嵌入式融入，教育引导学生深化对习近平新时代中国特色社会主义思想主题和主要内容的理解和领会，真学真懂真用，坚定理论自信，提升政治认同。

二是可融入必修一《中国特色社会主义》第四课《只有坚持和发展中国特色社会主义才能实现中华民族伟大复兴》第三框"习近平新时代中国特色社会主义思想"的"习近平新时代中国特色社会主义思想的创立"部分，补充习近平新时代中国特色社会主义思想的创立充分体现"马克思主义基本原理同中国具体实际相结合、同中华优秀传统文化相结合"。嵌入式融入，引导学生坚持马克思主义的科学世界观和方法论，解放思想、实事求是、与时俱进，立足基本国情、增强文化自信，在实践创新中增长才干，增强科学精神。

6. 党的二十大提出的新时代新征程中国共产党使命任务融入高中思政课的实现路径

一是可融入必修三《政治与法治》（2021年统编版，人民教育出版社，后同),在第一单元"中国共产党的领导"第一课《历史和人民的选择》第二框"中国共产党领导人民站起来、富起来、强起来"这部分中补充党的二十大以后中国共产党的中心任务和未来国家发展战略安排。嵌入式融入,使学生升华对中国共产党的认识,坚持中国共产党的领导,坚定走中国特色社会主义道路的信念,担当时代大任,自觉投身改革开放和新时代的建设中去。

二是可融入必修一《中国特色社会主义》,在综合探究一《回看走过的路 比较别人的路 远眺前行的路》的"人类社会发展历史进程的统一性和多样性"这部分内容中,补充中国式现代化的基本特征和本质要求。嵌入式融入,帮助学生理解中国式现代化的科学内涵,充分明确我国现代化之路具有鲜明的中国特色,坚定中国特色社会主义道路、制度、理论、文化自信。

7. 党的二十大对未来党的重点工作作出的重大部署融入高中思政课的实现路径

一是可融入必修三《政治与法治》第三课《坚持和加强党的全面领导》第一框"坚持党的领导"。重点阐释坚持和加强党的全面领导的意义,认同中国共产党是我国的最高领导力量,坚持共产党的领导。该部分旨在引导学生了解学习党的未来工作的战略部署,可通过探究型和活动型课堂融入。重点论述坚持党的全面领导是五个必由之路之一,可组织学生自主学习搜集党的重要理论产生的背景,小组合作探究重要思想的内涵。用党始终坚持以人民为中心的具体事例分析说明党和人民的关系,说明党的执政理念。

二是可融入"坚持发扬斗争精神"这一内容,对应教材必修四《哲学与文化》(2021年统编版,人民教育出版社,后同)第七课《继承发展中华优秀传统文化》第三框"弘扬中华优秀传统文化与民族精神"。通过嵌入式融入的方式,选取不同时期所应运而生的民族精神为情境材料,鼓励学生在课堂讨论分享。通过材料丰富、语言平实的讲述,让学生感受到伟大的建党精神,坚持发扬斗争精神,激励学生为中华民族伟大复兴而努力奋斗。

8. 党的二十大对青年提出的殷切期望融入高中思政课的实现路径

一是可融入必修三《政治与法治》第二课《中国共产党的先进性》,第二框"始终走在时代前列"。重点阐释用党的科学理论武装青年的重要意义,寻找生动鲜活的案例,以此为情境材料,用通俗的语言向学生传递党的理论,引导学生树立正确的价值观、人生观、世界观,肩负起中华民族复兴的光荣使命。

二是可融入"立志做有理想、敢担当、能吃苦、肯奋斗的新时代好青年"这部分内容,对应必修四《哲学与文化》第六课《实现人生价值》。第三框"价值的创造和实现"在该部分的教学中,鼓励学生参与社会实践,深入了解先锋模范的故事，弘扬先进人物的精神品质，挖掘人生价值，发挥榜样人物的力量。激励青年学生树立远大的理想，积极投身新时代中国特色社会主义事业建设。

| 党的二十大精神一体化融入高中思政课逻辑框架表 | | | | | | | |
|---|---|---|---|---|---|---|---|
| 融入内容 | 融入路径 | | | | | | |
| | 《中特》| 《经社》| 《政法》| 《哲文》| 《当代》| 《法生》| 《逻辑》|
| 大会意义 | √ | | | | | | |
| 大会主题 | √ | | | | | | |
| 大会成果 | √ | √ | √ | √ | | | |
| 伟大变革 | √ | √ | √ | √ | √ | √ | |
| 理论境界 | √ | | | | | | √ |
| 使命任务 | √ | | | | | | |
| 未来部署 | √ | | | | | | |
| 青年期望 | √ | | | | | | |
| 学段目标 | 注重常识教育提升政治素质 | | | | | | |

注：《中国特色社会主义》简称《中特》，《经济与社会》简称《经社》，《政治与法治》简称《政法》，《哲学与文化》简称《哲文》，《当代国际政治与经济》简称《当代》，《法律与生活》简称《法生》，《逻辑与思维》简称《逻辑》。

### 三、党的二十大精神融入高中思政课的教学建议

党的二十大是在全党全国各族人民迈上全面建设社会主义现代化国家新征程、向第二个百年奋斗目标进军的关键时刻召开的一次十分重要的大会。会议通过的报告，科学规划了全面建设社会主义现代化国家的宏伟蓝图，为党和国家的各项事业指明了前进方向，会议凝练的精神催人奋进。

思想政治课作为新时代党的创新理论传播主阵地，把党的一系列新思想、新观点、新论断融入课堂是题中应有之义。高中思政课教师必须充分认识到党的二十大精神的教育价值，提高政治站位，及时让党的二十大精神走进课堂、融入教材、沁润心田，激励青年学生不忘来时路、不罔肩头担，树立远大志向、坚定理想信念，努力成长为堪当民族复兴大任的时代新人。

1. 紧贴时政，突出融入的时效性

向青年学生讲授时事政治不仅是思想政治课的一项重要任务，也是新课标

对高中思政课的要求之一。在课堂上讲述重点热点新闻，宣传党和国家的大政方针，让学生掌握最新国际国内形势，高中思政课教师责无旁贷。党的二十大精神作为时政要闻，必须作为高中政治课堂教学的重要内容，党的二十大精神是复习备考的大热点，值得特别关注，突出时效性。

时事热点与教材知识相统一。在课堂教学尤其是时政热点专题复习中，有一个很突出的现象就是时政热点的讲授流于形式，未能将热点新闻与教材原理相结合。党的二十大精神融入高中思政课堂，就要寻找与教材内容相吻合的交汇，实现时事热点与教材知识的相统一。让学生学会用教材知识分析实际问题，以时政新闻为鲜活素材，更好理解理论知识，提升政治意识，增强政治认同。

教师讲授与学生评析相统一。高中思政教师作为时政新闻传播的"第一人"，首先要关心关注时事，科学理解党和国家的大政方针，在课堂上准确传播，确保真实性。学生作为课堂主体，更要参与讨论、发表见闻。在学生评析某一事件过程中，教师引导学生能够运用所学知识来理解事件的背景、原因，进行学理分析。在师生互动的过程中，时政新闻已经以润物无声的方式融入了课堂。

2. 丰富形式，增强融入的感染性

在学校思想政治理论课教师座谈会上，习近平总书记强调："推动思想政治理论课改革创新，要不断增强思政课的思想性、理论性和亲和力、针对性。"[①] 党的二十大精神一体化融入高中思政课，不能固化融入模式，避免"机械融入"和"说教融入"。随着新课改的不断推进，对于高中思想政治课堂教学有了更高要求，党的二十大精神融入高中课堂就要着眼于学生的主体地位，变通教学方法，丰富教学手段，注重培养学生学科核心素养，从而构建高效课堂、灵动课堂、智慧课堂。

开展项目式学习，培养学生学科核心素养。以项目为主线、有效问题为驱动、教师为主导、学生为主体的项目式学习，其终极目标就是培养学生的学科核心素养。在课堂教学中，可以以党的二十大精神中的某一方面为项目主题，精心创设情境，精准设计问题，倡导学生组建团队来解决真实问题，增强课堂氛围感，逐步带领学生走向深度学习，培养学科核心素养。

打造活动型课堂，提升学生参与度。高中思想政治课是一门以议题为纽带、情境为载体、活动为路径、素养为主旨的"活动型课程"。以党的二十大精神中的某一小切口为主议题，搜集真实素材，通过小组合作探究、社会实践展示、

---

① 习近平. 在学校思想政治理论课教师座谈会的讲话 [N]. 人民日报，2019-03-25 (002).

学生演讲、辩论或讲述、情境短剧等多种形式反映主议题，充分调动学生积极性，让课堂评价可测量、可操作，真实体现学生掌握程度，体现思政课堂的感召力。

3. 善用"大思政课"，落实融入的育人性

习近平总书记深刻强调："'大思政课'我们要善用之，一定要跟现实结合起来。上思政课不能拿着文件宣读，没有生命、干巴巴的。"①"大思政课"是新时代对思想政治课提出的新要求，要在实践当中解决新问题。"大思政课"精华在于"大"，是资源之大、合力之大、视野之大、格局之大。党的二十大精神要融入高中思政课，就要利用好"大思政课"，在"大思政课"中实现育人目标。

推进"大小课堂"相协调。"思政小课堂"侧重讲理，"社会大课堂"注重践行，"小课堂"与"大课堂"是理论与实践的关系。理论源自实践，最终也要回到实践。通过"思政小课堂"把党的二十大精神的含义、实质、价值讲清讲透，让学生在先进理论中有所感悟；开展围绕"党的二十大精神"的社会实践活动，走进党史馆、游览革命纪念馆、开发红色资源，增强学生的体验感，提升实践育人实效。

将党的二十大精神融入高中思政课是一项重大工程，学校、教师、学生都要重视并落实，不断推进融入进程，逐步实现融入内容的"一体化"和融入对象的"全覆盖"，让党的二十大精神砥砺青年学生奋勇前行，培育学科核心素养，激活高中思政课堂，落实立德树人根本任务，促进高中思想政治教育教学高质量发展。

4. 贯穿教材，提升融入的科学性

高中思想政治教材采取总分方式安排教学内容，《中国特色社会主义》是总览，《经济与社会》《政治与法治》《哲学与文化》在经济、政治、法治、哲学、文化等领域进行深入阐释，选择性必修3册教材重在培养学生用全球视野认识人类社会发展大势，用法律手段处理日常问题，用科学思维探索认识世界。党的二十大精神实质在政治经济、文化哲学等领域均闪烁着真理的光辉，将党的二十大精神融入高中思政课，首先就是要贯穿教材模块，从内容上进行科学融入。

加强理论学习，体现融入完整性。理论学习不仅要学生学，教师更要学。

---

① 习近平. 在看望参加全国政协十三届四次会议医药卫生界、教育界委员时的讲话［N］. 人民日报，2021-03-06（002）.

一是要深入学，要深刻领会党的二十大精神实质；二是要系统学，不仅要系统学习党的二十大报告全文，学习习近平总书记关于学习宣传贯彻党的二十大精神系列重要讲话，还要把党的十八大精神、党的十九大精神联系起来学；三是要联系实际工作学，要联系思政课教材、学生实际等进行学习，为向学生讲好党的二十大精神奠定基础。

结合时代要求，突出价值引领。高中思想政治教材紧跟时代要求，具有鲜明的时代性，这是由思想政治课程性质所决定的。在高中思想政治教学中要体现时代性，就要将当下时代主流价值观融入其中，党的二十大精神作为新时代主流价值观，毋庸置疑成为高中思想政治课程的必修内容。高中思政课教师要引导学生主动学习党的二十大精神，感悟精神实质，让党的二十大精神指导生活学习。

## 第四节 党的二十大精神融入大学思政课的实践路径

### 一、党的二十大精神融入大学思政课的价值分析

1. 增强大学生的政治认同

教育引导大学生深刻领会过去五年、新时代十年伟大变革所取得的巨大成就，深刻领会这些成就是在极不平凡、极不寻常的条件下取得的，是在以习近平同志为核心的党中央的坚强领导下取得的，是在习近平新时代中国特色社会主义思想的指导下取得的，从而教育引导大学生深刻领悟"两个确立"的决定性意义，切实做到"两个维护"。

2. 增强大学生的家国情怀

教育引导大学生充分感受到过去五年和新时代十年在中国共产党的坚强领导下，我国社会主义建设事业取得的历史性成就、发生的历史性变革及其里程碑意义，并为此而感到骄傲和自豪；教育引导大学生认识到从党的二十大开始我国正式进入全面建成社会主义现代化强国、实现第二个百年奋斗目标、全面推进中华民族伟大复兴的新征程，同时深刻认识到全面建成社会主义现代化强国、实现第二个百年奋斗目标是一项伟大而艰巨的事业，前途光明，任重道远，机遇与挑战并存，不确定和难预料因素、事件随时可能发生，深刻认识到全面建成社会主义现代化强国、全面推进中华民族伟大复兴必须坚持走中国式现代化道路，深刻认识到在全面建成社会主义现代化强国、全面推进中华民族伟大复兴的

新征程中青年大学生的责任与担当，充分激发大学生的奋斗精神、报国热忱。

3. 增强大学生的理论素养

教育引导大学生深刻认识到中国共产党为什么能，中国特色社会主义为什么好，归根到底是马克思主义行，是中国化时代化的马克思主义行；深刻认识到习近平新时代中国特色社会主义思想是马克思主义中国化时代化的最新成果；深刻把握习近平新时代中国特色社会主义思想的主要内容、世界观和方法论。教育引导大学生深刻领会中国式现代化的理论内涵及其重大意义。

4. 增强大学生的道德素质

教育引导大学生深刻认识全面建设社会主义现代化国家，必须重视和加强公民道德建设。教育引导大学生自觉践行社会主义核心价值观，深化爱国主义、集体主义、社会主义思想；自觉明大德、守公德、严私德，不断提高自身道德水准和文明素养；教育引导大学生自觉弘扬劳动精神、奋斗精神、奉献精神、创造精神、勤俭节约精神，引领时代新风新貌。

5. 增强大学生的法治意识

教育引导大学生深刻认识到全面依法治国关系党执政兴国，关系人民幸福安康，关系党和国家长治久安，必须在法治轨道上全面建设社会主义现代化国家；深刻认识到全面建设社会主义现代化国家必须坚持走中国特色社会主义法治道路，完善以宪法为核心的中国特色社会主义法律体系。教育引导大学生持续增强法治观念，自觉做社会主义法治的忠实崇尚者、自觉遵守者、坚定捍卫者。

6. 增强大学生的政策水平

教育引导大学生准确了解全面建成社会主义现代化强国的总的战略安排、目标任务、重大原则；系统了解全面建成社会主义现代化强国的经济、教育、科技、人才、文化、社会、生态、军事、外交、民主政治、国家安全、祖国统一等重大政策；深刻理解全面建成社会主义现代化强国必须坚持和加强党的全面领导，坚持和加强全面从严治党。

**二、党的二十大精神融入大学思政课的实现路径**

1. 党的二十大重大意义融入大学思政课的实现路径

一是可融入《毛泽东思想与中国特色社会主义理论体系概论》（2023版，高等教育出版社，后同）第五章"中国特色社会主义理论体系的形成发展"第一节"中国特色社会主义理论体系形成发展的社会历史条件"及第二节"中国特色社会主义理论体系形成发展过程"。重点讲清党的二十大在习近平新时代中国特色社会主义思想发展历程中的重大意义、在中国特色社会主义理论体系发展进程中的重大意义。

二是可融入《习近平新时代中国特色社会主义思想概论》（2023年版，高等教育出版社与人民出版社联合出版，后同）导论"习近平新时代中国特色社会主义思想创立的时代背景"部分。主要讲清党的二十大在习近平新时代中国特色社会主义思想发展史上的重大意义。

三是可融入《马克思主义基本原理》（2023版，高等教育出版社，后同）导论"马克思主义的创立与发展"部分，重点讲清党的二十大在马克思主义发展史上的重大意义；可融入《马克思主义基本原理》第六章"社会主义的发展及其规律"中第一节"社会主义五百年的历史进程"，重点讲清党的二十大在科学社会主义发展史上的重大意义。

四是可融入《中国近现代史纲要》（2023版，高等教育出版社，后同）第十章"中国特色社会主义进入新时代"第三节"开启全面建设社会主义现代化国家新征程"。重点讲清党的二十大在新中国史、改革开放史、中国特色社会主义发展史中的重大意义。

2. 党的二十大主要成果融入大学思政课的实现路径

一是可融入《中国近现代史纲要》第十章"中国特色社会主义进入新时代"第三节"开启全面建设社会主义现代化国家新征程"。主要讲清党的二十大召开的基本情况及取得的重大成果。

二是可融入《习近平新时代中国特色社会主义思想概论》第二章"以中国式现代化全面推进中华民族伟大复兴"第二节"中国式现代化是强国建设、民族复兴的唯一正确道路"。主要讲清中国式现代化理论是党的二十大形成的重大理论成果。

3. 党的二十大主题融入大学思政课的实现路径

一是可融入《毛泽东思想与中国特色社会主义理论体系概论》第六章"邓小平理论"第三节"邓小平理论的历史地位"。主要讲清"高举中国特色社会主义伟大旗帜"写入了党的二十大报告并作为大会主题之一；强调新时代新征程我们要继续"高举中国特色社会主义伟大旗帜"，继续坚持走中国特色社会主义道路。教育引导学生进一步增强对中国特色社会主义理论、道路的政治认同与自信。

二是可融入《习近平新时代中国特色社会主义思想概论》导论第四讲"习近平新时代中国特色社会主义的历史地位"。主要讲清"全面贯彻习近平新时代中国特色社会主义思想"是党的二十大的重要主题。教育引导学生深刻领会党的二十大提出的"全面贯彻习近平新时代中国特色社会主义思想"的具体含义及其重大意义。

三是可融入《习近平新时代中国特色社会主义思想概论》导论第六讲"学好用好习近平新时代中国特色社会主义思想"。主要讲清"为全面建设社会主义现代化国家、全面推进中华民族伟大复兴而团结奋斗"是党的二十大的重要主题。教育引导学生深刻理解国家未来发展的方向与目标，进一步增强对国家现代化、民族复兴的历史自信心和责任感。

四是可融入《中国近现代史纲要》第四章"中国共产党成立和中国革命新局面"第二节"马克思主义广泛传播与中国共产党诞生"。主要讲清"弘扬伟大建党精神，自信自强、守正创新，踔厉奋发、勇毅前行"是党的二十大的重要主题；在"中国共产党成立的历史意义"部分中补充讲解中国共产党的成立及发展过程中形成了伟大"建党精神"及"建党精神"的基本内涵。教育引导学生既要从中国共产党成立的历史背景中深刻理解建党精神的内涵与伟大，又要从新时代新征程的历史使命深刻认识弘扬伟大建党精神的重大意义。

五是可融入《中国近现代史纲要》第十章"中国特色社会主义进入新时代"第三节"开启全面建设社会主义现代化国家新征程"。在介绍党的二十大召开的历史情况时全面介绍党的二十大的主题及其内涵。教育引导学生高举中国特色社会主义伟大旗帜，全面贯彻习近平新时代中国特色社会主义思想，弘扬伟大建党精神，自信自强、守正创新，踔厉奋发、勇毅前行，为全面建设社会主义现代化国家、全面推进中华民族伟大复兴而团结奋斗。

六是可融入《思想道德与法治》（2023年版，高等教育出版社与人民出版社联合出版，后同）第三章"继承优良传统　弘扬中国精神"第一节"中国精神是兴国强国之魂"。讲清建党精神也是中国精神的重要组成部分，同时是中国精神的继承发展。教育引导学生深刻认识在新时代新征程弘扬中国精神，必须大力弘扬伟大建党精神，自信自强、守正创新，踔厉奋发、勇毅前行。

4. 党的二十大对新时代十年伟大变革科学总结融入大学思政课的实现路径

一是可融入《思想道德与法治》绪论"担当复兴大任　成就时代新人"第一部分"我们处在中国特色社会主义新时代"。讲清新时代十年中国所经历的复杂国内国际环境，干成的"对党和人民事业具有重大现实意义和深远历史意义的三件大事"。教育引导学生深刻领会新时代十年成就的"伟大"以及"三件大事""重大"而"深远"的意义，深刻领会这些成就背后的主要原因是"两个确立"，从而在思想上深刻领会"两个确立"的决定性意义，在行动上坚持以习近平新时代中国特色社会主义思想武装头脑、指导实践，坚决做到"两个维护"。

二是可融入《中国近现代史纲要》第十章"中国特色社会主义进入新时代"第一节"开拓中国特色社会主义更为广阔的发展前景"、第二节"把习近平新时代中国特色社会主义不断推向前进"和第三节"开启全面建设社会主义现代化国家新征程"。讲清党的十八大中国特色社会主义进入新时代以来党和国家经历的3件大事，进行的16个方面的伟大变革，取得的系列历史性成就。教育引导学生深刻领会新时代十年的伟大变革及历史性成就在党史、新中国史、改革开放史、社会主义发展史中的里程碑意义，对于推动中华民族伟大复兴进入不可逆转的历史进程的重大意义，深刻领会新时代十年的伟大变革及历史性成就的决定性因素是"两个确立"，更加自觉认同和做到"两个维护"。

5. 党的二十大对马克思主义中国化时代化新境界科学论述融入大学思政课的实现路径

一是可融入《毛泽东思想与中国特色社会主义理论体系概论》导论"马克思主义中国化时代化的历史进程与理论成果"中第一部分"马克思主义中国化时代化的提出"、第二部分"马克思主义中国化时代化的内涵"、第三部分"马克思主义中国化时代化的历史进程"及第四部分"马克思主义中国化时代化理论成果及其关系"。根据党的二十大报告和习近平总书记相关重要论述，讲清马克思主义中国化时代化论断的正式提出、科学内涵、历史进程、理论成果及其成果之间的相互关系。教育引导学生深刻领会只有把马克思主义基本原理同中国具体实际相结合、同中华优秀传统文化相结合，并坚持与时俱进，才能不断回答中国之问、世界之问、人民之问、时代之问，深刻领会中国共产党为什么能，中国特色社会主义为什么好，归根到底是马克思主义行，是中国化时代化的马克思主义行，切实增强对马克思主义中国化时代化的理论认同。

二是可融入《习近平新时代中国特色社会主义思想概论》导论第三部分"习近平新时代中国特色社会主义思想是完整的科学体系"。主要讲清习近平新时代中国特色社会主义思想的主要内容——"十个明确""十四个坚持""十三个方面成就"及习近平新时代中国特色社会主义思想的世界观、方法论——"六个必须坚持"。教育引导学生全面准确系统把握习近平新时代中国特色社会主义思想的科学体系。

三是可融入《习近平新时代中国特色社会主义思想概论》导论第四部分"习近平新时代中国特色社会主义思想的历史地位"。主要讲清习近平新时代中国特色社会主义思想开辟了马克思主义中国化时代化新境界的内涵与原因。

四是可融入《马克思主义基本原理》导论"马克思主义的创立与发展"部分。讲清习近平新时代中国特色社会主义思想是当代中国的马克思主义、二十一世纪马克思主义，是马克思主义在当代中国的最新发展。教育引导学生深刻领会习近平新时代中国特色社会主义思想与马克思主义之间的内在关系，进一步增强学生对习近平新时代中国特色社会主义思想的理论认同，增强学生"两个确立""两个维护"的政治自觉。

五是可融入《马克思主义基本原理》第一章"世界的物质性及发展规律"第二节"事物的普遍联系和变化发展"。讲清习近平新时代中国特色社会主义思想的世界观方法论之"必须坚持系统观念"的理论内涵与实践要求，即什么是系统观念，为什么要坚持系统观念，如何坚持系统观念。教育引导学生"必须坚持系统观念"，善于通过历史看现实、透过现象看本质，把握好全局和局部、当前和长远、宏观和微观、主要矛盾和次要矛盾、特殊和一般的关系，学会用系统观念与方法去把握事物之间的普遍联系、推动事物的发展。

六是可融入《马克思主义基本原理》第二章"实践与认识及其发展规律"第一节"实践与认识"。讲清习近平新时代中国特色社会主义思想的世界观方法论之"必须坚持问题导向"的理论内涵与实践要求，即讲清楚什么是问题导向，为什么要坚持问题导向，如何坚持问题导向。教育引导学生"必须坚持问题导向"，学会从实践中发现问题、解决问题、发展认识和真理。

七是可融入《马克思主义基本原理》第三章"人类社会及其发展规律"第二节"社会历史发展的动力"。讲清习近平新时代中国特色社会主义思想的世界观方法论之"必须坚持守正创新"的理论内涵与实践要求，即什么是守正创新、为什么要守正创新、如何守正创新。教育引导学生"必须坚持守正创新"，既要守好"马克思主义基本原理、党的全面领导、中国特色社会主义"之"正"，也要培养创新思维，支持和推动改革，主动开展创新实践，努力为推动社会发展进步作出贡献。

八是可融入《马克思主义基本原理》第三章"人类社会及其发展规律"第三节"人民群众在历史发展中的作用"。讲清习近平新时代中国特色社会主义思想方法论之"必须人民至上"的理论内涵与实践要求，即什么是人民至上、为什么要坚持人民至上、如何做到人民至上。教育引导学生"必须坚持人民至上"，充分尊重人民群众在历史发展中的主体地位，自觉坚持党的群众路线，深入群众虚心向群众学习，深入了解群众需求，切实维护人民群众的根本利益；充分动员群众、充分依靠群众，从群众中来，到群众中去。

九是可融入《马克思主义基本原理》第七章"共产主义崇高理想及其最终实现"第三节"共产主义远大理想与中国特色社会主义共同理想"。讲清习近平新时代中国特色社会主义思想的世界观方法论之"必须坚持胸怀天下"的理论内涵与实践要求，即什么是胸怀天下，为什么要坚持胸怀天下，如何做到坚持胸怀天下。教育引导学生"必须坚持胸怀天下"，树立共产主义远大理想和中国特色社会主义共同理想，积极推动构建人类命运共同体。

6. 党的二十大提出的新时代新征程中国共产党使命任务融入大学思政课的实现路径

一是可融入《习近平新时代中国特色社会主义思想概论》第二章"以中国式现代化推进中华民族伟大复兴"第一节第三讲"全面建成社会主义现代化强国"。讲清社会主义现代化强国的具体目标是"把我国建设成为综合国力和国际影响力领先的社会主义现代化强国"以及2035年基本实现社会主义现代化的目标要求。教育引导学生深刻领会社会主义现代化强国以及基本实现社会主义现代化的基本内涵与目标要求，坚定学生对国家发展的自信心、自豪感，增强学生实现社会主义现代化、建设社会主义现代化强国的责任感与使命感。

二是可融入《习近平新时代中国特色社会主义思想概论》第二章"以中国式现代化全面推进中华民族伟大复兴"第二节第二讲"中国式现代化的中国特色"。主要讲清中国式现代化的基本特征、根本原因、实践路径与本质要求。教育引导学生深刻领会中国式现代化的基本特征及其内涵，深刻领会以中国式现代化全面推进中华民族伟大复兴的必要性以及基本路径，增强对中国式现代化理论的理论认同与政治认同。

三是可融入《习近平新时代中国特色社会主义思想概论》第三章"坚持党的全面领导"第二节"坚持党对一切工作的领导"。主要讲清新时代新征程中国共产党的使命任务——团结带领全国各族人民全面建成社会主义现代化强国、实现第二个百年奋斗目标，以中国式现代化全面推进中华民族伟大复兴；教育引导学生深刻理解强国建设、民族复兴关键在党，必须加强党的全面领导。

四是可融入《中国近现代史纲要》第十章"中国特色社会主义进入新时代"第三节"全面建成小康社会和开启全面建设社会主义现代化国家新征程"。讲清全面建设社会主义现代化国家、实现中华民族伟大复兴必须坚持走中国式现代化道路。教育引导学生深刻领会以中国式现代化全面推进中华民族伟大复兴的历史必然性。

7. 党的二十大对未来党的重点工作作出的重大部署融入大学思政课的实现路径

一是可全面融入《习近平新时代中国特色社会主义思想概论》第六章"实现经济高质量发展"。讲清"高质量发展是全面建设社会主义现代化国家的首要任务"，"把实施扩大内需战略同深化供给侧结构性改革有机结合起来"，讲清

"构建高水平社会主义市场经济体制""建设现代化产业体系""全面推进乡村振兴""促进区域协调发展""推进高水平对外开放"等重大经济战略部署。教育引导学生准确把握习近平经济思想的最新发展,深刻领会党的二十大对新时代新征程中国经济高质量发展的思想指引、战略部署以及政策支撑,增强对未来中国经济发展前景的信心,增强学生学习科学文化知识、将来服务中国经济高质量发展的责任感。

二是可融入《习近平新时代中国特色社会主义思想概论》第七章"社会主义现代化建设的教育、科技、人才战略"第一节"全面建设社会主义现代化国家的基础性、战略性支撑"。讲清党的二十大报告有关"教育、科技、人才是全面建设社会主义现代化国家的基础性、战略性支撑""加快建设教育强国、科技强国、人才强国"等重要论断,及其重要工作举措——"办好人民满意的教育""完善科技创新体系""加快实施创新驱动发展战略""深入实施人才强国战略"。教育引导学生深刻领会科技教育人才对全面建设社会主义现代化国家、实现中华民族伟大复兴的战略意义,深刻领会党的二十大报告对教育科技人才工作进行专题部署的战略意义,提高学生对教育、科技、人才工作的思想认识,增强学生加强自我教育、提升科技创新能力、努力成为堪当民族复兴大任优秀人才的责任感与使命感。

三是可融入《习近平新时代中国特色社会主义思想概论》第八章"发展全过程人民民主"第二节"全过程人民民主是社会主义民主政治的本质属性"。讲清楚"全过程人民民主是社会主义民主政治的本质属性,是最广泛、最真实、最管用的民主""人心是最大的政治,统一战线是凝聚人心、汇聚力量的强大法宝""完善大统战工作格局,坚持大团结大联合,动员全体中华儿女围绕实现中华民族伟大复兴中国梦一起来想、一起来干""以铸牢中华民族共同体意识为主线,坚定不移走中国特色解决民族问题的正确道路"等重要论断,以及在全面建设社会主义现代化国家的新征程,除了做好传统的民主党派、民族、宗教等重要工作,还要团结好无党派人士,做好党外知识分子、非公有制经济人士、华人华侨等群体的工作。教育引导学生深刻理解坚持走中国特色社会主义民主政治发展道路的必然性、必要性,深刻理解中国特色社会主义民主的本质属性、显著优势、发展路径等,深刻理解党的二十大对加强党外知识分子思想政治工作、做好新的社会阶层人士工作的重要意义,进一步增强学生对中国特色社会主义民主政治的认同与自信。

四是可融入《习近平新时代中国特色社会主义思想概论》第九章"全面依法治国"第一节"坚持中国特色社会主义法治道路"。讲清"全面依法治国是国家治理的一场深刻革命，关系党执政兴国，关系人民幸福安康，关系党和国家长治久安""必须更好发挥法治固根本、稳预期、利长远的保障作用，在法治轨道上全面建设社会主义现代化国家""坚持依法治国首先要坚持依宪治国，坚持依法执政首先要坚持依宪执政"等重要论断，讲清全面依法治国的目标是"保障和促进社会公平正义""建设社会主义法治国家"；讲清建设社会主义法治国家的重要举措是"坚持依法治国、依法执政、依法行政共同推进，坚持法治国家、法治政府、法治社会一体建设""全面推进科学立法、严格执法、公正司法、全民守法""全面推进国家各方面工作法治化"等。教育引导学生深刻理解全面依法治国的必要性、基本内涵、主要目标、实践路径，深刻理解习近平法治思想的基本内容及其原创性贡献，坚定对习近平法治思想、中国特色法治道路的理论认同与政治认同。

五是可融入《思想道德与法治》第六章"学习法治思想　提升法治素养"第二节"坚持全面依法治国"。讲清"全面依法治国是国家治理的一场深刻革命，关系党执政兴国，关系人民幸福安康，关系党和国家长治久安""在法治轨道上全面建设社会主义现代化国家"等重要论断。教育引导学生深刻认识坚持全面依法治国的重要性，立志为法治国家建设作贡献。

六是可融入《思想道德与法治》第六章"学习法治思想　提升法治素养"第三节"维护宪法权威"。讲清"坚持依法治国首先要坚持依宪治国，坚持依法执政首先要坚持依宪执政"等重要论断及建设社会主义法治国家必须"完善以宪法为核心的中国特色社会主义法律体系"。教育引导学生充分认识宪法在中国特色社会主义法律体系中的关键地位，在生活工作中自觉维护宪法权威、遵守宪法规定。

七是可融入《思想道德与法治》第六章"学习法治思想　提升法治素养"第四节"自觉尊法学法守法用法"。讲清党的二十大报告提出的"努力让人民群众在每一个司法案件中感到公平正义""努力使尊法学法守法用法在全社会蔚然成风"等基本要求，教育引导学生在学习和生活中自觉尊法、学法、守法、用法，"做社会主义法治的忠实崇尚者、自觉遵守者、坚定捍卫者"。

八是可融入《习近平新时代中国特色社会主义思想概论》第十章"建设社会主义文化强国"。讲清楚建设社会主义文化强国的指导思想——习近平文化思想的主要内容、理论意义等，讲清社会主义文化强国建设对于全面建设社会主义现代化国家的意义以及文化强国建设基本原则、主要目标等，讲清建设社会主义文化强国的具体举措——"建设具有强大凝聚力和引领力的社会主义意识形态""广泛践行社会主义核心价值观""提高全社会文明程度""繁荣发展文化事业和文化产业""增强中华文明传播力影响力"等。教育引导学生深刻理解建设社会主义文化强国对于实现中华民族伟大复兴的意义，深刻理解社会主义文化强国建设应遵循的基本原则及着力点，自觉坚持马克思主义意识形态、自觉践行社会主义核心价值观、自觉弘扬中华优秀传统文化，增强对习近平文化思想的理论自信。努力推动中华优秀传统文化创造性转化和创新性发展，为不断增强国家文化软实力贡献力量。

　　九是可融入《思想道德与法治》第三章"继承优良传统　弘扬中国精神"第一节"中国精神是兴国强国之魂"。讲清"劳动精神、奋斗精神、奉献精神、创造精神、勤俭节约精神"等中国精神的具体内涵和实践要求，讲清中华民族崇尚劳动、崇尚勤俭节约的优良传统和优秀品质。教育引导学生深刻理解新时代新征程崇尚劳动、勤俭节约的重要意义，在生活中自觉崇尚劳动、勤俭节约。

　　十是可融入《思想道德与法治》第五章"遵守道德规范　锤炼道德品格"第三节"投身崇德向善的道德实践"。讲清"明大德""守公德""严私德"的基本内涵与实践要求，讲清大德、公德、私德与社会公德、职业道德、家庭美德、个人品德之间的关系。教育引导学生在学习、生活和未来工作中始终做到"明大德""守公德""严私德"，不断提升自身道德水准和文明素养。

　　十一是可融入《习近平新时代中国特色社会主义思想概论》第十一章"以保障和改善民生为重点加强社会建设"第一节"让人民生活幸福是'国之大者'"、第二节"不断提高人民生活品质"。讲清"江山就是人民，人民就是江山""中国共产党领导人民打江山、守江山，守的是人民的心""治国有常，利民为本""为民造福是立党为公、执政为民的本质要求""必须坚持在发展中保障和改善民生，鼓励共同奋斗创造美好生活，不断实现人民对美好生活的向往"等重要论断；讲清党的二十大报告关于"增进民生福祉"的战略部署，即"完善分配制度""实施就业优先战略""健全社会保障体系""推进健康中国建设"等。教育引导学生深刻理解中国共产党的本质属性，进一步增强学生对中国共产党的政治认同，进一步坚定学生永远跟党走的政治信仰。

　　十二是可融入《习近平新时代中国特色社会主义思想概论》第十二章"建设社会主义生态文明"第一节"坚持人与自然和谐共生"。讲清"尊重自然、顺应自然、保护自然，是全面建设社会主义现代化国家的内在要求""必须牢固树立和践行绿水青山就是金山银山的理念，站在人与自然和谐共生的高度谋划发展"等重要论断，以及党的二十大关于"统筹产业结构调整、污染治理、生态保护、应对气候变化""推进生态优先、节约集约、绿色低碳发展""加快发展方式绿色转型""深入推进环境污染防治""提升生态系统多样性、稳定性、持续性""积极稳妥推进碳达峰碳中和"等绿色发展最新精神和具体部署。教育引导学生深刻领会生态文明、绿色发展对于中国现代化建设的重要意义，深刻领会习近平生态文明思想的原创性贡献，进一步增强对以习近平同志为核心的党中央的政治认同以及对习近平新时代中国特色社会主义思想的理论认同，进一步增强践行绿色发展、推动生态文明的行动自觉。

十三是可融入《习近平新时代中国特色社会主义思想概论》第十三章"维护和塑造国家安全"第一节"坚持总体国家安全观"。讲清"国家安全是民族复兴的根基，社会稳定是国家强盛的前提""必须坚定不移贯彻总体国家安全观，把维护国家安全贯穿党和国家工作各方面全过程，确保国家安全和社会稳定"等重要论断；讲清党的二十大报告提出的新时代新征程国家安全工作总要求——"坚持以人民安全为宗旨、以政治安全为根本、以经济安全为基础、以军事科技文化社会安全为保障、以促进国际安全为依托，……统筹维护和塑造国家安全，夯实国家安全和社会稳定基层基础，完善参与全球安全治理机制，建设更高水平的平安中国，以新安全格局保障新发展格局"；讲清党的二十大报告作出的"健全国家安全体系""增强维护国家安全能力""提高公共安全治理水平""完善社会治理体系"等国家安全具体部署。教育引导学生深刻理解国家安全、社会稳定对于国家强盛、民族复兴的重要意义，深刻理解坚持走中国特色国家安全道路的必要性及基本内涵，了解国家安全面临的新形势、新挑战，了解党和国家在维护国家安全和社会稳定方面作出的巨大努力，理解和支持党和国家维护国家安全与社会稳定的基本政策，在实际学习和生活中以实际行动自觉维护国家安全与社会稳定。

十四是可融入《习近平新时代中国特色社会主义思想概论》第十四章"建设巩固国防和强大人民军队"第三节"加快推进国防和军队现代化"。讲清"如期实现建军一百年奋斗目标，加快把人民军队建成世界一流军队，是全面建设社会主义现代化国家的战略要求"重要论断；讲清"四个坚持"新时代强军方略，即"坚持党对人民军队的绝对领导，坚持政治建军、改革强军、科技强军、人才强军、依法治军，坚持边斗争、边备战、边建设，坚持机械化信息化智能化融合发展"；讲清新时代国防和军队现代化建设目标，即"军事理论现代化、军队组织形态现代化、军事人员现代化、武器装备现代化"；讲清新时代国防和军队现代化建设的战略部署——"巩固提高一体化国家战略体系和能力""全面加强练兵备战""全面加强军事治理"等。教育引导学生深刻理解建设一流军队对实现中华民族伟大复兴的意义，深刻理解习近平强军思想的基本内涵及其对人民军队战略性重塑的重大意义，深刻领会新时代坚持习近平强军思想的重要意义，坚定支持国家强军战略。

十五是可融入《习近平新时代中国特色社会主义思想概论》第十五章"坚持一国两制和推进祖国完全统一"第一节"全面准确理解和贯彻一国两制方针"。讲清"全面准确、坚定不移贯彻'一国两制'、'港人治港'、'澳人治澳'、高度自治的方针"以及"支持香港、澳门发展经济、改善民生、破解经济社会发展中的深层次矛盾和问题"的重要性和必要性；讲清"台湾是中国的台湾""解决台湾问题、实现祖国完全统一，是党矢志不渝的历史任务，是全体中华儿女的共同愿望，是实现中华民族伟大复兴的必然要求""祖国完全统一一定要实现，也一定能够实现"等重要论断。教育引导学生完整准确理解和坚定支持新时代的"一国两制"方针和对台政策，努力为港澳繁荣发展和祖国完全统一作出贡献。

十六是可融入《习近平新时代中国特色社会主义思想概论》第十六章"中国特色大国外交和推动构建人类命运共同体"第一节"新时代中国外交在大变局中开创新局"、第二节"全面推进中国特色大国外交"。讲清习近平同志在党的二十大报告中对当前国际形势与国家关系的新重要论断，如"当前，世界之变、时代之变、历史之变正以前所未有的方式展开""和平、发展、合作、共赢的历史潮流不可阻挡""和平赤字、发展赤字、安全赤字、治理赤字加重，人类社会面临前所未有的挑战"等；讲清新时代新征程"中国始终坚持维护世界和平、促进共同发展的外交政策宗旨，致力于推动构建人类命运共同体"等外交方略；讲清新时代新征程中国坚持对外开放的基本国策，不断以中国新发展为世界提供新机遇，共同培育全球发展新动能，坚定支持和帮助广大发展中国家加快发展等基本外交政策。教育引导学生深刻理解习近平外交思想的基本内容与重要意义，全面了解当前国际关系与中国外交面临的新形势、新任务，深刻理解并坚定支持新时代新征程中国外交的基本方针、政策，努力为维护国家利益及良好的外部环境作出贡献。

十七是可融入《习近平新时代中国特色社会主义思想概论》第十七章"全面从严治党"第一节"全面从严治党是新时代党的建设的鲜明主题"、第二节"以政治建设为统领深入推进党的建设"。以习近平总书记关于党的建设重要思想为指引，讲清"全面建设社会主义现代化国家、全面推进中华民族伟大复兴，关键在党"，"党面临的执政考验、改革开放考验、市场经济考验、外部环境考验将长期存在，精神懈怠危险、能力不足危险、脱离群众危险、消极腐败危险将长期存在"等重要论断；讲清新时代新征程"必须持之以恒推进全面从严治党，深入推进新时代党的建设新的伟大工程，以党的自我革命引领社会革命"总体任务及具体任务。教育引导学生系统了解习近平总书记关于党的建设重要思想的基本方法，深刻理解实现中华民族伟大复兴必须坚持和加强党的全面领导，深刻认识中国共产党持之以恒坚持和加强全面从严治党、努力寻找跳出历史周期率的第二个答案的政治自觉和坚定决心，进一步坚定学生对中国共产党的信任、信心和信仰。

8. 党的二十大对青年提出的殷切期望融入大学思政课的实现路径

一是可融入《思想道德与法治》绪论"担当复兴大任　成就时代新人"。讲清党的二十大对当代青年的科学论断——"青年强，则国家强""当代中国青年生逢其时，施展才干的舞台无比广阔，实现梦想的前景无比光明"等。教育引导学生深刻理解我们所处时代的时代特征，深刻理解实现中华民族伟大复兴的必然趋势和光明前景，切实增强学生对国家、对民族以及自身人生的信心，切实增强学生努力成为担当民族复兴大任的时代新人的使命感。

二是可融入《思想道德与法治》第二章"追求远大理想　坚定崇高自信"第三节"在实现中国梦的实践中放飞青春梦想"。讲清党的二十大报告对当代青年提出的具体要求，教育引导学生深刻理解"理想与现实""个人与国家"的关系，切实做到"坚定不移听党话、跟党走，怀抱梦想又脚踏实地，敢想敢为又善作善成，立志做有理想、敢担当、能吃苦、肯奋斗的新时代好青年，让青春在全面建设社会主义现代化国家的火热实践中绽放绚丽之花"。

最后需强调的是，大学思政课应充分利用《形势与政策》课程，按八大主题及目标要求对党的二十大精神进行系统深入讲解。

| 党的二十大精神一体化融入大学思政课逻辑框架表 | | | | | | |
|---|---|---|---|---|---|---|
| 融入内容 | 融入路径 | | | | | |
|  | 《习概》 | 《毛概》 | 《德法》 | 《史纲》 | 《马原》 | 《形策》 |
| 大会意义 | √ | √ |  | √ |  | √ |
| 大会成果 | √ |  |  | √ |  | √ |
| 大会主题 | √ | √ | √ | √ |  |  |
| 伟大变革 |  |  | √ | √ |  |  |
| 理论境界 | √ | √ |  |  | √ |  |
| 使命任务 | √ | √ |  | √ |  |  |
| 未来部署 | √ |  | √ |  |  | √ |

续表

| 党的二十大精神一体化融入大学思政课逻辑框架表 | | | | | |
|---|---|---|---|---|---|
| 青年期望 | | | √ | | √ |
| 学段目标 | 注重理论教育增强使命担当 | | | | |

注：《习近平新时代中国特色社会主义思想概论》简称《习概》，《毛泽东思想与中国特色社会主义理论体系概论》简称《毛概》，《思想道德与法治》简称《德法》，《中国近现代史纲要》简称《史纲》，《马克思主义基本原理》简称《马原》，《形势与政策》简称《形策》。

## 三、党的二十大精神融入大学思政课堂的教学建议

根据党中央关于推进党的二十大精神"三进"工作要求，结合大学生认知特点以及大学生思想政治理论课教学、大学生思想政治教育等工作要求，现就党的二十大精神融入大学思政课教学提几点建议。

1. 紧扣"立德"这个关键目标

习近平总书记指出，"人无德不立，育人的根本在于立德。这是人才培养的辩证法。办学就要尊重这个规律，否则就办不好学"。并且要求"把立德树人融入思想道德教育、文化知识教育、社会实践教育各环节，贯穿基础教育、职业教育、高等教育各领域"。

大学教育的根本任务依然在立德树人，且立德依然是首要任务。没有良好的道德品质的人，哪怕是专业能力再强，对于社会、对于国家而言也是没有意义的，甚至会对社会、对国家利益造成重大损害。

立德就是要立大德、立公德、立私德，即教育学生"立大德、守公德、严私德"。党的二十大报告明确提出："加强和改进未成年人思想道德建设，推动明大德、守公德、严私德，提高人民道德水准和文明素养。"其一，关于"大德"。《诗经·小雅·谷风》讲："忘我大德，思我小怨。"大德，即大的好处、大的善举。在当今，大德，也指宏大的德、崇高的德，即对党的德、国家的德、民族的德、人类的德。大德具有鲜明的政治特性，是对国民政治素质的要求。其二，关于"公德"。公德是指作为社会公民在社会中与他人相处时应遵循的基本规范，是社会成员应共同遵守的基本要求，是维护社会成员和谐共处、促进社会秩序和谐稳定的基本规则。社会公德既有历史性，也有时代性。公德从某种程度上讲也包含大德，但公德具有鲜明的社会性，政治性不突出。这些公德要求是学生自小学开始一直在学习的，尽管如此，作为大学生仍需不断强化。

其三，关于"私德"。《商君书·错法》讲道："明君之使其民也，使必尽力以规其功，功立而富贵随之，无私德也。"私德是相对于公德而言的，主要是指个人在处理自身矛盾及其与家人关系时应遵循的基本道德规范。私德不是绝对的，很多私德都是与"公德""大德"相关的，或者说从某种程度上讲就是一种"公德"和"大德"。

如果我们千辛万苦把一个人培养成了大学生乃至研究生，但其大德、公德、私德缺失，这样的人不但不能为国家和社会建设作出贡献，而且很容易对国家和社会利益造成伤害和破坏，对于这样的人，我们的教育就是失败的。

2. 突出"理论"这个教学特点

习近平总书记指出，推动思想政治理论课改革创新，要不断增强思政课的思想性、理论性和亲和力、针对性。理论性是大中小思政课的共同特点，但理论性是从小学到大学不断增强的，大学思政课的理论性最强。

大学思想政治课的理论性强。具体表现在：一是话语更抽象、更学理，更多讲思想、政治、道德、法律等一般的学理性问题，即更多揭示的是社会意识形成和发展的一般规律。二是知识更系统、更深入，每一个知识要点一般都会呈现较为严密的逻辑体系，一般都会讲清楚是什么、为什么、怎么办三重逻辑，教育学生既要知其然、也要知其所以然、还要知其必然。

大学思政课之所以具有更强的理论性，一方面是大学生已经具备了较强的逻辑思维和抽象思维能力，另一方面是要持续加强大学生逻辑思维和抽象思维能力培养。这样更有助于大学生对马克思主义的理论以及对中国共产党的理论、路线、方针、政策有更为系统和深入的理解，更为坚定的认同，更为自觉的行动。

大学思政课应如何突出理论性强的这个特点呢？一是要注重从具体到抽象，要教育引导学生善于从具体问题、具体现象看到事物内在的本质的必然的联系和规律，善于从不同的事物和现象看到共同的本质特征；二是要注重从点面到体系，要教育引导学生善于将知识点联结成一个横向交融的知识面，再联结成一个横纵交融的知识体系，同时要教育引导学生善于从知识体系中去认识知识面、知识点。

3. 发挥"学生"这个主体作用

在哲学上，主体是指认识世界与改造世界的人，既包括认识和改造主观世界，也包括认识和改造客观世界。从这个意义上讲，大学生思政教育的主体既包括教师，也包括学生。对于作为主体的教师而言，其对象或客体就是学生的主观世界，即教师是以改造学生的主观世界为主要任务；对于作为主体的学生而言，其对象或客体就是学生自己的主观世界，即学生以改造自身主观世界为主要任务。

马克思主义认为，实践是主体见之于客体的过程。在传统的大学思想政治课教学中，教师充当了绝对主体。教师将思政课上成了"一言堂"，不太注重学生的参与，不太注重学生的感受和体验。这是需要不断去改变的。

从心理学上讲，每一个人哪怕是小朋友，都有获得社会认可与自我价值实现的心理需求，也就是学生有参与课堂教学获得的潜在心理需求和动机。当然这关键要看教师是否能够充分调动学生这种潜在需求和动机，让学生主动参与到课堂教学中来。大学生正值青春年华，表现欲及需求社会认同的动机十分强烈，需要充分把握这一心理特点。

从教育学来讲，我们教学的目标是传授学生知识、塑造学生价值、培养学生能力。大量的教学实践表明，只有充分调动学生自主学习的积极性、主动性、创造性，才能更好实现我们的目标。经过10多年的中小学学习历程和生活实践，大学生已具备了较强的自主学习、自主思考的能力，需要通过教学进一步引导大学生提升这种能力。

大学生思政课，特别是有关学习宣传党的二十大精神的思政课，其教学内容直接来自党的二十大文献，间接都来自习近平新时代中国特色社会主义现代化建设的伟大实践。这些实践，都是中国共产党领导全国各族人民已经完成的、正在经历的或即将要进行的，很多实践大学生都很关心，也发生在身边，很多大学生都有自己的理解和认识。因此，教师需要充分把握大学生及思政课的这种特点，充分发挥学生的教学主体作用，教育引导学生自主学习、自主研究并积极参与课堂交流。

4. 用好"社会"这个博大课堂

根据马克思主义哲学的观点，人类所有的知识都是从社会实践中来的，都是对社会实践经验的科学总结。思想政治课的知识更是如此。学习宣传党的二十大精神的思政课以及其他内容的思政课都应用好"社会"这个博大课堂。

习近平总书记多次讲思政课要重视理论与实践相结合的问题。他在学校思想政治理论课教师座谈会上讲道："马克思主义是在实践中形成并不断发展的，要高度重视思政课的实践性，把思政小课堂同社会大课堂结合起来，在理论和实践的结合中，教育引导学生把人生抱负落实到脚踏实地的实际行动中来，把学习奋斗的具体目标同民族复兴的伟大目标结合起来，立鸿鹄志，做奋斗者。"[①] 他在看望参加全国政协十三届四次会议的医药卫生界教育界委员并参加

---

① 习近平. 思政课是落实立德树人根本任务的关键课程 [M]. 北京：人民出版社，2020：20.

联组会时讲到,"'大思政课'我们要善用之,一定要跟现实结合起来。上思政课不能拿着文件宣读,没有生命、干巴巴的。"

　　大学思政课如何用好"社会"这个博大课堂呢?我认为,可以从以下几个方面着手:一是多开展案例教学,结合教学内容在课堂教学中选好、讲好社会典型案例,注重选择新近发生的最新案例、学生身边或学生感兴趣的案例、具有典型教育意义的案例等;二是开设一定的社会实践课,在教学时间,结合教学内容组织学生开展社会实践,教育引导学生在实践中学习知识、塑造价值、提升能力,社会实践课要注重组织性、安全性、针对性,也必须要有教学方案,否则不但教学效果差,还容易引发学生安全事故;三是鼓励学生利用周末和寒暑假积极参加社会实践,根据教学内容与目标需要,思政课教师可通过课后作业、作品竞赛等方式激励学生参加社会实践。

# 第三章

# 教学案例

习近平总书记指出,"要针对不同学段,根据思想政治理论教育规律和学生成长规律科学设置具体教学目标"。① 学校思政课的授课对象是处于不同学段的学生,归根结底是做人的工作,必须尊重学生的主体性和成长性等特点。

当我们谈论大中小学思政课一体化教学时,我们谈论的是一种贯穿学生成长全过程的教育理念。这种理念的重要性在于,它能够为学生提供全面、连贯、一致的思想政治教育,确保他们在学术和人生的道路上都能够获得正确的价值观引导。本章以结合不同阶段学生的学情选取了新发展理念、人民至上、依法治国、社会主义核心价值观、弘扬中华优秀传统文化、人与自然和谐共生六部分教学内容进行系统规划、同课异构,以实际教学案例展现党的二十大精神融入大中小思政课一体化的具体实现。

## 第一节 "创新发展"大中小学教学设计

**【大学阶段】"创新发展"教学设计**

| 学科 | 思想政治 | 单元名称 | 推动高质量发展 | 课型 | 新授课 |
|---|---|---|---|---|---|
| 教材 | (2023年版)《习近平新时代中国特色社会主义思想概论》 | 课时名称 | 完整、准确、全面贯彻新发展理念 | 课时 | 1课时 |
| 总领:党的二十大报告中关于创新发展的表述 ||||||
| 党的二十大报告提出:必须坚持"创新是第一动力","坚持创新在我国现代化建设全局中的核心地位",并对"加快实施创新驱动发展战略"进行部署。 ||||||

---

① 习近平.思政课是落实立德树人根本任务的关键课程[M].北京:人民出版社,2020.

## 一、课标要求

根据党的二十大精神与最新培养内容提出如下教学要求：

1. 内容要求：要注重学思结合、知行统一，增强学生勇于探索的创新精神、善于解决问题的实践能力。要注重让学生"敢闯会创"，在实际参与中增强创新精神、创造意识和创业能力。

2. 教学提示：本课程设计基于同学们高中阶段对五大发展理念和国家创新政策了解的基础上，选取国家重点关注领域和行业，开展相关主题研讨，引导学生将人生自我价值的实现与祖国和社会的发展需求有机结合起来，做一名德才兼备的创新型人才。

## 二、教材分析

1. 本框地位：本内容选自大学《习近平新时代中国特色社会主义思想概论》第六章第一节第三框。该门课程主要是结合党的二十大报告和近两年重要会议精神展开，具有较强的时效性和理论性。本课教学内容构建于学习贯彻党的二十大精神的时代背景下，可以说是学好弄懂新时代青年大学生如何坚持创新发展理念、以青春之力助力中国式现代化建设的一门关键课程。

2. 本框内容：基于高等教育的人才培养要求和社会实用人才需求，本课时主要包含以下三个重要内容。一是思考"为何要完整、准确、全面贯彻新发展理念"，学习了解新发展理念的提出背景、实际地位和作用，突出强调创新是引领发展的第一动力。二是思考"如何完整、准确、全面贯彻新发展理念"，学习了解五大发展理念的内涵以及在实际案例中的运用，并坚持把创新摆在国家发展全局的核心位置，用创新推动乡村振兴发展，让创新贯穿党和国家一切工作。三是思考"如何成为创新型人才"，要坚持贯彻落实新发展理念，争做德才兼备的新时代创新型人才。

## 三、学情分析

1. 知识基础：本框教学对象为大三学生。"创新的制高点在科技，科技创新的希望在青年"，建设创新型国家，需要广大青年学生增强创新意识，弘扬创新精神，争做创新型人才。因此，本课基于高中阶段对创新发展理念基本知识了解的基础上，更加理性深入地探讨"为何要完整、准确、全面贯彻新发展理念"和"如何完整、准确、全面贯彻新发展理念"以及"青年如何助力创新"。

因此，我们需要创设真实情境、恰当设置问题、巧用多种教学形式，实现小切口、高站位、巧设计的统一，把创新发展理念与我国当前发展过程实际联系起来，与乡村振兴、脱贫攻坚的实际案例结合起来，从而积极调动学习热情，激发学生创新思维，达到预期教学目的。

2. 心智特征：经过小学 6 年、中学 6 年的学习成长，特别是大学近三年的学习锻炼，大三学生的智力水平逐渐由感性向理性发展，已经具备一定的观察辨析和逻辑思考能力。他们对中国特色社会主义市场经济创立、完善、发展的过程以及我国的创新理念和政策文件等知识有了一定认识，但由于心智还不够成熟，经济社会生活参与覆盖面有限，想问题、做事情容易出现片面化和简单化倾向。

### 四、学习目标

1. 通过理解分析文字材料，学习掌握宁夏闽宁镇的发展阶段和取得的一系列成就，引导学生理解新发展理念的时代内涵和价值特质，即抓创新就是抓发展，谋创新就是谋未来，切实提升学生知识本领。

2. 通过理解分析文字材料，展示近年来宁夏闽宁镇发展成果，引导学生全面认识当前宁夏闽宁镇的发展现状，理解新时代坚持新发展理念的必要性，思考推动宁夏闽宁镇创新发展的措施，提升学生的科学精神素养。

3. 通过理解分析文字材料，观看先进人物视频，引导学生强化自主创新意识，发扬科学家精神，提升学生政治认同及精神素养。

### 五、评价任务

1. 通过展示文字材料，引导学生用一组关键词分别概括宁夏闽宁镇每一个阶段的发展历程，能够概括指出新理念在宁夏闽宁镇各个发展阶段都起到了重要作用，能够通过数据、图片、文字等形式，具体地说明宁夏闽宁镇产业发展成就，分析新时代我国坚持新发展理念的必要性和重要性。

2. 通过阅读情境材料，能够勾画出关键信息，分析新时代宁夏闽宁镇坚持新发展理念的重要性，能从援助方福建市政府、受助方宁夏闽宁镇、第三方外地企业三个角度为宁夏闽宁镇发展建言献策，多角度分析科技创新的措施。

3. 通过观看支援宁夏闽宁镇的福建专家代表林占熺先进人物的事迹材料，分析概括其优秀品质，并结合自身谈谈如何为我国乡村振兴贡献青春力量，争做德才兼备的新时代人才。

## 六、教学重难点

教学重点：为何要坚持新发展理念，新发展理念的内涵以及相互关系。

教学难点：如何坚持新发展理念，新发展理念在实际生活中的运用和体现。

## 七、设计思路

本课以"所爱隔山海，山海皆可平——从宁夏闽宁镇看新发展理念的实际运用"为总问题，创设"回顾来时路、凝视当前路、展望未来路"一系列结构化情境，呈现一个客观立体的产业发展形态；学生通过角色扮演等活动，为宁夏闽宁镇发展出谋划策，生成"新发展理念"的核心知识；整堂课由理解向应用、迁移螺旋上升，引导学生、走出教材、走向生活，最终落脚在引导学生争做德才兼备的创新型人才。

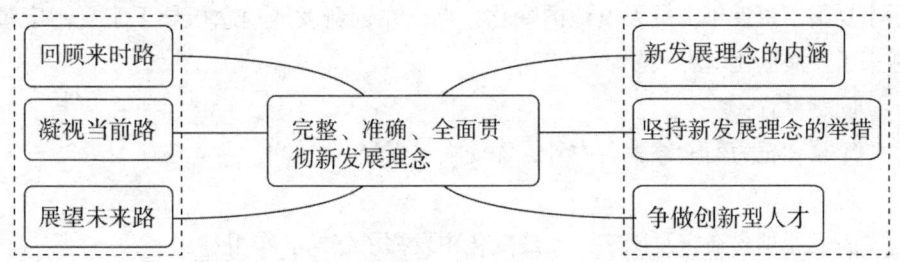

## 八、方法与策略

1. 精心设计情境，注重案例教学。根据总体教学目标，精心设计每一个环节的教学情境，通过一个个生动的案例，引发学生对相关理论问题的直观感知、情感共鸣。

2. 精心设计问题，注重启发教学。根据总体教学目标，精心设计每一个环节的问题，努力做到由浅入深、由具体到一般，引发学生对相关理论问题的深刻感知、深入思考。

3. 精心组织讨论，注重互动教学。根据总体教学目标，组织学生紧紧围绕设计的问题，开展分组讨论、课题交流、理论辨析，引导学生对相关理论问题深刻理解、全面准确把握。

## 九、资源与工具

1. 硬件：多媒体教室、移动式课桌、互联网系统、保温杯、枸杞、讨论不同角色的座签（福建援助组、宁夏闽宁组、外地企业组）。

2. 软件：视频文件，《山海情》《感动中国丨林占熺：寸草向春晖 让菌草造福世界》；文字材料，宁夏闽宁镇近年来发展变化成就的文字材料（来源于网络）。

## 十、教学过程

### 导入新课

情境创设：

图片材料：

课堂实物展示老师水杯中的枸杞，点出宁夏枸杞。

视频材料：

由宁夏枸杞讲到其产地——宁夏闽宁镇，播放《山海情》的混剪视频，展示宁夏闽宁镇近年来翻天覆地的变化，点出在创新发展理念指导下宁夏闽宁镇迎来了发展变化新春天。

问题设置：

宁夏枸杞为何能够驰名中外，深受大家喜爱？

追问：

新发展理念在宁夏闽宁镇发展变化中发挥了怎样的作用？

学生活动：

观看视频，由日常生活常见的枸杞出发，思考其生产销售全过程是如何体现新发展理念的，感受新发展理念给我们的生活带来了便捷和巨大改变。思考新发展理念不仅对个人生活的积极作用，对社会的发展变化也起到了积极的推进作用。

教师活动：

由保温杯里的枸杞导入新课，并结合宁夏闽宁镇的发展变化点出创新对我们日常生活和社会发展的重要作用，从而引出本课主题——新发展理念在实际生活中的运用。

活动意图说明：

课堂导入展示保温杯里枸杞照片和《山海情》混剪视频，旨在从学生最熟悉、社会最关注的事物和话题出发，引导学生对新发展理念有直观具象的认识，感受创新的重要性，激发学生的学习兴趣。有助于让学生直观感受到坚持新发展理念的重要性。

## 讲授新课

**环节一：回顾来时路——为何坚持用新发展理念引领宁夏闽宁镇发展**

情境创设：

文字资料：（部分）

20 世纪 80 年代初，国家提出"三西"扶贫思想方针："有水路就走水路，没有水路就走旱路，水旱不通就另寻出路。"习近平率福建党政代表团深入宁夏南部山区考察，结合宁夏的实际情况，他建议搞一个点，打造成具有样板意义的闽宁协作示范村，使"移民迁得出、稳得住、能致富"。

1997 年 7 月 15 日，福建和宁夏首次尝试共建的"闽宁村"在银川市永宁县一处戈壁滩上破土开工。一批批移民在戈壁滩上创业拓荒、发展产业，一批批福建干部、专技人才赴宁挂职、帮扶。

2020 年年底，福建省、福建对口帮扶市（县、区）及社会各界累计投入帮扶资金 33.69 亿元，其中 60% 以上用于宁夏深度贫困地区，援建项目 4000 多个。

2021 年 2 月 25 日，在全国脱贫攻坚总结表彰大会上，闽宁镇荣获"全国脱贫攻坚楷模"荣誉称号。

问题设置：

宁夏闽宁镇为什么能取得一系列发展成就？

追问：

由昔日"干沙滩"变为今日"金沙滩"，其中最关键的因素是什么？

学生活动：

（1）分组讨论（分 3 组）：

根据时间轴，提炼概括出党的领导、国家帮扶政策以及新发展理念在推动闽宁镇发展中的重要作用。（时间：5 分钟）

（2）课堂交流：

每一个组选派一位代表交流讨论情况。（每组 1 分钟）

教师引导：

组织学生开展课堂分享，评价学生的讨论成果，总结宁夏闽宁镇发展取得的成就是各种因素共同作用的结果，其中最核心关键的因素是新发展理念。

①新发展理念的理论根源：

五大发展理念来自马克思主义政治经济学关于解放和发展社会生产力的基本原则，也来自中国古代哲学智慧。在马克思的诸多论著中，曾使用过"创造""创立""发明""革命"等与创新含义接近的概念。已有研究将马克思创新理论中创新的定义概括为现实的人针对新的现实情况,有目的地从事一种前人未曾从事过的创造性的、复杂性的高级实践活动,是人的自觉能动性的重要体现。

②新发展理念的时代内涵:

创新是引领发展的第一动力,创新发展注重的是解决发展动力问题,必须坚持创新在我国现代化建设全局中的核心地位。

协调是持续健康发展的内在要求,协调发展注重的是解决发展不平衡问题,必须正确处理局部和全局、当前和长远、重点和非重点的关系。

绿色是永续发展的必要条件和人民对美好生活追求的重要体现,绿色发展注重的是解决人与自然和谐共生问题,必须实现经济社会发展和生态环境保护协同共进,加快发展方式绿色转型。

开放是国家繁荣发展的必由之路,开放发展注重的是解决发展内外联动问题,必须推动形成更大范围、更宽领域、更深层次对外开放格局。

共享发展注重的是解决社会公平正义问题,必须坚持全民共享、全面共享、共建共享、渐进共享,不断推进全体人民共同富裕。

活动意图说明:

此环节是回顾宁夏闽宁镇的曲折来时路,组织学生梳理归纳概括宁夏闽宁镇发展变化背后的原因,意在提升学生逻辑思维能力,直观感受我国脱贫攻坚、乡村振兴的显著成效和伟大成就。由直观感性认识,深入到理性的原因剖析,认识创新在其中的关键作用,引导学生学习理解创新的内涵和价值。点拨坚持创新发展,是应对发展环境变化、增强发展动力、把握发展主动权、更好引领新常态的根本之策。

**环节二:凝视当前路——如何以创新之姿谱写宁夏闽宁新乐章**

情境创设:

文字材料:(部分)

①葡萄产业作为闽宁镇产业发展的缩影。以闽宁镇3万亩葡萄基地为核心,并整合区域内多家酒庄的种植基地建起的大型酒庄成为当地一个重要景点。

②近年来,通过引进各类企业40余家,闽宁镇培育形成了特色养殖、特色种植、文化旅游、光伏发电、商贸物流五大支柱产业,葡萄酿酒、肉牛养殖、设施农业等主导产业实现了集约化和规模化发展。

③如期完成脱贫攻坚后,闽宁协作踏上乡村振兴新征程。在发展经济的基础上,闽宁协作向教育、文化、卫生、科技等领域拓展。从单向扶贫到产业对接、从经济援助到社会事业多领域深度合作。闽宁产业园作为闽宁协作的重点

项目，将围绕绿色农产品加工、新材料、纺织服装、机械制造等产业，培养壮大特色明显、成长性好、带动性强的产业集群。

④"闽宁镇探索出了一条康庄大道，我们要把这个宝贵经验向全国推广。"看到闽宁镇的喜人变化，习近平总书记打心眼儿里感到高兴。

⑤站在新的历史起点上，福建、宁夏两省区共同担负起开创新时代闽宁协作的历史使命。2022年9月4日，闽宁协作第二十六次联席会议在银川召开。闽宁协作，这份跨越千山万水的山海情谊，正在新征程上描绘乡村振兴新画卷。

问题设置：

结合文字材料和实际感悟，请分别从援助方福建省政府、受助方宁夏闽宁镇、第三方外地企业思考如何加强交流合作、推动产业升级、助力创新发展。

追问：

新发展理念在宁夏闽宁镇发展过程中实际体现在哪些方面？如何运用新发展理念更好推动宁夏闽宁镇创新发展？

学生活动：

学生开展小组讨论，发散思维，分别从援助方福建市政府、受助方宁夏闽宁镇、第三方外地企业三个角度为宁夏闽宁镇发展建言献策，感悟实现创新发展、助力乡村振兴需要多方合力。

教师活动：

（1）点评学生讨论成果，总结归纳推动宁夏闽宁镇创新发展的措施。

①受助方——宁夏闽宁镇：创新运营销售模式，加强与福建以及外地企业合作，利用多个电商平台打开农产品销路，提升销量。加强新型工业化、信息化、城镇化、农业现代化同步发展。

②援助方——福建省政府：坚持创新发展理念，加强两地创新人才之间的沟通交流，充分运用宁夏地理特点和产业优势，做到"产学研用"全链条深度扶持。

③第三方——外地企业：提高自主创新意识、加大科技研发投入，打造创新更多具有宁夏特色的地方产品或者因地制宜开发更多特色旅游项目。

（2）新发展理念在宁夏闽宁镇发展变化过程中如何体现以及如何运用其推动创新发展？

①创新：解决发展动力问题

政府引资、企业主导、社会参与的产业发展新机制（制度创新）。

不断攻克菌草产业、葡萄种植、葡萄酒加工等技术难题，推动生态产业发展进入"快车道"(技术创新)。

引进国内有实力的企业集团在闽宁镇打造精品葡萄酒小镇(文化创新)。

②协调:解决发展不平衡问题

区域发展不平衡:借助东西部协作、电商企业等资源优势,延伸发展区内外优质特色农产品分拣、包装、加工等全产业链。

③绿色:解决人与自然和谐共生问题

绿色环境:努力让村庄净起来、庭院靓起来、田园美起来、生态绿起来。

绿色食品:加快引进绿色食品加工、先进装备制造、新材料等项目。

④开放:解决发展内外联动问题

通过综试区建设带动宁夏及西部地区实现更好生产、更好环境和更好生活,加快推动闽宁镇特色生态产业发展,积极推进农业种养一体化。

⑤共享:解决社会公平正义问题

通过招商引资、扩大开放、共建园区、搭建企业互动平台,共同实施产业开发项目。

活动意图说明:

此问题是教学的重点和难点环节。继上一问题了解宁夏闽宁镇发展历程后,进而了解宁夏闽宁镇的发展之成就、发展之困境,形成对宁夏闽宁镇发展全面的、客观的认识。通过分析宁夏闽宁镇发展变化过程中创新的实际运用,进一步明确科技创新的必要性。同时,由关注"为什么"到探讨"怎么办",由"发现问题"到"解决问题"层层剖析深入,讲解宁夏闽宁镇推动科技创新的措施。通过组织学生从不同角度展开讨论,拓展学生思维及视野,引导学生关注热点,提升公共参与素养。

## 结束新课

**环节三:展望未来路——如何争做新时代德才兼备的创新型人才**

情境创设:

视频材料:《感动中国 林占熺:寸草向春晖 让菌草造福世界》

他坚持"把论文写在大地上、写在农民的钱袋里"的信念,奔走在精准扶贫第一线。从1997年开始,林占熺带领党员组建了闽宁菌草扶贫工作队,开始了20多年对口帮扶宁夏的扶贫之路,将菌草技术推广到宁夏13个县(市)的1.75万户人家,目前,菌草技术已在全国31个省(自治区、直辖市)的506个市(县、区)推广应用。

问题设置:

作为大学生,尤其是涉农专业大学生,请结合自身实际谈谈如何为我国乡村振兴发展贡献力量,如何成为祖国需要的新时代创新型人才。

学生活动:

(1)分组讨论(分3组):

观看视频以及阅读文字材料,挖掘林占熺身上的优秀品质,思考自身如何为乡村振兴产业的发展助力、成为一名德才兼备的创新型人才?(时间:3分钟)

(2)课堂交流:

每一个组选派一位代表交流讨论情况。(每组1分钟)

教师活动:

1842年,马克思在《〈科隆日报〉第179号的社论》一文中提出"任何真正的哲学都是自己时代的精神上的精华"。哲学作为人类思想宝库中的重要组成部分,对科学思维方式的形成有着深刻的影响。当代大学生进行创新,需要科学掌握运用哲学思维。

首先,我们要具备创新思维的能力。创新思维不仅是打破常规,更重要的是发现问题的能力。我们要学会从不同的角度去思考问题,勇于挑战传统观念,提出自己的独到见解。比如,大学生徐志伟通过改良水稻品种,解决了沿海地区盐碱地无法种植水稻的难题,他的创新思维为我们带来了实实在在的改变。

其次,我们要通过多种途径学习创新技能。一方面,我们可以通过课堂学习,掌握学科前沿理论知识;另一方面,我们可以通过参加各种实践活动,如科研项目、社会实践等,将理论知识转化为实际操作能力,不断提升自己的创新技能。

最后,我们要培养独立思考和批判的精神。我们要敢于对传统观念进行质疑和反思,不断探索新的思路和方向。同时,我们还要学会批判性地分析问题,不被表面现象所迷惑,看到问题的本质和核心。只有这样,我们才能作出更具创新性的成果。

活动意图说明:

通过典型案例呈现,引导学生深刻认识到创新需要靠教育和人才的支撑,坚持创新发展理念必须落脚到创新人才的培养。因此,本门课程设计最后落脚点在人才创新培养上,旨在以林占熺等先进优秀人物为榜样,引导学生树立远大理想,争做新时代德才兼备的创新型人才。

## 十一、板书设计

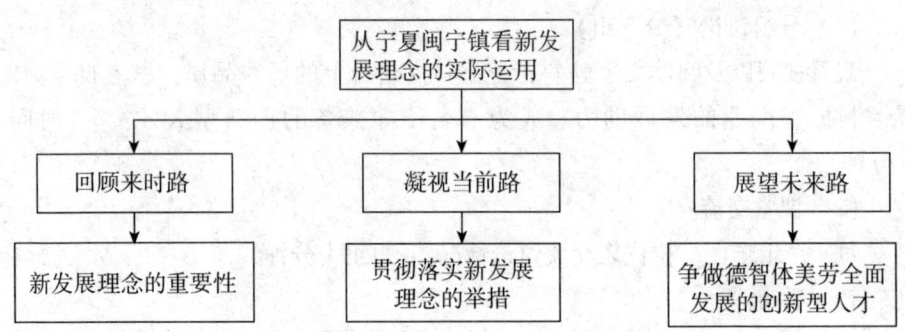

## 十二、作业设计

课后实践：

日前，成都第五届乡村振兴"十大案例"评选结果出炉。其中，成都市温江区万春镇幸福村获选"十佳乡风文明村"。围绕"幸福温江·美好之城"奋斗目标，温江区统筹推进"五大振兴"工作，全方位夯实粮食安全根基，先后获评2022年度成都市乡村振兴战略实绩考核先进集体。温江区和盛镇被评为2022年度成都市实施乡村振兴战略推进城乡融合发展先进镇。温江区公平街道分水惠和村、和盛镇石坝村、万春镇黄石社区、寿安镇汪家湾社区、寿安镇团结桥社区等5个村（社区）被评为2022年度成都市实施乡村振兴战略推进城乡融合发展示范村（社区）。

请同学们走进成都市温江区新农村，深入实地感受我们身旁乡村振兴发展最新成果和农村新面貌，并结合调研实际思考新发展理念在乡村振兴建设过程中是如何结合并运用的相关问题撰写一份调研报告或观察日记。

活动要求：

1. 内容契合主题，积极向上，图文并茂，字数1000字左右；

2. 建议最好跟暑假"三下乡"或者学院社会实践调研相结合，生成一些有建设性意见的理论成果。

## 十三、教学反思

本课的教学设计有以下几个特点：

1. 问题式教学，层层递进有深度。整个教学设计较为注重知识线、任务线、情境线的有机统一，相互贯通，通过创设生活化、具象化的情境，在活动中思考问题,在任务中落实知识,最终落脚于青年何以作为、青年何以可为上,情感升华较好。

2. 互动式教学,角色扮演有温度。本课围绕热播电视剧《山海情》展开,选举宁夏闽宁镇发展变化的典型案例,聚焦脱贫攻坚和乡村振兴过程中创新理念的实际运用,并结合学生的身心发展特点,开展多场角色互换与扮演等课堂模拟活动,力求呈现真情境、提出真问题、获得真收获。增强了学生的体验感,提升了实践育人实效。

**十四、参考文献**

习近平. 高举中国特色社会主义伟大旗帜 为全面建设社会主义现代化国家而团结奋斗——在中国共产党第二十次全国代表大会上的报告[M]. 北京:人民出版社,2022.

习近平新时代中国特色社会主义思想学习纲要(2023年版)[M]. 北京:中央文献出版社,2023.

### 【高中阶段】"创新发展"教学设计

| 学科 | 思想政治 | 单元名称 | 总体布局:统筹推进"五位一体" | 课型 | 新授课 |
|---|---|---|---|---|---|
| 教材 | 高中《习近平新时代中国特色社会主义思想学生读本》 | 课时名称 | 坚持创新发展理念 | 课时 | 1课时 |
| | 总领:党的二十大报告中关于创新发展的表述 | | | | |
| | 党的二十大指出,必须坚持"创新是第一动力","坚持创新在我国现代化建设全局中的核心地位"。把握发展的时与势,有效应对前进道路上的重大挑战,提高发展的安全性,都需要把发展基点放在创新上。只有坚持创新是第一动力,才能推动我国实现高质量发展,塑造我国国际合作和竞争新优势。为此,要让创新贯穿党和国家一切工作,让全面创新真正成为加快社会主义现代化建设、实现中华民族伟大复兴的强大动力。 | | | | |

**一、课标要求**

《普通高中思想政治课程标准(2017年版2020年修订)》(以下简称"新

课标")对本课时作了基本要求：

1. 内容要求：阐释创新、协调、绿色、开放、共享的新发展理念，解释经济发展方式的转变和供给侧结构性改革，评析经济发展中践行社会责任的实例。

2. 教学提示：可就某个发展理念进行专题调研或对当地转变经济发展方式的某方面情况进行调研，剖析存在的问题及其原因，提出对策建议。

## 二、教材分析

1. 本框地位：本内容选自高中《习读本》第五讲第一框"以新发展理念推动经济高质量发展"，教学内容构建于推动经济高质量发展的时代背景下，明确指出"创新是引领发展的第一动力"，是解读新发展理念、推动高质量发展的关键核心。

2. 本框内容：本课时包含两个重要内容。一是回答"为什么需要创新"，即创新的地位和作用，强调创新是引领发展的第一动力；二是回答"怎样创新"，要把创新摆在国家发展全局的核心位置，让创新贯穿党和国家的一切工作。

## 三、学情分析

1. 心智特征：本框教学对象为高一学生。这一阶段学生的智力水平逐渐由感性向理性发展，已经具备一定的观察辨析和逻辑思考能力。他们关心国家大事和社会生活，但由于心智还不够成熟，生活参与能力有限，想问题、做事情容易出现片面化和简单化倾向。

2. 认知结构："创新的制高点在科技，科技创新的希望在青年"，建设创新型国家，要求学生增强创新意识，弘扬创新精神，努力成为创新型人才。因此，本课学习对学生的成长发展有重要指导意义。对于高一学生而言，他们在日常生活中接触了非常多的创新现象，但停留在生活经验层面，尚未立足国家发展大势，理性深入地探讨"为什么创新"和"怎样创新"。因此，教师需要创设真实情境、恰当设置问题、巧用多种教学形式，实现小切口、高站位、巧设计的统一，调动学习热情，激发学生思维，达到预期教学目的。

## 四、学习目标

1. 通过阅读议题1文字材料，学生参与绘制时间轴活动，分享课前调研成果,了解我国芯片产业发展的曲折历程以及取得的一系列成就,明确创新是引领发展的第一动力,知道坚持创新发展理念的重要性,提升学生科学精神素养。

2. 阅读议题2文字材料,学生分享课前调研成果,全面认识当前我国芯片产业的发展现状,理解新时代坚持创新发展理念的必要性,掌握科技创新的措施,提升学生科学精神素养。

3. 通过阅读议题3文字材料,观看先进人物视频,明确个人要增强自主创新意识,发扬科学家精神,提升学生政治认同、科学精神素养。

## 五、评价任务

1. 通过绘制时间轴,能准确标出我国芯片产业发展的关键时间节点、关键事件、中外对比情况,能初步用折线图画出不同阶段我国芯片产业发展现状;通过课前调研,能够用数据、图片、文字等形式,具体地说明芯片产业发展成就,分析新时代我国坚持创新发展理念的必要性。(针对学习目标1)

2. 通过课前调研,能够用数据、图片、文字等形式,具体清晰地说明芯片产业发展的某一困境;通过阅读情境材料,能够勾画出关键信息,分析新时代我国坚持创新发展理念的重要性,能从政府、企业、科研单位多角度分析科技创新的措施。(针对学习目标2)

3. 通过观看芯片产业先进人物的事迹材料,能说出其优秀品质,并结合自身谈谈如何为我国芯片产业发展贡献力量。(针对学习目标3)

## 六、教学重难点

教学重点:创新的措施。

教学难点:坚持创新发展理念的原因。

## 七、设计思路

助力核心素养生长的课堂离不开结构化的情境、活动型的任务、序列化的知识。其中,任务线是素养生长的活动主线,知识线是素养生长的理论辅线,情境线是素养生长的生活辅线,三线合一,形成指向学科核心素养的"金字塔"架构。

本课以"从中国芯片产业的发展析创新发展理念"为总议题,创设"回顾来时路、凝视当前路、展望未来路"一系列结构化情境,呈现一个客观立体的产业发展形态；学生通过"模拟高峰论坛"、角色扮演，为我国芯片产业发展出谋划策，生成"创新发展理念"的核心知识；整堂课由理解向应用、迁移螺旋上升，引导学生走进教材、走出教材、走向生活，使核心素养落地生花。

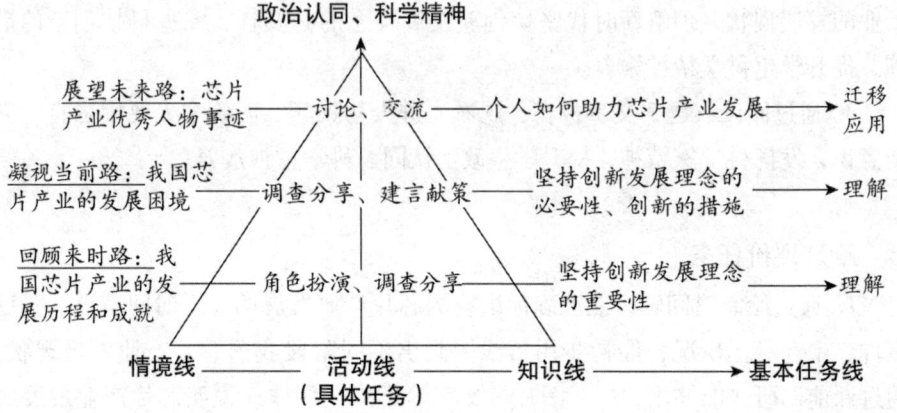

## 八、方法与策略

1. 优化议题情景，创设体验式氛围。围绕议题，创设情境，打造活动型课堂，让学生在真实情景中去体验、去感悟、去生成，落实核心素养，促进思想政治理论性与实践性相统一。

2. 精心设计问题，激发探究式兴趣。巧设问题，用问题驱动学生深度思考，激发课堂探究兴趣，提升关键能力，培养思维品质，体现课堂主导性与主体性相统一。

3. 高效组织活动，打造交互式课堂。在课堂搭建活动平台，为师生、生生之间交流互动提供契机，在交互中提升能力，体现课程内容活动化与活动设计内容化相统一。

## 九、资源与工具

1. 硬件：实物芯片、多媒体工具、论坛不同角色的座签（政府组、企业组、科研组）。

2. 软件：视频《人类生活已被芯片包围》《黄令仪院士的感人事迹》背景音乐《我爱你中国》。

## 十、教学过程

**勇攀创新高峰，点亮中国"芯"之路**
——从中国芯片产业的发展辨析创新发展理念

**导入新课**

**情境创设：**

实物展示一枚芯片，图片呈现芯片在生活中的应用，播放视频《人类生活已被芯片包围》。

**课堂模拟活动：**

2023年中国芯片产业发展高峰论坛（模拟）

**问题设置：**

我国芯片产业发展情况如何？创新在其中发挥了怎样的作用？

**学生活动：**

观察芯片实物，思考芯片在生活中的应用场景，观看视频，感受芯片创造了我们的美好生活。

参与课堂"模拟论坛"活动，分组角色扮演政府相关部门代表、芯片企业代表和科研院所代表。

**教师活动：**

由芯片在生活中的重要作用，引入课堂模拟论坛活动，带领学生一起谈"芯"论道，共话创新。

**活动意图说明：**

实物展示芯片，列举芯片的应用场景，让学生对芯片有直观的认识，感受芯片的重要性，激发学生的学习兴趣。将课堂打造为一场模拟论坛，构建活动型学科课堂，增强课堂真实感，引导学生更好地带入角色，深入思考芯片产业发展。

**讲授新课**

**环节一：回顾来时路，晓风催我挂帆行**

**情境创设：**

呈现我国芯片产业发展历程的文字材料，展示课前学生分组绘制的我国芯片产业发展时间轴。

## 我国芯片产业的发展历程

**01 起步发展阶段**

20世纪50—80年代。1956年，国家发布《1956—1967科学技术发展远景规划》，把半导体列为国家生产与国防需要紧急发展领域。

**02 引进阶段**

20世纪80—90年代。1980年代初，自主研发的思路被购买引进所替代，但引进的是别人淘汰的技术，我国芯片产业越引进越落后。

**03 重点发展阶段**

20世纪90年代至21世纪初。国家要求不惜代价也要将半导体产业搞上去，但由于造假、内讧、亚洲经济危机等原因，芯片产业经历了一个非常黯淡而没落的时期。

**04 高速发展阶段**

2014年至今。国家发布了《国家集成电路产业发展推进纲要》，标志着我国重新将集成电路产业列入国家战略计划。

学生分组展示当前中国芯片产业的发展成就。

活动要求：

①政府组、企业组和科研组基于不同角色，分组搜集当前中国芯片产业发展的成就；

②每组制作分享PPT，推选出1名代表展示，时间1分钟。

问题设置：

（1）结合材料，观看时间轴，请用一个词语概括我国芯片产业发展历程。

（2）结合我国芯片产业的发展历程和小组分享，思考我国芯片产业为什么能取得一系列发展成就，其中最关键的因素是什么？

（3）"创新是引领芯片产业发展的第一动力。"结合我国芯片产业发展成就，对此观点进行说明。

学生活动：

（1）课前分组绘制我国芯片产业发展时间轴，根据时间轴，感受我国芯片产业在曲折中前行。

活动要求：

①标识关键时间节点；②在关键时间节点标记典型事件；③在关键时间节点对比中外芯片产业发展状况；④用折线高低起伏展示中国芯片产业发展轨迹。

（2）小组代表分别展示当前中国芯片产业的发展成就。结合分享，小组讨论，思考取得成就的各种因素，并分析创新在其中的关键作用。

教师活动：

（1）总结我国芯片产业在曲折中前行，目前处于高速发展阶段，取得一系列发展成就。为学生分享芯片产业发展成就做铺垫。

（2）组织学生开展课堂分享，评价学生的讨论成果，总结我国芯片产业发展取得成就是各种因素作用的结果（国家政策支持、注重自主研发、重视芯片人才培养等）。

（3）评价学生的讨论成果，从发展速度、效能、可持续性三个方面总结创新的重要性，点明"创新是引领发展的第一动力。"

活动意图说明：

此环节是回顾我国芯片产业的曲折来时路，组织学生梳理时间轴，意在提升学生逻辑思维能力，直观感受我国芯片产业发展曲折，前途光明。由直观感性认识，深入到理性的原因剖析，认识创新在其中的关键作用，即创新的重要性，点拨重要观点"创新是引领发展的第一动力。"

**环节二：凝视当前路，雄关漫道真如铁**

情境创设：

（1）学生分组展示当前中国芯片产业的发展成就。

活动要求：

①政府组、企业组和科研组基于不同角色，分组搜集当前中国芯片产业发展的困境；

②每组制作分享 PPT，推选出 1 名代表展示，时间 2 分钟。

（2）呈现破解中国"芯"痛诸多尝试的文字材料：

面对芯片行业"卡脖子"难题，我们比任何时候都更加需要把科技自立自强作为国家发展的战略支撑，也更加需要弘扬科学家精神。2020 年，国务院印发《新时期促进集成电路产业和软件产业高质量发展的若干政策》，制定出台财税、投融资、研究开发、进出口、人才、知识产权、市场应用、国际合作八个方面政策措施。2020 年"集成电路科学与工程"成为一级学科，2021 年，清华、北大、华科等全国 14 所高校相继成立集成电路学院。2021 年 9 月 6 日，华为发布了全球首款旗舰 5G SoC 芯片。阿里巴巴、腾讯、百度等互联网企业的进入，给芯片产业带来了新的发展活力。

问题设置：

（1）结合小组分享和生活感悟，你认为当前我国芯片产业发展困境主要集中在哪些领域？"解决我国芯片产业发展困境，必须依靠创新"，请结合我国芯片产业发展之困，分析坚持创新发展理念的必要性。

（2）结合材料，你认为应该如何破解我国芯片行业的"卡脖子"难题？

学生活动：

（1）小组代表分别展示当前中国芯片产业的发展困境。结合分享，小组讨论，思考坚持创新发展理念的必要性。

（2）学生小组讨论，发散思维，分别从政府、芯片企业、科研院所三个角度为破解我国"芯"痛难题建言献策，感悟实现高水平科技自立自强需要多方合力。

①政府：坚持创新发展理念；实施创新发展战略，科教兴国、人才强国战略；进行科技创新体制改革；加强宏观调控，支持科技创新，"产学研用"全链条扶持。

②企业：提高自主创新意识、加大科技研发投入、完善企业分配政策、吸纳研发人才。

③科研院所：完善人才培养机制、加强学院学科建设、校企联合培养、完善高层次人才引进机制、实施尖端人才培养专项计划。

教师活动：

（1）点评小组讨论成果，总结我国芯片产业面临人才、技术、资金和国际环境之困。引出创新的必要性，必须坚持创新引领，才能加快实现高水平科技自立自强。

（2）引导学生从不同角色思考应对之策，点评学生讨论成果，总结归纳科技创新的措施。

活动意图说明：

此议题是教学的重点和难点环节。继上一议题了解我国芯片产业发展取得的成就后，进而了解我国芯片发展之困，形成对我国芯片产业全面的、客观的认识。通过分析科技创新存在的问题，进一步明确科技创新的必要性。同时，由关注"怎么样"到探讨"怎么办"，由"发现问题"到"解决问题"层层剖析深入，讲解科技创新的措施。通过组织学生分组调研，拓展学生思维视野，引导学生关注热点，提升公共参与素养。

**环节三：展望未来路，直挂云帆济沧海**

情境创设：

播放视频《黄令仪院士》，展示我国芯片产业代表人物黄令仪院士的优秀事迹：从22岁进入微电子领域，到主持并见证了龙芯1号、2号、3号的诞生，她被称为"中国龙芯之母"，她就是中国科学院院士黄令仪。1989年，黄令仪去拉斯维加斯参加国际芯片展览会，但让她意外的是，这么多个摊位中竟然没有一个是中国的，她暗下决心，说道："我这一辈子最大的愿望就是要造出中国人自己的芯片，就算有一天倒下了，也要擦干'无芯'的耻辱。"为了能实现中国"芯"自主化的伟大梦想，她放弃了退休计划，日夜奋战，带领着团队成功研制出了龙芯 1 号，正式终结了国产自主计算机"无芯可用"的历史。2018 年龙芯 3 号享誉世界，成功打破了美国严防死守很多年的技术，为中国挽回了高达亿万元的市场，也为复兴号高铁、北斗卫星装上了中国"芯"。现在，86 岁的黄令仪院士依旧是科研院所里冲锋在前的那一个，整日忙碌不停，对什么都好奇，对什么都想研究，对什么都想创造。她说想研制更多的"中国芯"，因为她的"中国心"仍然在强烈跳动。

问题设置：
请用一组词语概括黄令仪院士身上具有的优秀品质。见贤思齐，作为高中生，请结合自身实际谈谈准备如何为我国芯片产业的发展贡献力量。

学生活动：
观看视频，阅读文字材料，挖掘黄院士身上的优秀品质，思考自身如何为我国芯片产业的发展助力。

教师活动：
总结个人可以发扬科学家精神、增强创新意识、努力学习增强本领、坚定理想信念等，用创新托举起我们的中国"芯"。

活动意图说明：
创新需要靠教育和人才的支撑，坚持创新发展理念必须落脚到创新人才的培养。因此，这一环节关注创新人才，以芯片产业典型优秀人物为案例，增强课堂的感性素材，营造感人氛围，激励同学们为我国芯片产业发展贡献力量，矢志报效祖国。

## 结束新课

情境创设：
呈现党的二十大报告中的金句：教育、科技、人才是全面建设社会主义现代化国家的基础性、战略性支撑。必须坚持科技是第一生产力、人才是第一资源、创新是第一动力，深入实施科教兴国战略、人才强国战略、创新驱动发展战略，开辟发展新领域新赛道，不断塑造发展新动能新优势。
——习近平《在中国共产党第二十次全国代表大会上的报告》

结语：
一代人有一代人的使命，不变的是我们对创新的重视和不懈追求。时代的接力棒已经到了我们手中，希望同学们能在危机中育新机，于变局中开新局，弘扬和践行创新精神，共同托举起我们的中国"芯"！

活动意图说明：

作为课堂总结部分，升华主题，结合党的二十大报告中掷地有声的话语，让学生再次感悟创新的意义，感悟创新需要教育、人才，激励学生弘扬和践行创新精神。

## 十一、板书设计

勇攀创新高峰，点亮中国"芯"路
——从中国芯片产业的发展析创新发展理念

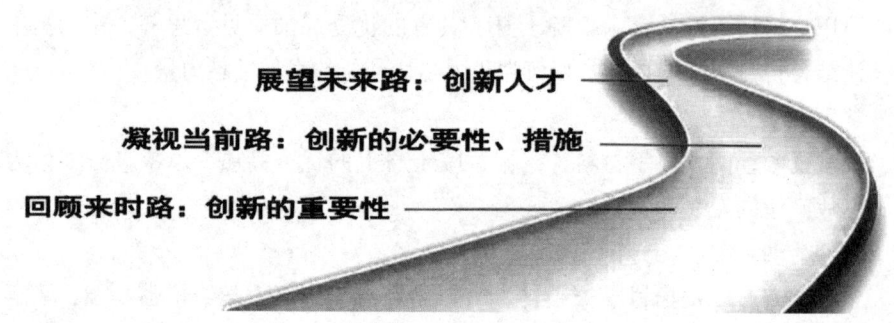

展望未来路：创新人才
凝视当前路：创新的必要性、措施
回顾来时路：创新的重要性

## 十二、作业设计

课后实践：

成都芯谷，位于成都市双流区，是中国电子信息产业集团与成都市政府共建的集成电路产业聚集区，是中国电子信息产业集团西南地区发展重点。聚焦"芯屏端网"，成都芯谷将打造中国电子信息新一极、国际科创人才首选地、成都未来公园城市新典范！2022年7月，成都芯谷展示中心正式开放，在充分科技化、数字化、信息化的展陈内容的基础上，按照高品质科创空间的标准和要求，打造成为双流区百万平高品质科创空间的核心展示区域。

请同学们走进成都芯谷，感受成都芯谷发展成果，并撰写一篇观察报告。

活动要求：

1. 内容契合主题，积极向上，图文并茂，字数1000字左右；
2. 作品发送至老师邮箱，将评出一、二、三等奖和优秀奖若干名，颁发获奖证书和奖品，期待你们的优秀作品……

## 十三、教学反思

1. 三线联动，指向学科核心素养。整个教学设计注重知识线、任务线、情境线的有机统一，相互贯通，通过创设生活化、具象化的情境，在活动中思考问题，在任务中落实知识，最终指向学科核心素养的落地。

2. 思政小课堂牵手社会大课堂，为教学有效赋能。本课结合学生的身心发展特点和学习方法，芯片"卡脖子"之痛是当前我国科技发展的最突出困境，选取我国芯片产业的发展历程为议学情境，案例典型，贴近学生生活。同时，用"芯片行业高峰论坛"活动贯穿学习的全过程，通过角色扮演，学生能够增强对创新理念的认识。课堂力求呈现真情境、提出真问题、获得真收获，善用"大思政课"凝聚合力，赋能课堂，增强了学生的体验感，提升了实践育人实效。

## 【初中阶段】"创新发展"教学设计

| 学科 | 道德与法治 | 单元名称 | 富强与创新 | 课型 | 新授课 |
|---|---|---|---|---|---|
| 教材 | （2022年版）《道德与法治》 | 课时名称 | 创新驱动发展 | 课时 | 1课时 |
| 总领：党的二十大报告关于创新发展的表述 | | | | | |
| 党的二十大指出，"必须坚持科技是第一生产力、人才是第一资源、创新是第一动力"，深入"实施创新驱动发展战略"。完善科技创新体系，坚持创新在我国现代化建设全局中的核心地位。完善党中央对科技工作统一领导的体制，加强科技基础能力建设，深化科技体制改革，加大多元化科技投入，加强知识产权法治保障，形成支持全面创新的基础制度，加快实现高水平科技自立自强。培育创新文化，弘扬科学家精神，加强基础研究，激发创新活力，强化企业科技创新主体地位，增强自主创新能力。 | | | | | |

### 一、课标要求

1. 内容要求：了解中国共产党领导人民自信自强、守正创新，创造了习近平新时代中国特色社会主义的伟大成就；以实现中华民族伟大复兴为己任，树立"劳动光荣、创造伟大"的观念。

2. 教学提示：以"中国共产党团结带领中国人民 实现中华民族伟大复兴"为议题，开展"请党放心，强国有我"团体活动，增强做中国人的志气、骨气、底气，认识当代少先队员、共青团员的时代使命。

### 二、教材分析

1. 本课地位：本内容选自统编版《道德与法治》九年级上册第一单元第二

课第二框"创新驱动发展"的内容，教学内容构建于推动经济高质量发展的时代背景下，明确指出"创新是引领发展的第一动力"，是解读新发展理念、推动高质量发展的核心。

2. 本课内容：本课时包含两个重要内容。一是回答"为什么需要创新"，即创新的地位和作用，强调创新是引领发展的第一动力、是各国发展的战略重心；二是回答"怎样创新"，即如何建设创新型强国，强调不同主体对创新的作用。

### 三、学情分析

1. 知识基础：本框教学对象为初三学生。通过对前一框题"坚持改革开放"的学习，学生对我国进入新时代、经济发展进入新常态、实现高质量发展等知识有所了解，但对进一步推动经济高质量发展的根本途径，即创新的具体内容、重要性和实践要求没有科学、清晰的认知，或认识停留在表面。

2. 心智特征：初三学生对于社会发展有一定的好奇，也积累了对国家发展的自信心。但缺乏对我国创新能力现状的理性、客观的认识，对作为国家未来发展接班人的自己所肩负的创新责任认识不清，没有厘清在祖国复兴大业过程中自己的角色和担当，缺乏一定的责任意识，需要在教师的指引下逐步明确。

### 四、学习目标

1. 通过环节一的图表和文字材料，学生参与问题的思考并分享自己的观点，认识到我国在种子行业的技术发展成就，以及我国的一些种子技术与世界发达国家的差距，对我国的创新能力有理性客观的认识，培养学生的健全人格。

2. 通过观看环节二的视频和文字材料，学生参与问题的思考并分享自己的观点，理解新时代坚持创新的必要性，提升学生的政治认同素养。

3. 通过阅读文字材料，学生参与到关于种子科技发展的圆桌论坛中来，在讨论、分享中明确推进种子科技发展、建设创新强国的对策，知道创新合力的重要性，明确当下自己努力的方向，提升学生的责任意识和法治观念素养。

### 五、评价任务

1. 阅读图表信息和文字材料，提炼自己的观点，能从成就和不足两个方面概括我国科技创新能力的现状。（针对学习目标1）

2. 观看视频，阅读文字材料，从不同主体分析种子被"卡脖子"产生的不

同影响；阅读二十大相关材料，说明我国加快实施创新驱动发展战略、实现科技自立自强的原因。（针对学习目标2）

3. 阅读文字材料，从不同主体（国家、社会、企业、科研院校、学生公民等）出发参与圆桌论坛的讨论，对如何解决农业"芯片"卡脖子的问题发表观点、建言献策；积极撰写创新行动指南，指导自己的行为，努力成为一名创新型人才。（针对学习目标3）

### 六、教学重难点

教学重点：创新的原因、措施。
教学难点：如何建设创新型强国。

### 七、设计思路

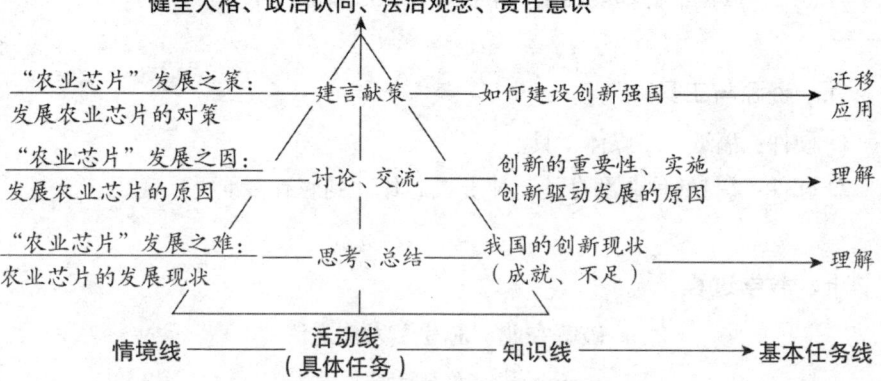

助力核心素养生长的课堂离不开结构化的情境、活动型的任务、序列化的知识。其中，任务线是素养生长的活动主线，知识线是素养生长的理论辅线，情境线是素养生长的生活辅线，三线合一，形成指向学科核心素养的"金字塔"架构。

本课以农业"芯片"——种子为线索组织教学，构建了"析农业'芯片'发展之难、寻农业'芯片'发展之因、探农业'芯片'发展之策"三个教学环节，呈现了一个立体化教学情境。学生通过观看图表、阅读文字材料，参与圆桌论坛、"小种子 大梦想"创新行动指南活动，从认识农业"芯片"发展现状—找寻发展原因—提出合理对策的逻辑线，迁移到认识我国创新现状—理解实施创新驱动发展原因—知道建设创新强国的对策措施这条认知线，并引申到自己作为一粒种子，如何生根发芽、助力国家发展的情感态度与价值观。学生经历了一个从特殊到一般的认识过程；又经历了从一般性认识指导自己的具体实践，从一般回到特殊的过程。这一过程不仅是对原有认知的理解的加深，更是一种新的整合，培养了学生的应用迁移能力和责任担当，使核心素养落地。

## 八、方法与策略

1. 寓学科内容于情境之中。教学情境不仅是教学的资源，更是学生了解社会的一个重要窗口。本课设计关注学科内容与学科情境的有机融合，将创新发展置于推进农业"芯片"发展的背景之下，既以情境服务教学，又以教学解构情境，让学生在达成学习目标的过程中，对创新有更全面深入的了解。

2. 寓学科学习于活动之中。活动型学科课程教学中，学科性是衡量活动成功与否的重要依据，本课设计了小组探究、圆桌论坛、"小种子　大梦想"创新行动指南等活动，在活动中巧设问题，在活动中用问题驱动学生深度思考，锤炼学科思维，强化学科基本观点，落实学科核心素养。

## 九、资源与工具

1. 硬件：稿纸、多媒体工具。
2. 软件：《打好种业翻身仗，种子"芯片"到底有多重要》视频。

## 十、教学过程

### 破解农业"芯片"发展之谜
### ——从一粒种子看创新

#### 导入新课

情境创设1：

图片材料：

展示系列美食图片。

问题设置1：

制作这些美食的原材料有哪些？这些原材料又是从何而来的呢？

学生活动1：

观看图片，感受中国人丰盛的餐桌美食，思考这些美食背后原材料的来源。

教师活动1：

根据学生的回答进行引导，总结这些美食背后的原材料来源于各自的"物种"，从而引出本节课的线索——"种子"。

情境创设 2：

在我国，蔬菜种子对国外依赖严重，辣椒、洋葱等餐桌上常见的蔬菜，不少都是洋种子长成的，甚至有的基本上依赖进口。如若优质种子大量依赖进口，长此以往，我国农业将面临"卡脖子"风险。

问题设置 2：

想要解决蔬菜种子国产替代问题，完全实现农产品自主可控，解决农业种子"卡脖子"的问题，其根本途径是什么呢？

学生活动 2：

观看中国蔬菜种子进出口数量的图表和文字材料，思考解决蔬菜种子进口量多的根本途径。

教师活动 2：

点拨种子是农业的"芯片"，也是国家战略性、基础性核心产业。想要完全实现种子的自给自足，端好自己的饭碗，只有依靠创新，引出本节课的主题——"创新"。

活动意图说明：

粮食、蔬菜都是日常的食物，但是寻常之处有崎岖，学生不知道常见的食物中隐藏着"创新"问题。利用图片、数据、文字材料创设情境，激发学生的思考和探究兴趣。并在学生的回答中层层推进，引出主题，自然流畅。

## 讲授新课

### 环节一：析"农业芯片"发展之难

情境创设 1：

（展示近年来粮食进出口数据）近年来，我国培育出了新型玉米自交系、水稻不育系等。大宗蔬菜品种选育也取得突破，国内品种的生产覆盖率提高到 87%，改变了耐抽薹的大白菜、甘蓝、萝卜以及娃娃菜等种子完全依赖进口的局面。

问题设置 1：

以上数据共同反映了什么现象？

学生活动 1：

观看图表，思考并回答问题，感受我国种子行业的发展，了解我国的创新能力发展趋势。

教师活动 1：

评价并点拨学生的观点，总结当前我国种子科技处于高速发展阶段，这也是我国创新能力在逐步提高的体现。

情境创设2：

我国玉米、大豆单产水平只有世界先进水平的60%左右，生猪的饲料转化率、奶牛产奶量，都只有世界先进水平的80%左右。农业农村部科技发展中心主任杨雄年指出，"我国对国外优异种质资源的引进、利用落后于发达国家。我国申请保护品种仅7%来自国外，在美国这一比例达62%，日本也在30%以上"。

问题设置2：

（1）以上材料说明了什么？

（2）中国种子被"卡脖子"的根本原因是什么？

（3）由此可见，我国的创新现状是怎样的？

学生活动2：

认真阅读材料并思考和回答问题。理性分析我国种子技术被"卡脖子"的原因，厘清自己对我国创新能力的认知。

教师活动：

总结当前我国种子科技处于高速发展阶段，这也是我国创新能力在逐步提高的体现。评价并厘清学生的观点，从我国创新能力的成就和不足两个方面总结我国的创新现状。

活动意图说明：

第一个问题的设计旨在引导学生通过观察表格，认识到我国在种子行业的技术发展成就，说明我国具备一定的创新能力。第二个问题引导学生透过现象看本质，看到我国的一些种子技术与世界发达国家的差距，从而总结第三个问题，即我国的创新现状，让学生对我国的创新能力有理性客观的认识。

**环节二：寻"农业芯片"发展之因**

情境创设1：

视频材料：《打好种业翻身仗，种子芯片到底有多重要》。

文字材料：众多来自美国、瑞士、荷兰、以色列等国的公司，以"先免费"的方式推广"洋种子"，在农民试种之后觉得不错开始扩散，取得优势地位垄断市场后，再开启提价模式。农民欲罢不能，中国的种业企业短期内也很难与之抗衡。洋种子一旦断供，国内农民或者企业可能突然间根本没种子可用。

问题设置1：

种子被卡脖子会对我国的发展产生哪些不良影响？（可从对农民、农业、国家等角度分析）

学生活动1：

认真观看视频、阅读材料，小组选定一个主题进行讨论，并总结本组观点，派代表进行发言。时间为3分钟。

教师活动1：

评价小组讨论的结果，总结种子发展困境产生的影响，引出创新的意义。

情境创设2：

党的二十大指出，"坚持面向世界科技前沿、面向经济主战场、面向国家重大需求、面向人民生命健康，加快实现高水平科技自立自强"。习近平总书记在2023年全国两会上强调，"要坚持'四个面向'，加快实施创新驱动发展战略"。当前，面对新一轮的科技革命和产业变革，依靠科技创新开辟新领域、新赛道，催生出更多的新产业、新业态，才能更多依靠创新驱动实现发展，才能应对各种风险挑战，在激烈的国际竞争中牢牢把握发展的主动权，助力实现高质量发展。

问题设置2：

谈谈我国为什么要加快实施创新驱动发展战略，实现科技自立自强。

学生活动2：

依据我国科技创新的现状，从对国家、农业（社会）、农民（人民）生活的影响等角度归纳建设创新强国的原因。

教师活动2：

点评并完善学生的归纳，从国家、社会、人民生活等角度归纳实施创新驱动发展的原因，必须坚持创新引领，才能实现高水平科技自立自强。

活动意图说明：

种子问题是我国创新能力不足在农业技术领域的一个突出表现，借助于种子这一微观视角，从特殊到一般，学生就能比较容易理解创新的意义和实施创新驱动发展的原因，进而提升对我国创新发展战略的认同，落实政治认同核心素养。

**环节三：探"农业芯片"发展之策**

情境创设1：

目前种业存在的问题有：

①种源"卡脖子"。虽然在我国主要农作物中大部分种子为"自产"，但玉米、马铃薯等种子部分依赖进口。高端品种的蔬菜种子以进口为主。品种同质化现象严重，种业自主创新能力不足。

②基因编辑技术原始专利大多被国外控制。

③种质资源保护利用不够。农业种质资源普查收集不全、保存保护乏力、共享机制不畅。

④产业集中度低，多、小、散、弱格局未根本改观。科研与市场"两张

皮"，存在科研与市场脱节、院校企研究"各自为政"问题。

⑤人才流失严重。辛苦与薪酬不匹配，高校毕业生存在"不愿进、留不住"现象。

全国人大代表、国家玉米工程技术研究中心（山东）主任李登海说，中国现有持证种业企业7200多家，真正有原始创新能力的不多。

问题设置1：

中国人的饭碗如何才能装满中国粮？根据材料，请从不同的角度（国家、社会、企业、科研院校、学生等）提出解决我国种子行业"卡脖子"难题的对策。

学生活动1：

（1）开展课堂模拟活动：粒粒皆辛苦，铮铮农业"芯"——2023年中国农业芯片产业发展圆桌论坛。

（2）学生分为五个大组，分别代表国家、社会、科研院校、企业、学生公民五个主体，参与此次圆桌论坛，分别为解决该难题建言献策，感悟实现种业科技自立自强需要多方合力。

教师活动1：

引导学生从不同角色思考建议，点评学生讨论成果，总结归纳建设创新强国的措施。种子的创新，离不开国家的制度保障，离不开企业的积极投入和创新，也离不开公民自身的努力。可见，建设创新强国需要各方主体的共同努力。

情境创设2：

"小种子 大梦想"创新行动指南活动：新时代的中学生也都是实现创新强国梦的一粒粒小小种子。这一粒粒小小种子如何在祖国的沃土中茁壮成长，成为一名有所作为的创新人才呢？现在，请结合自身实际，在纸上写下你的创新行动指南，助力祖国的创新发展。

问题设置2：

如何成为一名有所作为的创新人才？

学生活动2：

结合自己的实际，写下成为一名创新人才的创新行动指南，以此告诫当下的自己应该怎么做。

教师活动2：

引导学生积极撰写创新行动指南的活动，告诉学生祖国的未来在我们一代又一代的青少年手里，你的样子决定了祖国未来的样子。

活动意图说明：

通过对种子行业存在的难题的分析，启发学生从不同角度提出解决问题的对策，认识到建设创新强国是国家、企业、社会、公民等主体的共同责任，激发学生的创新意识，培育责任意识和法治观念等核心素养。创新行动指南活动的设计，其目的是引导学生朝创新型人才成长，由知导行，在实践中积极创新。

结束新课

情境创设：

教育、科技、人才是全面建设社会主义现代化国家的基础性、战略性支撑。必须坚持科技是第一生产力、人才是第一资源、创新是第一动力，深入实施科教兴国战略、人才强国战略、创新驱动发展战略，开辟发展新领域新赛道，不断塑造发展新动能新优势。

——习近平《在中国共产党第二十次全国代表大会上的报告》

结语：

一代人有一代人的使命担当，成长在 21 世纪的同学们，沐浴着改革创新的春风，那么也要将自己的前途命运紧密结合到国家、社会发展的长远需要中。每个人的铿锵步履，叠加起来就是国家的壮阔行进；每个人的拼搏奋斗，汇聚起来就是民族复兴的澎湃力量。希望同学们能在危机中育新机，不断弘扬和践行创新精神，提高创新能力，献出我们的中国"芯"。

活动意图说明：

作为课堂总结部分，升华主题，结合党的二十大报告中掷地有声的话语，让学生感受到在建设创新强国中自己肩上的责任与担当，从而激励学生在思考自己的未来时，能联系到国家的需要，能从现在开始就践行创新精神，提高创新能力。

## 十一、板书设计

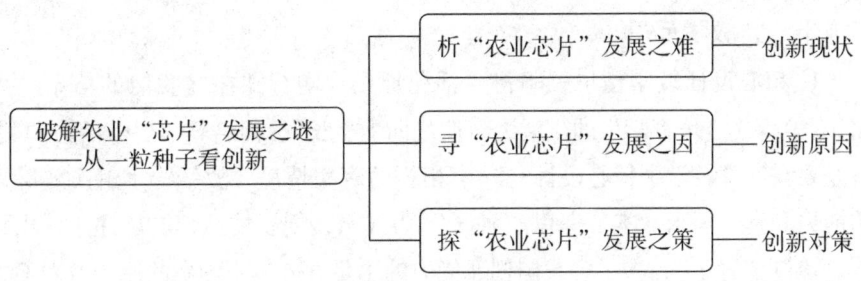

## 十二、作业设计

课后实践：

结合本节课所学内容，完成以下探究活动。

| 我的创新计划 |||||
|---|---|---|---|---|
| 个人信息 | 姓名 | | 年龄 | 是否有过创新成果（若有，请说明是什么） |
| | | | | |
| 我了解到的国家前沿创新成果 | | | | |
| 我的创新目标 | | | | |
| 实施步骤 | | | | |
| 预期成果 | | | | |
| 我的感悟与收获 | | | | |
| 备注：可从生活中的事物着手创新，要求真实、自主 |||||

活动要求：

1. 完成以上计划书的填写，有理有据。

2. 按照老师要求，按时将自己的创新作品带到课堂中来，参与班级评选。每班将评选出一、二、三等奖和优秀奖若干。每班获得一等奖的作品将代表班级参与年级评选，获得年级一等奖的作品将有幸摆放在学校展示栏内进行展览，并酌情给付作者报酬。

### 十三、教学反思

1. 精心设计教学情境，坚持生活化原则。陶行知在《我们的信条》中提出，"教育应当培育学生的生活力，使之向上生长"。而培养学生生活力的关键，就是要在课堂教学中精心设计与学生相关的真实情境，教给学生解决实际问题的能力和责任担当。本节课以"种子"为线索，创设情境，层层递进，由浅入深。透过"种子"，去了解我国创新能力的不足、分析要创新的原因及对策，由小及大、从特殊到一般，这样有利于学生掌握知识，理解知识背后的情感态度价值观。

2. 探究活动全员参与，重视课堂动态生成。本节课坚持理论性和实践性相统一，主导性和主体性相统一，活动任务清晰，小组分工明确。根据情境，围绕问题展开深入的探究，使学生对创新这一概念的认识从感性到理性，利于落实人文关怀和学科核心素养。

### 【小学阶段】"创新发展"小学教学设计

| 学科 | 道德与法治 | 单元名称 | 让世界更美好 | 课型 | 新授课 |
|---|---|---|---|---|---|
| 教材 | （2019年版）《道德与法治》六年级下册 | 课时名称 | 科技改变世界 | 课时 | 1课时 |
| 总领：党的二十大报告关于创新发展的表述 ||||||
| 党的二十大指出，"必须坚持科技是第一生产力、人才是第一资源、创新是第一动力，深入实施科教兴国战略、人才强国战略、创新驱动发展战略，开辟发展新领域新赛道，不断塑造发展新动能新优势"，"加快实施创新驱动发展战略"，"加快实现高水平科技自立自强"。 ||||||

## 一、课标要求

《义务教育道德与法治课程标准（2022年版）》（以下简称"新课标"）对本课时的基本要求如下：

1. 内容要求：了解改革开放以来我国所取得的伟大成就。

2. 教学提示：观看有关主题展览和视频等，感知中国共产党团结带领中国人民取得的伟大成就。

## 二、教材分析

1. 本框地位："富起来到强起来"是统编版《道德与法治》五年级下册第三单元"百年追梦　复兴中华"中的第六课，是结束本单元及本教材的最后一课。本课时引导学生了解改革开放以来我国各个领域取得的卓越成就，懂得弘扬以改革创新为核心的时代精神，才能不断增强民族凝聚力，不断焕发国家活力。

2. 本框内容："改革创新谋发展"对改革开放的背景和过程进行了介绍，展示了工农业以及科技、文化、生活等方面的发展变化，以深圳为范例帮助学生了解国家是如何富起来的，理解弘扬以改革创新为核心的时代精神的重大意义。

### 三、学情分析

1. 知识基础：大多数学生理解改革开放的物质文明成就较为容易，但是对于深层次的精神文明建设的关注、认识和体会不够充分。

2. 心智特征：大多数学生没有经历过艰苦岁月，对于改革开放的重要影响与意义了解得不多、不全面，也不了解今天富足生活的历史渊源。

### 四、学习目标

1. 通过资料查阅、小组交流等，感受我国改革开放以来工农业的飞速发展。
2. 通过小组调查深圳在改革开放后的巨大变化，感受建设者们的敢为人先、开拓进取的精神。
3. 通过交流汇报，理解"科教兴国"战略，体会改革开放带来的繁荣富强，树立民族自豪感和自信心。

### 五、评价任务

1. 通过查阅交流改革开放后我国在农业技术发展、农村改革和工业发展三方面的资料，感受我国改革开放以来工农业的飞速发展。（针对学习目标1）

2. 通过小组调查深圳号称"一夜崛起的城市"的原因，探究"拓荒牛"成为深圳标志的内涵，感受建设者们的敢为人先、开拓进取的精神。（针对学习目标2）

3. 通过交流汇报，理解"科教兴国"战略，体会改革开放带来的繁荣富强，树立弘扬以改革创新为时代精神的自豪感和自信心。（针对学习目标3）

### 六、教学重难点

教学重点：领悟改革开放的内涵。
教学难点：理解改革开放的意义。

### 七、设计思路

助力核心素养生长的课堂离不开结构化的情境、活动型的任务、序列化的知识。其中，任务线是素养生长的活动主线，知识线是素养生长的理论辅线，情境线是素养生长的生活辅线，三线合一，形成指向学科核心素养的"金字塔"

架构。

本课以《厉害了，我的国》激发学生对改革创新促发展这一课题的探究兴致，通过课前查阅我国工农业发展变化的情形，引导学生从农业技术发展、农村改革和工业发展三方面感受改革创新带来的巨大变化；以改革创新代表城市——深圳的发展变化，引导学生主动思考深圳变化的主因，积极思考改革春风由点及面促发展的连锁反应；最后，小组汇报改革创新的实践以及"科教兴国"战略在科技、生活、文化领域所取得的成就及其与国家发展、人民生活的关系，重在让学生在理解创新发展理念的过程中，提升关键能力和必备品格，使核心素养落地生花。

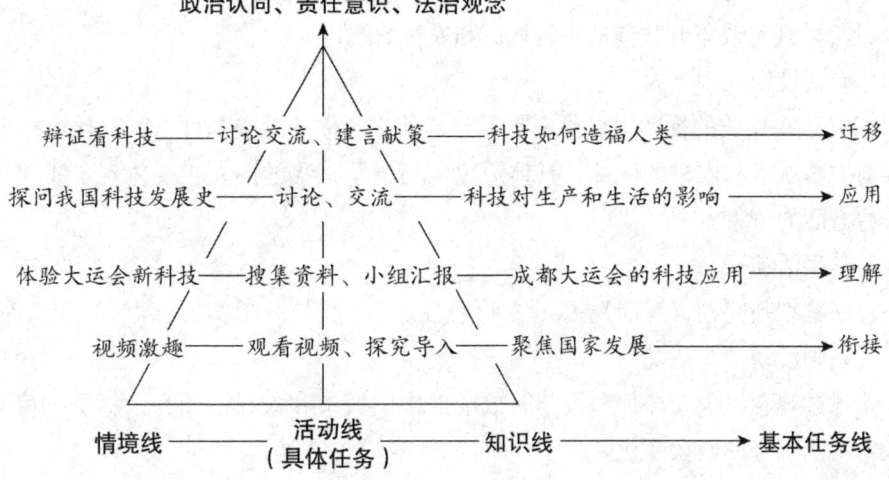

## 八、方法与策略

1. 寓学科内容于情境之中。教学情境不仅是教学的资源，更是学生了解社会的一个重要窗口。本课设计关注学科内容与学科情境的有机融合，把科技文化发展置于成都大运会中的科技力量的背景之下，既以情境服务教学，又以教学解构情境，让学生在达成学习目标的过程中，对社会有一个更全面深入的了解。

2. 寓学科学习于活动之中。活动型学科课程教学中，学科性是衡量活动成功与否的重要依据，本课设计在"大运会科技体验小分队针对不同风格的科技应用汇报研学成果"的系列展示中，巧设问题，在活动中用问题驱动学生深度思考，锤炼学科思维，强化学科基本观点。

## 九、资源与工具

1. 硬件：稿纸、多媒体工具、不同研学小分队的座签。

2. 软件：视频《成都大运会火炬"蓉火"正式亮相》《历史性的伟大发明——蒸汽机》；背景音乐《千年之约》。

## 十、教学过程

中国巨变
——厉害了，我的国

导入新课

情境创设：

（1）播放电影纪录片：《厉害了，我的国》部分片段。

（2）观看改革开放前的中国城市和农村的图片。

问题设置：

（1）在播放的视频中，你们都看到了什么？你的感受是什么？对比改革开放前中国城市和农村的图片，具体说说《厉害了，我的国》主要体现了我国在哪些方面的厉害？

学生活动：

回答教师问题，解读视频及图片信息。

教师活动：

通过观看纪录先导片和改革开放前的中国城市和农村的图片，感受改革开放给祖国带来的巨大变化。

活动意图说明：

聚焦国家的变化，让学生从中了解到正是改革开放让祖国得到了极大的发展与变化，从而引出接下来的学习。

讲授新课

**环节一：工农业发展第一步——改革创新吹响的号角**

情境创设：

工农业发展第一步。

阅读教材 P86 活动园的资料，找找其中的变化。

问题设置：

在资料中你能发现中国在哪些方面发生着变化？根据课前查阅我国工农业发展的相关资料，说说今天我国工农业发展还取得了哪些成就？

学生活动：

学生阅读教材 P86 的资料。

①学生代表1：农业技术勇创新——杂交水稻。
②学生代表2：农村改革谱新篇——今昔小岗村。
③学生代表3：工业发展大跨越——迈向制造业强国。

教师活动：

根据学生课前查阅资料及教材活动内容，将中国工农业发展取得的成就与改革创新举措相关联。

活动意图说明：

让学生从农业技术发展、农村改革和工业发展三方面，初步了解改革创新取得的辉煌成就，认识改革创新对中国工农业发展的促进作用，以做后续学习内容的重要铺垫。

**环节二："一夜崛起"的深圳——改革创新的城市代表**

情境创设1：

"一夜崛起的城市"——深圳

①课前分小组查阅改革开放前后深圳的资料，分析深圳被称为"一夜崛起的城市"的原因。

②小组交流设置《春天的故事》为背景音乐。

问题设置1：

是谁将改革开放和现代化建设推向了新的发展阶段？说说深圳被称为"一夜崛起的城市"的原因？

学生活动1：

小组交流深圳改革前后发生的巨大变化。

①学生小组代表1、3、5：从深圳的住房、交通方面说明其发展变化；
②学生小组代表2、4、6：从深圳的经济、旅游方面说明其发展变化。

情境创设2：

深圳标志：拓荒牛的故事。

拓荒牛位于中共深圳市委员会门前，是深圳的重要标志。35年前，深圳的创业者们就像这头拓荒牛一样，任劳任怨，无私奉献，把一个贫穷的边陲小镇，开垦成为一个国际性现代化城市，"拓荒牛"代表的正是深圳这种开拓、勤勉的精神。

问题设置2：

为什么深圳人要以拓荒牛为城市的标志？"深圳精神"的内涵是什么？

学生活动2：

阅读图文资料后回答问题：

学生代表1：改革开放以来，深圳的建设者们就像这头拓荒牛一样，任劳任怨，无私奉献，开拓进取，把一个贫穷的小镇建设成一个现代化城市。

学生代表2："深圳精神"形成于1990年，原为"开拓、创新、团结、奉献"八个字。2002年，深圳市将"深圳精神"重新概括为"开拓创新、诚信守法、务实高效、团结奉献"。

教师活动：

引导学生探索四大经济特区之一的深圳的巨大变化，并由点及面，感受改革的春风带给全国各地的翻天覆地的变化，树立民族自尊心、自信心和自豪感。

活动意图说明：

此议题是教学的重点和难点环节。介绍了改革开放以来，深圳从小渔村变为大都市的过程，直观展现了这座城市的迅猛发展和巨大改变，引导学生主动探究变化的主因，充分调动学生的主观能动性。了解邓小平同志为开启改革开放大业作出的贡献，"深圳拓荒牛"让学生了解正是勇于开拓的深圳精神造就了今天的深圳，懂得深圳的崛起离不开千千万万劳动者辛苦的付出。

**环节三：科教兴国战略——改革创新的关键助力**

情境创设：

小组汇报，展创新成就。

改革创新的实践以及"科教兴国"战略的提出，请结合课前收集的资料，分析说明科技、文化、生活等各个领域取得的辉煌成就。

问题设置：

说说改革创新的实践以及"科教兴国"战略提出后，我国在科技、文化、生活等各个领域取得了哪些成就？这些成就与我们国家的发展、人民的生活有什么关系？

学生活动：

各小组派代表汇报收集到的成就。

小组代表1、2：介绍科技成就，以天眼（500米口径球面射电望远镜）为例；

小组代表3、4：介绍生活领域成就，以"高铁出行"为例；

小组代表5、6：介绍文化领域，以"上网课""云旅游"为例。

教师活动：

引导学生感受改革创新的积极影响，强调科教兴国、改革创新对时代发展的重大意义。

活动意图说明：

通过小组代表从科技、生活、文化三个方面汇报改革创新及"科教兴国"

战略提出带来的辉煌成就，引导学生从生活的方方面面感受社会的进步和国家的富强，理解科技创新与教育事业的发展对于国家发展的重要性，弘扬以改革创新为核心的时代精神。

### 结束新课

情境创设：

播放电影纪录片：《厉害了，我的国》；

配背景音乐：《春天的故事》。

结语：

只有在不断改革创新中，一个民族的凝聚力才能不断增强，一个国家的生机活力才能不断焕发。弘扬以改革创新为核心的时代精神，努力投身创新实践，发展才会有新思路，改革才会有新突破，我们才能开创更加美好的未来。

活动意图说明：

以《春天的故事》为情感升华，回扣导入《厉害了，我的国》，在融入改革发展时代潮流中，不断自我突破，激发学生努力学习，敢于创新，勇于质疑，提高课堂效果，帮助学生做到知行合一。

## 十一、板书设计

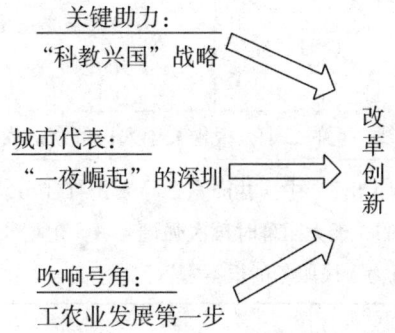

## 十二、作业设计

请你从新时代青少年视角，以第一人称任选一个角度发出一封给未来的书信——《写给蓉城的科技未来》，并把这封信投到班级收集瓶里保存。（提示：可从传统文化的继承、科技发明的畅想、科技应用的建议、文化与科技的发展等角度思考）

期待你们的优秀作品……

**十三、教学反思**

1. 精心建构教学内容，"双线"并进。从时间线出发，厘清改革开放从农村到城市再辐射全国的发展路径，让学生知道改革创新是一个充满勇气、不断"试错"的过程；从发展线外延，涵盖工业、农业、经济、生活、科技，全方位展示改革创新的影响力，让学生不仅从知识层面加深对改革创新的认识，更能深切感受改革创新给个人、社会、国家带来的巨大变化。

2. 前后呼应，以生动的情境促进课堂生成。本课设计融入真实鲜活的改革创新事例，尤其以深圳为例的介绍，让学生更易理解改革创新理念，以《厉害了，我的国》进行前后呼应，让学生真切感受在改革创新的理念指导下发展的中国，是真的"强起来"了，增强建设国家的自信心与自豪感。

## 第二节　"人民至上"大中小学教学设计

### 【大学阶段】"人民至上"教学设计

| 学科 | 思想政治 | 单元名称 | 人类社会及其发展规律 | 课型 | 新授课 |
|---|---|---|---|---|---|
| 教材 | 《马克思主义基本原理》（2023年版） | 课时名称 | 人民群众是历史的创造者 | 课时 | 1课时 |
| 总领：党的二十大报告关于人民群众的表述 ||||||
| 党的二十大报告深刻指出，"中国共产党领导人民打江山、守江山，守的是人民的心"。习近平总书记在党的二十大闭幕时再次强调，"一定要牢记江山就是人民、人民就是江山，践行全心全意为人民服务的根本宗旨"。 ||||||

**一、课标要求**

根据党的二十大精神与教材内容提出如下教学要求：

1. 内容要求：讲清人民群众的基本内涵，讲清人民群众在创造历史过程中的决定性作用，教育引导青年大学生学思践悟习近平新时代中国特色社会主义思想蕴含的人民观、群众观，牢固树立群众观念，认同发展中国特色社会主义必须坚持人民主体地位。

2. 教学提示：围绕党的二十大报告及相关文献展开，探究了解人民群众的基本内涵、人民群众创造历史的具体表现、新时代践行落实群众路线和群众观点三大问题，并尝试将马克思主义基本原理学习同青年大学生人生观、价值观培养塑造相结合，以提升学生爱国主义道德素养为目标，致力于培养能担当民族复兴大任的时代新人。

## 二、教材分析

1. 本框地位：本框题选取自大学《马克思主义基本原理（2023版）》第三章第三课第一框。"人民群众是历史的创造者"作为第三课的第一框，承接上一课"社会历史发展动力"之问：掌握运用社会发展动力的主体是谁，开启探索社会历史发展决定性力量的理论学习。学习本框，有助于引导学生进一步了解人民群众的主体地位，树立群众观点和群众路线，积极投身造福人民群众的社会主义伟大实践中。

2. 本框内容：本框主要包含三大内容。第一目"何为人民群众"，即分析人民群众的具体内涵，阐述新时代的人民群众是社会历史的主体，是历史的创造者，引导学生能够正确辨析人民群众的内涵外延，正确看待现实生活中人民群众的历史地位和社会价值。第二目"人民群众如何创造历史"，即分析人民群众在创造历史中的三大具体表现。引导学生能够正确理解人民群众在创造历史中的决定性作用，充分感受到人民群众的巨大能量。第三目"新时代如何贯彻落实群众路线、群众观点"，即分析群众路线、群众观点的时代内涵、现实运用，引导学生深刻认识到群众观点、群众路线对我国革命、建设、改革的积极促进作用，能够坚持在新时代继续贯彻落实群众路线、群众观点。

## 三、学情分析

1. 知识基础：在高中阶段，学生较为系统学习了"党的性质宗旨"和"党的执政理念""人民主体地位"等基本知识，学生对人民群众的概念内涵已有初步认识，但对以往知识缺少系统的梳理和概括，尤其是如何从马克思基本原理角度理性辩证分析掌握人民群众的哲学内涵、历史作用、方法路径缺少科学全面的认知和理解，本堂课则水到渠成地为解决上述困惑而来。大二学生在生活中积累了一定的生活常识，并且在高中阶段积累了一定的理论基础，但在实际生活中，人民群众在本课程内容理论性较强、哲理性较深，结论性表述也较多，学生理解较为困难。因此，需要选用生动的教学方法和情境素材激发学生学习兴趣、触动学生情感体验，才能引导学生深刻理解人民群众的时代内涵和丰富特征，深化学生对全心全意为人民服务宗旨的认识理解。

2. 心智特征：经过小学6年、中学6年的学习成长，特别是高中3年学习，大二学生的智力水平已由感性向理性发展，具备较为成熟的观察辨析和逻辑思考能力。他们关心国家大事和社会生活，但由于理论认识有限，实际社会生活中政治角色体验有限，想问题、做事情容易出现片面化和简单化倾向。

### 四、学习目标

1. 通过课前研讨、课堂讨论与课后研讨，引导学生深刻把握人民群众的理论内涵及现实表现，认同人民群众是社会历史的主体，是历史的创造者。并有机融入马克思主义经典理论与习近平新时代中国特色社会主义思想，切实提升学生马克思主义理论水平以及学生对人民群众是历史创造者的理论认同。

2. 通过情景场景设置，组织学生开展课堂交流讨论，引导学生能够坚持历史唯物主义的基本立场，正确把握运用人民群众创造历史的知识去分析解决社会现象和实际问题，切实提升学生对人民群众是历史创造者的实践认同。

3. 通过学习分析中国共产党人的人民情怀和家国观念，引导学生在日常生活中自觉践行群众观点群众路线，树立为广大人民群众服务的人生观及价值观，保持同人民群众的血肉联系，培养公民意识，增强主人翁责任感，切实提升学生对人民群众是历史创造者的情感认同。

### 五、评价任务

1. 观看视频《2022｜100个中国面孔》，结合梁启超、鲁迅、孟子、毛泽东等人的语录讲解唯物史观与唯心史观两种观点的差别和背后的原因，并引导学生坚定选择唯物史观，归纳概括出人民群众的内涵。

2. 阅读党的二十大报告相关材料，结合码头工人歌、近代以来各阶级救亡图存的图片集等材料帮助学生深刻理解把握人民群众在创造历史中的三大表现，引导学生能够正确分析处理日常生活涉及人民群众创造历史的相关问题。

3. 阅读毛泽东、习近平关于群众路线、群众观点的重要论述，观看视频《我将无我，不负人民》，培养学生获取和解读信息的能力，引导学生概括凝练出群众路线和群众观点的内涵，能够在日常生活中拥有自觉坚持坚守群众观点群众路线的能力。

### 六、教学重难点

**教学重点**：党的群众路线和群众观点。

教学难点：人民群众是历史的创造者。

**七、设计思路**

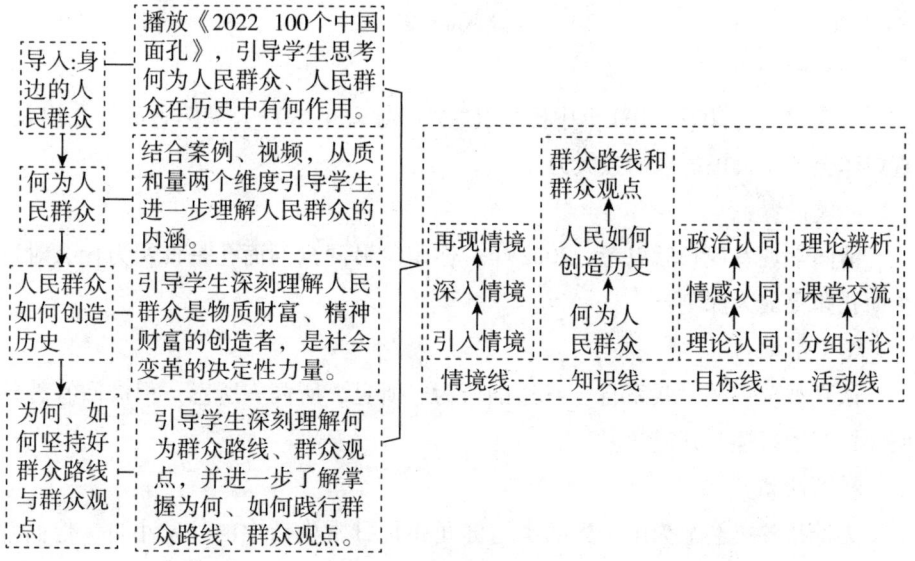

**八、方法与策略**

1. 精心设计情境，注重案例教学。根据总体教学目标，精心设计每一个环节的教学情境，通过一个个生动的案例，引发学生对相关理论问题的直观感知、情感共鸣。

2. 精心设计问题，注重启发教学。根据总体教学目标，精心设计每一个环节的问题，努力做到由浅入深、由具体到一般，引发学生对相关理论问题的深刻感知、深入思考。

3. 精心组织讨论，注重互动教学。根据总体教学目标，组织学生紧紧围绕设计的问题，开展分组讨论、课题交流、理论辨析，引导学生对相关理论问题深刻理解、全面准确把握。

**九、资源与工具**

1. 硬件：多媒体工具。

2. 软件：视频材料《2022 100个中国面孔》《我将无我、不负人民》；文字材料《党的二十大报告》，梁启超、鲁迅、孟子、毛泽东、习近平等人的语录；图片材料《近现代以后各阶级各领导人物以及相关起义活动》；音频材料

《码头工人歌》。

**十、教学过程**

导入新课

情境创设：

播放视频《2022 | 100 个中国面孔》，引导学生从身旁最熟悉的面孔出发，直观体会感受人民群众的强大力量。

问题设置：

请同学观看视频后思考：2022 年，你印象最深刻的面孔是谁？为什么对这个面孔印象最为深刻？

学生活动：

认真观看视频，联系自己身边的所为、所见、所闻、所感，积极回答教师问题，产生兴趣，开启学习。

教师活动：

无论是冬奥会上为国争光的奥运健儿还是日常生活中的外卖小哥，他们都是千千万万人民群众的一员，正因他们的存在，我们的生活、我们的社会、我们的国家才得以如此丰富多彩、充满生机与活力。

追问：他们属于人民群众吗？人民群众在历史中起到的是什么作用？

活动意图说明：

由 2022 年中国最熟悉的 100 个面孔导入课程，一方面更加贴近学生生活，能够激发学生学习兴趣；另一方面，彰显人民群众在社会历史发展中的重要作用，设疑激思，引出本课学习主题。

讲授新课

**环节一：何为人民群众**

情境创设：

（1）文字材料

观点一：历史者，英雄之舞台也，舍英雄几无历史。——梁启超

观点二：你看到了拿破仑骑马过山岗，你却忽视了他身后的士兵。——鲁迅

观点三：五百年必有王者兴，其间必有名世者。——孟子

（2）图片材料

展现成都大运会为国争光的奥运健儿、认真工作的外卖小哥、站在教书育

人一线的老师。

问题设置：

请以小组为单位辨析这三组观点分别属于主观唯心史观、客观唯心史观、群众史观哪一种？

追问1：

为什么会产生这些观点，背后的原因是什么？

追问2：

如何理解群众史观中人民群众概念？请结合课件展示的图片判断哪些人属于人民群众？

学生活动：

（1）结合本门课程前几章所学习知识点，对三组观点进行分类概括，并分析产生该观点的原因。

（2）课堂分组讨论（分3组）：结合展示名家观点以及所学知识进行讨论。（时间：总共5分钟）

（3）课堂分组交流：每一个组选派一位代表交流讨论情况。（时间：每组1分钟）

教师活动：

点评学生的讨论成果，结合学生回答概括指出：唯物史观与唯心史观的对立，在历史创造者问题上表现为群众史观与英雄史观的对立。

①英雄史观。抹杀了人民群众的历史作用，宣扬少数英雄人物创造历史。产生根源是社会生产力水平较低，社会的政治统治和精神生活被少数人所垄断，人们的认识停留在历史现象的表面。

②群众史观。从社会存在决定社会意识的基本前提出发，认为历史的创造者不是个别英雄，而是人民群众。是基于唯物史观立足于现实的人及其本质来把握历史的创造者，是立足整体的社会历史过程来探究谁是历史的创造者。

原著导读："人们自己创造自己的历史"——出自《马克思恩格斯选集》第一卷

③人民群众概念。人民群众是一个历史范畴，指一切对社会历史起推动作用的人们，普通人、杰出人物都是人物群众，敌对分裂分子不是。人民群众主体部分是劳动群众。

新时代我国人民群众范畴的内涵：全体社会主义劳动者、社会主义事业的建设者、拥护社会主义的爱国者、拥护祖国统一和致力于中华民族伟大复兴的爱国者。

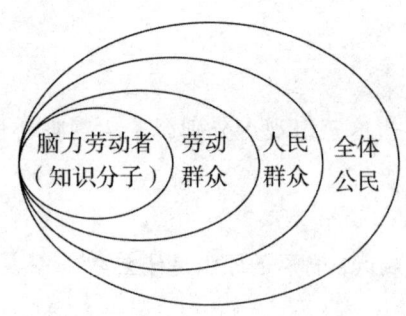

活动意图说明：

这一环节是探究"何为人民群众"，以主观、客观唯心主义以及唯物史观的名家语录为典型案例，引导学生区分加深对两种历史观在历史创造者问题上的认识。通过学生身边的人民群众的照片对比，引导学生辩证理解人民群众的内涵，解决"是什么"的问题。

**环节二：人民群众如何创造历史**

情境创设1：

文字材料

习近平总书记在党的二十大报告中强调，高质量发展是全面建设社会主义现代化国家的首要任务。我国作为世界第二大经济体、第二大消费市场、制造业第一大国、货物贸易第一大国、外汇储备第一大国等的地位进一步巩固提升。全国粮食总产量连续7年保持在年1.3万亿斤以上，制造业增加值稳居世界首位，服务业增加值占国内生产总值比重从2012年的45.5%提高到2021年的53.3%。现代基础设施网络持续完善，建成世界上最现代化的铁路网和最发达的高铁网，建成的5G基站占全球总数的60%。我们取得的成就不是天上掉下来的，更不是别人恩赐施舍的，而是全党全国各族人民用勤劳、智慧、勇气干出来的。

问题设置1：

请结合党的二十大报告内容，思考我国为何能取得如此巨大成就？人民群众在其中起到了什么作用？

追问：

人民群众的生产活动对社会存在和发展起什么作用？

学生活动1：

结合课前教材预习、文献学习，针对问题进行思考，分三小组进行小组讨论。（每组3分钟）

课堂分组交流，每一个组选派一位代表交流讨论情况。（时间：每组1分

钟)

教师活动1：

结合同学讨论结果进行总结概括，引导学生得出以下结论：每一寸土地都是人民开，每一片庄稼都是人民栽，每一间房屋都是人民盖，每一部机器都是由人民造，人民群众是物质生产的主体。人民群众作为物质生产的承担者和社会生产力的体现者，创造了人们吃、穿、住、用、行等必需的生活资料。

人民群众的生产活动是社会存在和发展的基础，是推动社会历史发展的决定性力量。

情境创设2：

音频、文字材料

音频材料一：播放《码头工人歌》，本歌曲取材于长江码头杠棒慢步号子，聂耳把工人们流着血汗的沉重呼声创造性地谱写到曲子里。不只是在音乐上，聂耳的侄外孙青山听母亲说，舞台上的聂耳将码头工人心中的悲痛也演绎得极为真切。

文字材料二：鲁迅说，"陶渊明如果没有劳动人民供他吃穿住用，那他不但没有酒喝，也没有饭吃，只能饿死在东篱旁边，哪里还能吟出什么'采菊东篱下，悠然见南山'的诗呢？"

文字材料三：陕北是民歌之乡，最能代表陕北民歌风韵的是《信天游》，它是陕北人民在山峁、沟壑、赶脚、耕地、放牧、捡柴时即兴而编，它是随天漫游，抒发感情，表达心声的方式。集中展示了陕北高原的自然景观、社会风貌和陕北人的精神世界。

问题设置2：

请结合三组材料以及课本内容思考，以上内容分别体现了人民群众创造精神财富的哪些方面？

追问：

人民群众可以直接创造精神财富吗？精神财富是每个人民群众都可以直接创造的吗？

学生活动2：

(1) 分成三个小组，结合三组材料展开思考，分别选择其中一组进行讨论交流即可。（每组2分钟）

(2) 课堂分组交流：每一个组选派一位代表交流讨论情况。（时间：每组1分钟）

教师活动 2：

（1）总结上述三个材料。

音频材料一体现的是人民群众的生活和实践是精神财富形成和发展的源泉。《码头工人歌》创造灵感和源泉来源于人民群众的生活和实践。

文字材料二体现的是人民群众的实践为精神财富的创造提供了必要的物质条件。

文字材料三体现的是人民群众还直接创造了丰硕的社会精神财富。

（2）辨析：人民群众是社会精神财富的创造者，但不一定都是直接创造者。

情境创设 3：

通过图片展现近现代各阶级各领导人物先后发起起义运动，为探索中国救亡图存道路而不懈努力的光辉历程。

问题设置 3：

请结合材料，思考人民群众在推动社会历史发展中的作用。

学生活动 3：

结合材料思考问题，打开雨课堂弹幕互动参与课堂讨论，回答人民群众在社会历史发展中起到什么作用。

教师活动 3：

人民群众是社会变革的决定力量，突出表现在社会形态的更替上，社会形态的更替需要依靠一定的阶级斗争和社会革命，在任何时代，人民群众都是社会革命的主力军。

原著导读："人民，只有人民，才是创造世界历史的动力。"——出自《毛泽东选集》第三卷

活动意图说明：

这一环节是探究"人民群众如何创造历史"，组织学生围绕三段材料展开讨论，引导学生学习了解人民群众是物质财富的创造者、人民群众是精神财富的创造者、人民群众是社会历史变革的决定力量三大知识点，解决"为什么"的问题。

环节三：为何、如何坚持好"群众路线"与"群众观点"

情境创设：

文字材料 1：

毛泽东在《关于领导方法的若干问题》中指出："在我党的一切实际工作中，凡属正确的领导，必须是从群众中来，到群众中去。这就是说，将群众的意见（分散的无系统的意见）集中起来（经过研究，化为集中的系统的意见），

又到群众中去宣传解释，化为群众的意见，使群众坚持下去，见之于行动，并在群众行动中考验这些意见是否正确。"

文字材料2：

习近平总书记在党的二十大报告中强调：全党要坚持全心全意为人民服务的根本宗旨，树牢群众观点，贯彻群众路线，尊重人民首创精神，坚持一切为了人民、一切依靠人民，从群众中来、到群众中去，始终保持同人民群众的血肉联系，始终接受人民批评和监督，始终同人民同呼吸、共命运、心连心。

视频材料3：

《我将无我、不负人民》，该视频主要全面生动展现了习近平总书记和中国共产党人的人民情怀，包含很多坚持人民至上的鲜活案例和实际体会。

问题设置：

请结合情境内容和文字材料，分析历代领导人为什么要坚持"群众观点"和"群众路线"？

追问1：

请结合文字材料2，写1~2句习近平总书记关于人民群众的"金句"，体会什么是"群众观点""群众路线"。

关于"人民群众"的"金句"：

①时代是出卷人，我们是答卷人，群众是阅卷人。

②情为民所系，权为民所用，利为民所谋。

追问2：

请结合该视频，谈一谈中国共产党人是如何践行群众路线和群众观点的？新时代我们又如何践行群众路线和群众观点？

学生活动：

环节（1）：阅读材料，结合材料内容认真思考新时代坚持"群众观点"和"群众路线"的具体原因？

环节（2）：结合实际生活经历和网络平台，收集整理习近平总书记关于人民群众的重要论述。

环节（3）：结合视频材料，思考老师提出的问题，立足新时代，思考如何贯彻落实群众路线和群众观点。

环节（4）：课堂分组交流，分为3小组，每个小组讨论3分钟，每一个组选派一位代表交流讨论情况。（时间：每组1分钟）

教师活动：

引导（1）：点评学生的讨论情况，结合学生回答点出新时代坚持"群众观点"和"群众路线"的三大原因。

①坚持群众观点和群众路线，是我们党领导中国人民夺取革命胜利的重要保证。

②是取得社会主义革命并成功地建设中国特色社会主义的重要保证。

③是推动改革开放不断取得成功的重要保证。

引导（2）：点评学生收集整理的金句，并引导学生从中概括指出群众路线和群众观点的内涵。

①群众观点的基本内容：相信人民群众自己解放自己，全心全意为人民服务，一切向人民群众负责，虚心向人民群众学习。

②群众路线的基本内容：一切为了群众，一切依靠群众，从群众中来，到群众中去。

引导（3）：历史经验反复证明，只有坚持群众路线和群众观点，党和国家事业才能顺利发展。新时代，践行好群众路线和群众观点，我们一是要坚持以人民为中心的发展思想，二是深入把握新时代群众工作的特点和规律，三是坚持不懈用习近平新时代中国特色社会主义思想凝心铸魂。

活动意图说明：

这一环节是探究新时代为何、如何坚持好"群众路线"与"群众观点"，以历代领导人的群众观引出群众路线和群众观点，再结合视频进一步感悟体会中国共产党人的人民观。引导学生从中得出新时代为何、如何走好落实群众路线和群众观点，重点解决"怎么做"的问题。

## 结束新课

课堂小结：

展示中国共产党入党誓词：

我志愿加入中国共产党，拥护党的纲领，遵守党的章程，履行党员义务，执行党的决定，严守党的纪律，保守党的秘密，对党忠诚，积极工作，为共产主义奋斗终身，随时准备为党和人民牺牲一切，永不叛党。

结语：

同学们，入党誓词是入党宣誓仪式和对党员进行党性教育的重要内容，用最精练、最质朴、最有力的语言，诠释了中国共产党党员要干什么、怎么干的基本问题。入党誓词是新党员在入党时对党和人民作出的庄严承诺，同时也是党员必须遵守的行为准则。作为新时代大学生，我们要积极向党组织靠拢，争取早日成为一名光荣的共产党员，要从入党誓词中感悟"我是谁""依靠谁""为了谁"，学思践悟后坚持好群众路线和群众观点，努力答好新时代的答卷，为中国式现代化建设贡献一份青春力量。

活动意图说明：

结尾引用入党誓词，旨在引导广大青年学生积极向党组织靠拢，深刻认识到人民群众在历史中的重要地位和决定性作用。也旨在鼓励广大青年学生在学思践行中领会党的性质和宗旨，践行落实群众路线和群众观点。进一步升华主题，强调坚持群众路线和群众观点的重要性，提升学生服务意识和奉献精神。

**十一、板书设计**

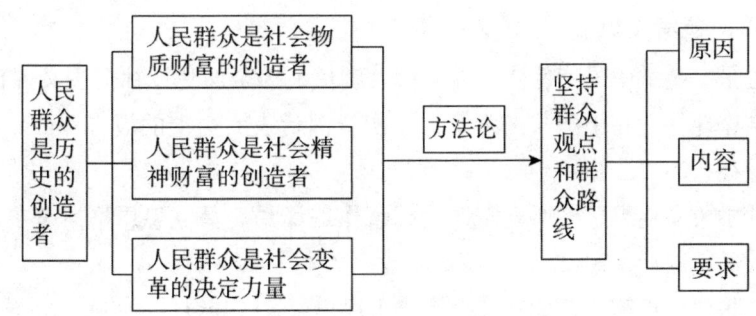

**十二、作业设计**

以个人为单位深入学习习近平总书记关于人民群众的重要论述，搜集整理资料，就相关问题进行总结整理，撰写2000~3000字学习心得。

活动要求：

1. 运用文献调查法、实地调查法等多种方法撰写学习心得，要求有理有据。

2. 内容契合主题，积极向上，建议结合马克思、恩格斯原著内容进行解读，深入社区、社会了解人民群众创造历史的具体表现，使学习心得更加充实、真实。

**十三、教学反思**

本课的教学设计有以下几个特点：

1. 强化理论分析，有"理论味"。本课的课题"人民群众是历史的创造者"着重解决的就是理论问题，目标就是要引导学生深刻理解"人民群众""群众路线""群众观点"三个理论范畴及其内在理论逻辑。与此同时，区别于中学思政课，理论性也是大学思政课的重要特点。

2. 讲好中国故事，有"中国味"。本课的教学设计中，绝大多数案例都是中国案例,并且是学生熟悉或者十分容易理解的中国案例,具有浓浓的"中国味"。一方面讲好中国故事是思政课的重要使命;另一方面,这些中国故事生动、新颖,有助于加深学生对相关范畴的理解。

3. 注重与时俱进,有"时代味"。本课十分注重运用党的二十大报告以及习近平新时代中国特色社会主义思想,也积极结合大运会、党的二十大等生活实际,具有鲜明的"时代味"。一方面解决了教学中的重点、难点问题,另一方面又自然地将习近平新时代中国特色社会主义思想融入了大学生思政课堂。

**十四、参考文献**

习近平. 高举中国特色社会主义伟大旗帜　为全面建设社会主义现代化国家而团结奋斗——在中国共产党第二十次全国代表大会上的报告[M]. 北京:人民出版社,2022.

中共中央马克思恩格斯列宁斯大林著作编译局. 马克思恩格斯全集[M]. 北京:人民出版社,2012.

毛泽东选集:第三卷[M]. 北京:人民出版社,1991.

## 【高中阶段】"人民至上"教学设计

| 学科 | 思想政治 | 单元名称 | 中国共产党的领导 | 课型 | 新授课 |
|---|---|---|---|---|---|
| 教材 | (2021年版)《政治与法治》 | 课时名称 | 始终坚持以人民为中心 | 课时 | 1课时 |
| 总领:党的二十大报告关于坚持以人民为中心的表述 ||||||
| 习近平总书记在党的二十大报告中强调,前进道路上必须牢牢把握五项重大原则,其中一个原则就是"坚持以人民为中心的发展思想"。"坚持以人民为中心的发展思想,维护人民根本利益,增进民生福祉,不断实现发展为了人民、发展依靠人民、发展成果由人民共享,让现代化建设成果更多更公平惠及全体人民"。"树牢群众观点,贯彻群众路线,尊重人民首创精神,坚持一切为了人民、一切依靠人民","始终保持同人民群众的血肉联系,始终接受人民的批评和监督,始终同人民同呼吸、共命运、心连心"。 ||||||

**一、课标要求**

《普通高中思想政治课程标准(2017年版2020年修订)》(以下简称"新课标")对本课时的基本要求如下:

1. 内容要求：引述党章规定，明确党的性质、宗旨和指导思想。

2. 教学提示：以"怎样高扬永不褪色的旗帜"为议题，探究中国共产党永远保持先进性、纯洁性的重要意义。可查阅党史相关文献，讨论中国共产党在革命、建设、改革时期的使命，就保持本色、坚持特色、与时俱进的要求，分享各自的心得。可查阅雷锋等时代楷模的相关资料，体会他们的精神境界。

## 二、教材分析

1. 本框地位：本框题位于统编版高中思想政治必修三第一单元第二课第一框，上承第一课"中国共产党领导中国人民建立新中国是历史和人民的选择"，下启第二课说明中国共产党为什么能具有承上启下的作用。通过本框学习，有助于学生从党的性质、宗旨和执政理念层面体会党的先进性，牢固树立坚持和支持中国共产党执政的坚定信念。

2. 本框内容：框题下分两目内容。第一目"党的性质和宗旨"，阐释中国共产党的性质、根本立场和根本宗旨，重点讲述党的性质和宗旨决定了党除了工人阶级和最广大人民的根本利益，没有自己特殊的利益；第二目"党的执政理念"，论述了中国共产党始终坚持人民主体地位、坚持以人民为中心，立党为公、执政为民是中国共产党的执政理念，坚持立党为公，执政为民的要求。

## 三、学情分析

1. 心智特征：本框教学对象为高一学生。该阶段学生的智力水平逐渐由感性向理性发展，已经具备一定的观察辨析和逻辑思考能力。他们关心国家大事和社会生活，但由于心智还不够成熟，生活参与能力有限，想问题、做事情容易出现片面化和简单化倾向。

2. 认知结构：学生通过前面课程的学习，对中国共产党的领导和执政地位是中国社会历史发展的必然结果有了深刻认识，这也为本节课学习党的先进性知识做了相应的知识铺垫。同时，他们能够结合生活体验自主分析现实生活中的政治现象，但由于这一问题理论性、综合性比较强，再加之当前国际国内政治的复杂性和意识形态上的不同，在本课的学习上还需要对学生进行指导。

## 四、学习目标

1. 通过环节一，参与红色经典作品展的课堂分享活动，充分认识中国共产党的性质，了解中国共产党的建党历程，提升政治认同素养。

2. 通过环节二，参与以全国文明村、"乡村振兴"示范村——双流区黄水镇花龙村为典型案例的课堂探究活动，全面理解中国共产党的宗旨就是全心全意为人民服务，党的执政理念就是立党为公、执政为民，提升政治认同素养；进行以"歌颂优秀共产党员、弘扬伟大建党精神"为主题的微演讲活动，准确把握中国共产党依靠人民，能够知道人民是历史的创造者和决定党和国家前途命运的根本力量，增进对中国共产党的科学认知，提升科学精神。

3. 通过环节三，参与"描绘二十年的花龙村"课堂分享活动，深化对中国共产党的性质、宗旨和执政理念的理解，增强感召力，激励青年学生勇于投身实践，肩负民族重托，立志成为时代新人，增进政治认同，提升公共参与素养。

**五、评价任务**

1. 参与课堂分享活动，分组展示红色经典作品，参与课堂讨论，提炼出中国共产党的性质和立场。（针对学习目标1）

2. 精读花龙村由后进村转变为文明村的材料，参与课堂探究，小组代表总结发言，说出中国共产党在为了人民的美好生活而奋斗；参与主题微演讲，从榜样人物身上汲取力量，弘扬伟大建党精神，表达出中国共产党成绩的取得依靠人民的力量。（针对学习目标2）

3. 参与"描绘二十年后的花龙村"课堂分享活动，从个人角度说出最真实的感受，表达出对中国共产党的坚定信念，党领导各项事业向前发展，乡村振兴向纵深处推进。（针对学习目标3）

**六、教学重难点**

教学重点：党的性质和宗旨。

教学难点：党的执政理念。

**七、设计思路**

助力核心素养生长的课堂离不开结构化的情境、活动型的任务、序列化的知识。其中，任务线是素养生长的活动主线，知识线是素养生长的理论辅线，情境线是素养生长的生活辅线，三线合一，形成指向学科核心素养的"金字塔"架构。

本课以"从小小红船到巍巍巨轮"为总议题，通过启航、领航、远航创设情境载体；以红色经典作品展览、歌颂优秀共产党员的微演讲、描绘二十年后的新农村来搭建活动平台；通过问题驱动课堂走向深处；在推进课堂活动的过程中生成知识,让学科核心素养落地。

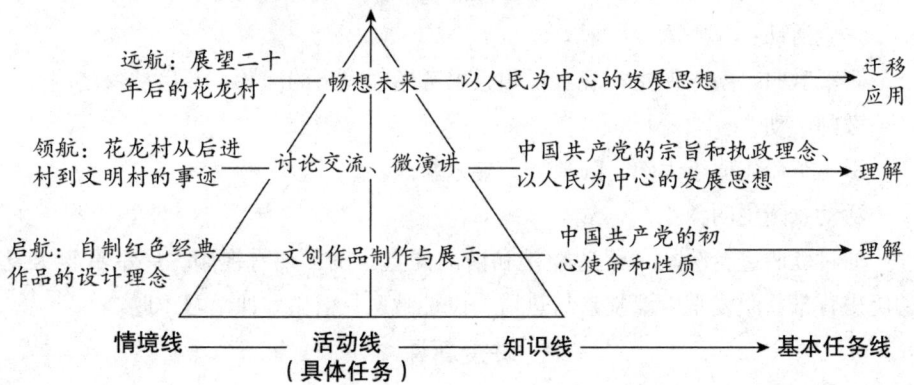

## 八、方法与策略

1. 优化议题情境,创设体验式氛围。围绕议题,创设情境,打造活动型课堂,让学生在真实情景中去体验、去感悟、去生成,落实核心素养,促进思想政治理论性与实践性相统一。

2. 精心设计问题,激发探究式兴趣。巧设问题,用问题驱动学生深度思考,激发课堂探究兴趣,提升关键能力,培养思维品质,体现课堂主导性与主体性相统一。

3. 高效组织活动,打造交互式课堂。在课堂搭建活动平台,为师生、生生之间交流互动提供契机,在交互中提升能力,体现课程内容活动化与活动设计内容化相统一。

## 九、资源与工具

1. 硬件：多媒体工具、红色经典原创作品。
2. 软件：《觉醒年代》视频节选、《花龙村的幸福故事》视频混剪;《兰亭序》及《百年红船》背景音乐。

## 十、教学过程

从小小红船到巍巍巨轮：始终坚持以人民为中心

导入新课

情境创设：
播放暖场歌曲《百年红船》,观看《觉醒年代》精选片段。

问题设置：

中国共产党在怎样的历史背景下诞生？

学生活动：

跟唱歌曲，融入课堂；观看视频，思考老师提出的问题，开启学习之旅。

教师活动：

引出革命先驱李大钊、陈独秀，导入新课。

活动意图说明：

通过歌曲进行暖场，营造轻松和谐的课堂氛围；观看视频，展示百年大党的历史背景，激发学生课堂参与热情；设疑激思，引出本课学习主题。

## 讲授新课

**环节一：百年理想 筑梦启航**

情境创设：

举行"红色经典作品展"活动，展示课前学生制作的红色经典作品。

活动要求：请各小组展示本组的红色经典作品，并说明其作品的设计理念。

问题设置：

陈独秀、李大钊作为中国共产党创始人，他们创建党的"初心"是什么？

学生活动：

小组学生代表上台展示作品并阐述设计理念。结合小组创作的红色经典作品，感悟中国共产党的初心使命。

教师活动：

点评小组作品设计理念，引导学生思考问题，在欣赏红色经典作品中感悟党的初心，生成党的性质这一知识点。

活动意图说明：

达成学习目标1；构建活动型课堂，增强课堂趣味性，在活动中内化知识；课堂留有充分的展示时间，调动学生积极性，突出学生主体地位；小组合作制作红色作品，提升学生团队合作意识；引导学生感悟中国共产党的先进性，感悟党的人民立场，落实学科核心素养。

**环节二：乡村振兴 掌舵领航**

情境创设1：

播放参观花龙村的自制视频《花龙村的故事》，呈现花龙村从后进村到发展文明村的文字材料。

问题设置1：

结合材料，说明花龙村在建设"大美新村"过程中，党组织是如何坚持以人民为中心的。

学生活动1：

观看花龙村的视频，从花龙村发展历程的故事中，感悟我们党始终坚持以人民为中心的发展思想。

教师活动1：

点评小组讨论结果，引导学生剖析花龙村发展的案例，总结中国共产党为了人民、依靠人民。

情境创设2：

举行课堂主题微演讲，呈现主题微演讲活动方案：

①演讲任务：请同学们以小组为单位，根据课前查阅的资料，以了解或身边的优秀党员的事迹为素材进行演讲。

②演讲主题：紧扣"爱党爱国"，歌颂榜样人物，弘扬伟大建党精神。

③演讲要求：声音洪亮，普通话标准；观点正确鲜明；体现思想情感变化；时间控制在3分钟之内。

问题设置2：

同问题设置1。

学生活动2：

学生代表进行主题微演讲，分享身边的优秀党员的事迹再次感受党坚持人民至上的理念。

教师活动2：

点评主题微演讲，总结党的宗旨和执政理念，通过榜样人物的案例，落实为了谁、依靠谁这个问题。

活动意图说明：

达成学习目标2；借助区域资源，挖掘学生熟悉的身边的素材，形成真实情境，增强体验感；探究情境，培养获取和解读信息、调动和运用知识、描述和运用知识的能力；设置探究性较强的问题，引导学生深度思考，提升思维品质；构建符合新课标要求的活动型课堂，弘扬榜样人物，汲取前进动力。

## 结束新课

**环节三：勇担使命 扬帆远航**

情境创设：

举行展望"二十年后的花龙村"活动。

问题设置：

现在是2043年，欢迎来到美丽的花龙村，请听我的介绍……

学生活动：
结合花龙村的发展状况，大胆畅想，描述花龙村的未来。
教师活动：
点评学生分享，总结整堂课的主旨，凝练情感共识，升华课堂。
活动意图说明：
达成学习目标3；升华课堂主旨，营造课堂氛围，理解中国共产党的执政理念的内涵、依据和要求，增进政治认同。

## 十一、板书设计

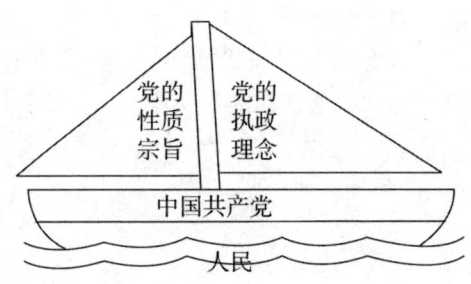

## 十二、作业设计

课后实践：

双流区委史志办按照双流区委、区政府工作部署，深度挖掘双流党史、地方志资料，全面建成双流史志馆。双流史志馆位于双流区金河路4000号白河公园A区4栋，建筑总面积1719平方米，内设中国共产党双流历史展览馆、双流方志馆（方志馆又分设为历史文脉馆、乡土民俗馆、历史名人馆、中国航空经济之都发展历程馆、史志成果馆）。双流史志馆自2021年12月底全面开馆试运行以来，共接待社会各界万余人次参观。

请利用课余时间，走进双流区史志馆，了解中国共产党双流区委执政历史、双流历史沿革，并完成调研报告。

活动要求：

1. 紧扣十年双流变化主题，选定政治、经济、文化等某一角度，论述双流历史变迁。（800字左右）

2. 可用手机等工具拍摄相关照片、录音等丰富报告形式。

3. 作品发送至老师邮箱，将评出一、二、三等奖和优秀奖若干名，颁发获奖证书和奖品，期待目睹你们的优秀作品……

**十三、教学反思**

1. 三线联动，指向学科核心素养。整个教学设计注重知识线、任务线、情境线的有机统一，相互贯通，通过创设生活化、具象化的情境，在活动中思考问题，在任务中落实知识，最终指向学科核心素养的落地。

2. 思政小课堂牵手社会大课堂，为教学有效赋能。本课结合学生的身心发展特点，实地调查全国文明村"花龙村"，利用身边热点素材和生活实例进行探究，力求呈现真情境、提出真问题、获得真收获。善用"大思政课"凝聚合力，赋能课堂，增强了学生的体验感，提升了实践育人实效。

### 【初中阶段】"人民至上"教学设计

| 学科 | 道德与法治 | 单元名称 | 人民当家作主 | 课型 | 新授课 |
|---|---|---|---|---|---|
| 教材 | （2022年版）八年级下册《道德与法治》 | 课时名称 | 根本政治制度 | 课时 | 1课时 |
| 总领：党的二十大报告关于"加强人民当家作主制度保障"的表述 ||||||
| 党的二十大指出，"要坚持和完善我国根本政治制度、基本政治制度、重要政治制度，拓展民主渠道，丰富民主形式，确保人民依法通过各种途径和形式管理国家事务，管理经济和文化事业，管理社会事务。支持和保证人民通过人民代表大会行使国家权力，保证各级人大都由民主选举产生、对人民负责、受人民监督。支持和保证人大及其常委会依法行使立法权、监督权、决定权、任免权，健全人大对行政机关、监察机关、审判机关、检察机关监督制度，维护国家法治统一、尊严、权威。加强人大代表工作能力建设，密切人大代表同人民群众的联系。健全吸纳民意、汇集民智工作机制，建设好基层立法联系点。深化工会、共青团、妇联等群团组织改革和建设，有效发挥桥梁纽带作用。坚持走中国人权发展道路，积极参与全球人权治理，推动人权事业全面发展。" ||||||

### 一、课标要求

《义务教育道德与法治课程标准（2022年版）》对本课时的基本要求如下：

1. 内容要求：了解人民代表大会制度是我国的根本政治制度，理解全过程人民民主的制度优势。

2. 教学提示：以"认识国家最高权力机关"为议题，查阅资料，了解全国人民代表大会的性质和职权，增进对全过程人民民主的理解。

## 二、教材分析

1. 本框地位：本内容选自初中《道德与法治》八年级下册第三单元第五课第一框"根本政治制度"。八年级是学生道德与法治意识和行为形成的重要时期，对学生进行宪法规定的国家制度教育，让学生了解国家制度如何保证人民当家作主，国家机构如何实现人民当家作主，有助于增强他们对中国特色社会主义的制度自信，增强他们的政治认同。

2. 本框内容：本课时包含两个重要内容。一是"人民代表大会制度是我国的根本政治制度"，主要围绕人民代表大会制度的地位展开，同时还介绍了人大代表的职权和义务；二是"坚持和完善人民代表大会制度"，主要讲述了为什么要坚持和完善人民代表大会制度，怎样坚持和完善人民代表大会制度。

## 三、学情分析

1. 知识基础：本框教学对象为初二学生。学生通过前两个单元的学习，了解到国家性质、宪法的地位和实施，以及公民权利与义务等问题，认识到人民当家作主的地位需要通过国家制度来保证、通过国家机构来实现。但学生对于我国根本政治制度的认识还不全面，对于为什么坚持以及如何坚持这一制度缺少理性认识。

2. 心智特征：八年级学生正处于从依赖向独立，从冲动向自觉，从幼稚向成熟的过渡关键期。在日常生活中，学生会遇到很多政治问题，他们开始刨根问底，琢磨这些现象背后的道理。但由于缺乏理论支撑，加之社会阅历有限，缺乏直接经验，因此很难真正理解这些国家政治生活的内容。

## 四、学习目标

1. 通过观看视频《从 1954 到 2021，带您速览人大发展历程》以及对人民代表大会制度关系图的分析，感受人大制度对中国产生的深远影响，总结出人民代表大会制度的地位及基本内容，提升学生的政治认同。

2. 通过对 2023 年人民代表大会相关材料的解读和观看视频《人大代表的一天》，明确人大代表的职权与义务，感受人大代表背后沉甸甸的责任，提升学生的道德修养和责任意识。

3. 通过十四届人大代表的构成变化、《中华人民共和国立法法》（以下简称立法法）修改过程，感受人民代表大会制度在不断地完善和发展，增强制度自信和国家认同，树立主人翁意识，积极参与国家政治生活，提升政治认同和法治观念。

## 五、评价任务

1. 观看视频并分析人民代表大会制度的关系图，能总结出人民代表大会制度的地位和基本内容。（针对学习目标1）

2. 阅读2023年人民代表大会的相关内容，能够准确判断人大代表所行使的对应职权，并通过观看视频《人大代表的一天》总结归纳出人大代表的基本义务。（针对学习目标2）

3. 小组合作分析十四届人大代表的构成变化和立法法修改过程，总结出坚持和完善人民代表大会制度的原因，准确归纳出坚持和完善人民代表大会制度的要求。（针对学习目标3）

## 六、教学重难点

教学重点：人民代表大会制度的内容及地位。

教学难点：坚持和完善人民代表大会制度的做法。

## 七、设计思路

助力核心素养生长的课堂离不开结构化的情境、活动型的任务、序列化的知识。其中，任务线是素养生长的活动主线，知识线是素养生长的理论辅线，情境线是素养生长的生活辅线，三线合一，形成指向学科核心素养的"金字塔"架构。

本课以"全过程人民民主的重要制度载体：人民代表大会制度"为总议题，创设"感受民主力量、走进人大代表、完善民主制度"一系列结构化情境。通过权威视频素材解读复杂政治概念，降低学生的理解难度；借助两会时政素材和立法法的修改等具体案例，使学生更好地感受人民代表大会制度的优越性；选取《人大代表的一天》和假如你是人大代表等，微角度切入，培养学生的政治参与意识。整堂课由理解向应用、迁移螺旋上升，引导学生走进教材、走出教材、走向生活，提升关键能力和必备品格，使核心素养落地生花。

```
政治认同、道德修养
法治观念、责任意识
                    ↑
完善民主制度：    探究、分享   坚持和完善人民代表大    迁移
立法法的修改 ——————————————会制度和原因及要求 ——→ 应用

走进人大代表：    分析、解读   人大代表的职
人大代表的一天 ————————————权和义务          ——→ 理解

感受民主力量：    讨论、汇报   人民代表大会制度
人大发展历程 ——————————————的地位及基本内容    ——→ 理解

情境线 ————— 活动线 ————— 知识线 ————→ 基本任务线
          （具体任务）
```

## 八、方法与策略

1. 寓求知于生活的教学策略。八年级下学期的学生，总体还处于感性思维为主的阶段，而本课教学内容是国家根本政治制度，与他们的日常生活有一定距离。为了克服这个矛盾，教师应引导学生在日常生活中去观察、调查，了解相关事件，增加感性认识。

2. 教学内容问题化和结构化策略。问题教学是以提出问题和解决问题为核心的教学，其前提是教学内容要问题化，也就是将教学内容以问题的形式呈现给学生，让学生在解决问题的过程中拓展认知、获得情感体验。结构化策略则强调要抓住知识的主干部分，削枝强干，构建知识体系。

## 九、资源与工具

1. 硬件：宪法文本、多媒体工具。
2. 软件：视频《从 1954 到 2021，带您速览人大发展历程》《人大代表的一天》《为何立法法修改关系到每个公民的切身利益》。

## 十、教学过程

### 全过程人民民主的重要制度载体：人民代表大会制度

### 导入新课

情境创设：

阅读我国宪法原文：

第一条："中华人民共和国是工人阶级领导的、以工农联盟为基础的人民民

主专政的社会主义国家。"第二条："中华人民共和国的一切权力属于人民。"

问题设置：

（1）中国有超过 14 亿人口，每个人都能直接管理国家事务吗？

（2）什么样的制度能够更加高效地处理国家大事？

学生活动：

根据已有经验回答问题。

教师活动：

点评学生回答，并展示习近平总书记在党的中央人大工作会议的重要讲话，是国家治理体系现代化的重要组成部分，是实现以中国式现代化全面推进中华民族伟大复兴的根本保障。

活动意图说明：

创设问题情境，促使学生思考，初步了解我国实行人民代表大会制度的原因。从学生的实际生活出发，14 亿多中国人聚在一起共同商讨的假设不成立，从而引导学生思考可以选出代表参加，为学生理解人民代表大会制度做铺垫。

## 讲授新课

**环节一：感受民主力量**

情境创设 1：

观看视频《从 1954 到 2021，带您速览人大发展历程》。

问题设置 1：

结合视频及所学知识，思考人民代表大会制度的地位是什么？

学生活动 1：

观看视频，了解几十年来人民代表大会制度的发展历程，感受该制度给中国带来的深远影响，并结合所学总结出人民代表大会制度的地位。

教师活动 1：

引导学生感悟人民代表大会制度的深远影响，了解根本政治制度的发展历程，增强政治认同。

情境创设 2：

习近平总书记在中央人大工作会议的重要讲话中指出：人民代表大会制度是实现我国全过程人民民主的重要制度载体。并查看人民代表大会制度的关系图：

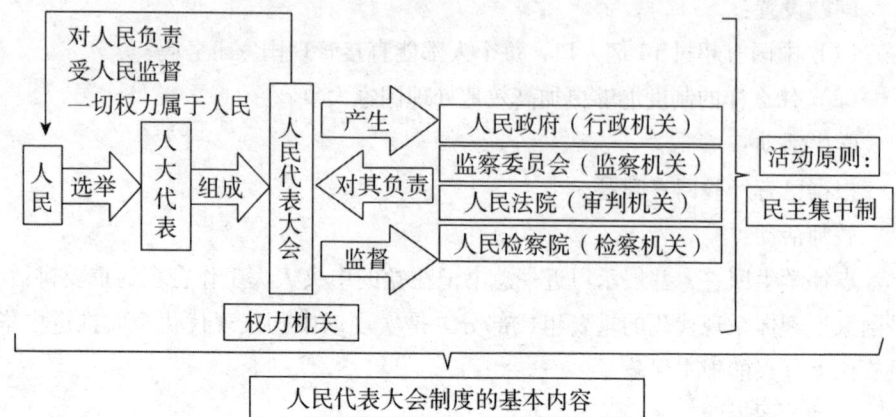

人民代表大会制度是我国的根本政治制度

**问题设置 2：**

根据图示内容，小组探究与合作，分析人民代表大会制度从哪些方面体现了社会主义民主是全过程的民主？分析提示如下：

①国家一切权力属于谁？

②人大代表是如何被选为全国人大代表的？

③其他机关和人大是什么关系？

④这些国家机构的组织活动原则是什么？

**学生活动 2：**

小组合作，完成"人民代表大会制度基本内容"的表格。

| 问题缩写番号 | 作答 |
| --- | --- |
| ① | — |
| ② | — |
| ③ | — |
| ④ | — |
| … | — |

**教师活动 2：**

评价学生的讨论结果，概括总结出人民代表大会制度的基本内容。并通过分析关系图来加深学生对人民代表大会制度基本内容的理解，懂得人民代表大会制度从不同方面体现了社会主义民主是全过程的民主。

活动意图说明：

播放视频介绍人民代表大会制度的发展历程，可以让同学们更直观地感受到人民代表大会制度的地位及其对中国产生的深远影响，从而更深刻地感受人民代表大会制度是人民当家作主的根本政治制度。而通过对人民代表大会制度的关系图的分析来梳理人民代表大会制度的基本内容，能够更有效地感受民主的力量是如何发挥的，理解全过程人民民主制度的优势。

**环节二：走进人大代表**

情境创设1：

阅读2023年人民代表大会的相关材料：

材料一：2023年3月5日，总理作政府工作报告。会议期间，来自全国各地2977名全国人大代表听取和审议了政府工作报告。

材料二：十四届全国人大一次会议上，来自全国各地2977名全国人大代表表决通过了关于修改《中华人民共和国立法法（修正草案）》的议案。

材料三：近期全国人大代表，四川大学华西医院教授、博士生导师甘华田希望能够尽快推进九年制义务教育体制改革，缩短学制、取消中考、普及高中，并实行小学到高中的十年制基础义务教育。

问题设置1：

结合课本63页的内容，分析上述材料体现了人大代表的哪些职权？

学生活动1：

结合材料提取信息，分析判断人大代表所行使的职权。

教师活动1：

展示2023年人民代表大会的相关材料，引导学生判断材料中的人大代表分别行使了什么职权。

情境创设2：

观看视频《人大代表的一天》并阅读下列文字材料：

人大代表是一座桥梁，一头连着党和政府，一头连着人民群众，这是一份荣誉，更是一份沉甸甸的责任。有人形象地将人大代表的工作比喻为一个"聪"字。

问题设置2：

结合视频内容，请你对"有人形象地将人大代表的工作比喻为一个'聪'字"进行解读。

学生活动2：

观看视频，并结合视频内容，对"聪"字进行解读。

教师活动2：

对学生解读进行点评，展示"聪"字的四层内涵，即①用心装着人民，②用眼睛观察社会，③用耳聆听人民心声，④用口反映人民群众的意见和要求。并结合人大代表的一天行程，引导学生感受人大代表的尽心履职，增强学生对人大制度的政治认同。

活动意图说明：

对时政素材进行解读，一方面可以培养学生分析问题的能力，另一方面有助于引导学生关心国家大事，进而培养和提升学生的学科素养。而人大代表组成人民代表大会，人大代表是否认真履职关系到人民权益是否实现，通过观看视频《人大代表的一天》，有助于学生更直观地了解人大代表的日常工作，更深刻地感知作为一名人大代表，不仅是一种光荣的身份，更是一份沉甸甸的责任。

**环节三：完善民主制度**

情境创设1：

十四届全国人大代表中连任代表797名，占代表总数26.77%；妇女代表790名，占代表总数26.54%，与上届相比提高1.64个百分点；一线工人、农民代表497名，占代表总数16.69%，提高了0.99个百分点，其中有56名农民工代表；专业技术人员代表634名，占代表总数21.3%，提高了0.73个百分点；党政领导干部代表964名，占代表总数32.55%，降低了31.38个百分点。同时，这次选举，香港特别行政区选出36名十四届全国人大代表，澳门特别行政区选出12名十四届全国人大代表。

问题设置1：

十四届全国人大代表结构变化，对发挥人民代表大会制度优势有何意义？

学生活动1：

小组合作探究，根据全国人大代表结构的变化，一方面可以从国情、国家性质、基本内容等角度分析，另一方面可以从理论层面或者实践层面进行分析，归纳出人民代表大会制度能从根本上保证人民当家作主的优势所在。

教师活动1：

对学生回答进行归纳总结，使其认识到上述这些变化极大地调动了人民群众的积极性、主动性、创造性，有利于把全国各族人民的力量凝聚起来，同时也更加符合我国国情和实际，从制度上保障人民当家作主。

情境创设2：

观看视频《为何立法法修改关系到每个公民的切身利益》。

问题设置 2：

结合立法法的修改和落实，谈谈如何坚持和完善人民当家作主的政治制度。

学生活动 2：

结合立法法的修改，小组探究合作，应怎样坚持和完善人民代表大会制度。

教师活动 2：

对学生作答进行点评与总结归纳，结合立法法的修改历程，引导学生感受人民代表大会制度是坚持党的领导、人民当家作主和依法治国的有机统一，思考坚持和完善人民代表大会制度的有效途径。

活动意图说明：

本部分内容比较抽象，理解难度较大，所以借助十四届人大代表构成的变化和立法法的修改过程这类具体案例，组织学生进行小组合作探究，不仅有助于培养学生归纳总结与合作探究的能力，同时通过具体的案例分析，有助于降低理解难度，从而更好地理解人民代表大会制度是坚持党的领导、人民当家作主、依法治国有机统一的根本政治制度安排。

## 结束新课

情境创设：

根据我国宪法和选举法的规定，公民只要符合以下三个条件就有选举权和被选举权：

一是具有中华人民共和国国籍；二是年满十八周岁；三是依法享有政治权利。

问题设置：

假设你今后当选为人大代表，你将如何开展工作？

学生活动：

结合所学知识及自身经验作答。

结语：

新中国成立 70 多年来特别是改革开放 40 多年来，中国创造了经济快速发展和社会长期稳定两大世界奇迹。我国独特的人民代表大会制度是创造这两大奇迹的重要缘由，正如习近平总书记在中央人大工作会议上所指出的："人民代表大会制度为党领导人民创造经济快速发展奇迹和社会长期稳定奇迹提供了重要制度保障。"

活动意图说明：

通过"假设你今后当选为人大代表，你将如何开展工作"的问题引导学生设身处地去发挥想象，给予学生思想和心灵的启发，同时引导学生树立为人民服务的意识，增强其政治认同和责任意识。

### 十一、板书设计

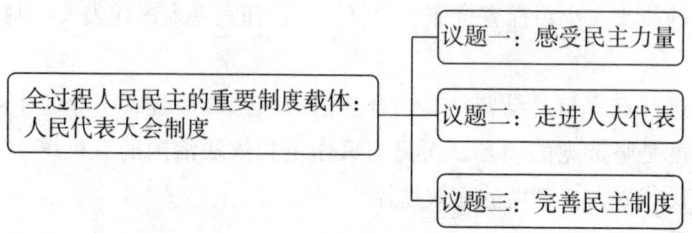

### 十二、作业设计

课后实践：

全过程人民民主是社会主义民主政治的本质属性，是最广泛、最真实、最管用的民主。一年一度的全国两会是展现"全过程人民民主"的重要窗口。截至2023年，人民网推出的"我给两会捎句话"建言征集活动已连续推出13年，受到各级领导干部的重视。2021年，活动首次开通向部委献策通道；2022年，活动与"领导留言板"全新栏目《人民建议》深度结合，累计收到群众有效留言65万件，创历史新高。各地群众有机会乘坐"直通车"参与"捎句话"活动，"面对面"留下宝贵建议。

请同学们关注今年人大代表的议案建议，观看人大代表通道采访，或者查阅相关媒体报道，以小组为单位，选择一个你们小组感兴趣的代表建议，进行主题分享。

活动要求：

1. 小组可以采取查阅资料、调查采访、案例分析等方式，形成关于这一主题的政策建议。

2. 分享主题内容可以包括：该代表提出这一建议的背景；围绕这一建议该代表做了哪些工作；对于该建议你有什么话想对人大代表说；等等。

3. 作品发送至老师邮箱，将评出一、二、三等奖和优秀奖若干名，颁发获奖证书和奖品，期待目睹你们的优秀作品……

### 十三、教学反思

1. 三线联动，指向学科核心素养。整个教学设计注重知识线、任务线、情境线的有机统一，相互贯通，通过创设生活化、具象化的情境，在活动中思考问题,在任务中落实知识,最终指向学科核心素养的落地,落实"以生为本"教育理念。

2. 思政小课堂牵手社会大课堂,为教学有效赋能。为谁培养人、培养什么人、怎样培养人,是教育的首要问题。本课将法治教育与爱国主义教育有效结合起来,既体现了学生成长的需要,又体现了时代的要求,有利于发挥了思政课在立德树人过程中的关键作用,落实立德树人教育理念。教学内容贴近生活、贴近实际和贴近学生,构建生活课堂、开放课堂、生本课堂,让学生积极主动融入课堂之中。

【小学阶段】"人民至上"教学设计

| 学科 | 道德与法治 | 单元名称 | 我们的国家机构 | 课型 | 新授课 |
|---|---|---|---|---|---|
| 教材 | （2019年版）《道德与法治》六年级上册 | 课时名称 | 人大代表为人民 | 课时 | 1课时 |
| 总领:党的二十大报告关于人民民主的表述 |||||||
| 党的二十大报告指出:"发展全过程人民民主,保障人民当家作主。"全过程人民民主是社会主义民主政治的本质属性,对于新时代新征程更好发挥我国社会主义政治制度优势、全面建设社会主义现代化国家、全面推进中华民族伟大复兴,具有十分重要的意义。 |||||||

## 一、课标要求

《义务教育道德与法治课程标准（2022年版）》（以下简称"新课标"）对本课时的基本要求如下:

1. 内容要求:

（1）认识民主、自由、平等、公正对社会生活的意义,初步具备民主参与、责任担当意识。

（2）初步了解宪法的主要内容,知道宪法是国家根本法,社会主义制度是中华人民共和国的根本制度。

2. 教学提示:通过实例观察民主、平等在学校生活中的表现,体会公共参与在社会生活中的重要性,在参与集体生活中承担的责任。

## 二、教材分析

1. 本框地位:"责任在肩　人民在心"是"人大代表为人民"一课第二个

版块的话题。本课时教学是建立在第一课时学生已经初步了解和认识我国的人民代表大会制度的基础上，进一步认识到人大代表具有广泛的代表性，由人民选出，代表人民的利益参与国家管理，行使国家权力；懂得人大代表要依法履行自己的职权，对人民负责，受人民监督。

2. **本框内容**：这一话题首先介绍了第十四届全国人民代表大会代表的构成情况，借此再次说明人民代表大会的性质；接着介绍了人大代表的职权和人大代表怎样更好地行使职权。

### 三、学情分析

1. **知识基础**：通过前两个单元的学习，结合媒体的相关报道，学生对人民代表大会制度等知识有所了解。同时，也能够浅显地理解一些社会生活中的政治现象，对于社会上的一些现象和问题也有一些自己的看法。

2. **心智特征**：六年级学生初步具备分析问题、解决问题的能力，能够利用学习资源在小组内合作交流，能够表达出自己的见解，这为学生理解我国的人民代表大会、理解公民的政治权利以及参与一些政治生活的活动奠定了基础。

### 四、学习目标

1. 通过具体案例认识到人大代表具有广泛的代表性，由人民选出，代表人民的利益参与国家管理，行使国家权力。

2. 通过增强搜集、提炼材料的能力，能够从报刊、书籍或从网上查阅、搜集、提炼相关资料，了解人大代表的构成和应该履行的职责，初步理解人大代表和人民的关系。

3. 通过进一步发现思考，懂得人大代表要依法履行自己的职权，对人民负责，受人民监督。

### 五、评价任务

1. 知道人大代表的构成和职责。（针对学习目标1）

2. 初步理解人大代表和人民的关系。（针对学习目标2）

3. 懂得人大代表怎样做到为人民服务、不负人民重托，懂得履职的意义。（针对学习目标3）

## 六、教学重难点

教学重点：初步理解人大代表和人民的关系。

教学难点：懂得人大代表怎样做到为人民服务、不负人民重托，懂得履职的意义。

## 七、设计思路

"责任在肩，人民在心"是《人大代表为人民》第二个版块的话题。在第一个话题中，同学们已经了解了人民代表是如何产生的，对人民代表大会制度已有一定的了解。因此本课通过项目式学习的方式，图解人大代表的构成，交流人大代表的职责，探究人大代表的履职，引导学生通过查阅资料、小组合作、交流讨论等方式，进一步认识到人大代表具有广泛的代表性，由人民选出，代表人民的利益参与国家管理，行使国家权力。同时人大代表也要依法履行自己的职权，对人民负责，受人民监督。

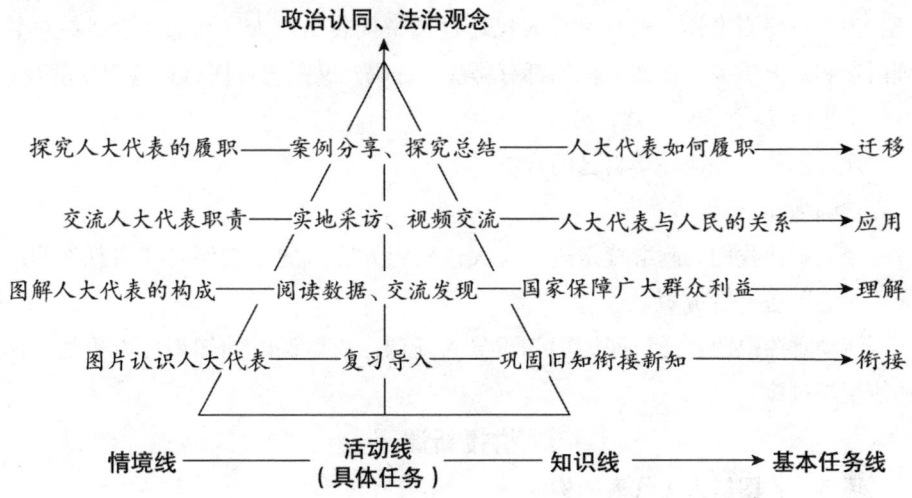

## 八、方法与策略

1. 寓学科内容于情境之中。教学情境不仅是教学的资源，更是学生了解社会的一个重要窗口。本课设计关注学科内容与学科情境的有机融合，把精神文明风尚置于事例和情境之中，既以情境服务教学，又以教学解构情境，让学生在达成学习目标的过程中，对社会有一个更全面深入的了解。

2. 寓学科学习于活动之中。在活动型学科课程教学中，学科性是衡量活动成功与否的重要依据。本课设计了"图解人大代表的构成""交流人大代表的职责""探究人大代表的履职"三个活动情境,以问题驱动学生深度思考,锤炼学科思维,强化学科基本素养。

### 九、资源与工具

1. 硬件:资料查阅、多媒体工具。
2. 软件:视频。

### 十、教学过程

责任在肩　人民在心
导入新课

**情境创设:**

使用图片介绍我们身边的人大代表,回顾人大代表选举的相关知识。

**问题设置:**

为了行使当家作主的权利,人民通过选举代表组成人民代表大会,统一管理国家和地方事务,你知道他们都有哪些责任吗?又是怎样履行这些责任的呢?

**学生活动:**

观看图片,并谈一谈自己的看法。

**教师活动:**

今天就让我们一起继续走进《人大代表为人民》的第二课时"责任在肩　人民在心"去一探究竟。

活动意图说明:通过回顾旧知再导入新课,前后课时的知识可以更加自然的衔接与过渡。

讲授新课

**环节一:图解人大代表的构成**

**情境创设:**

通过上节课的学习,我们知道凡年满18周岁的中国公民,只要没有被剥夺政治权利,那么不管是什么身份、什么地位,都有选举权和被选举权。那么,在那些被选为人大代表的人当中,你觉得什么身份的人最多呢?

**问题设置:**

(1)阅读数据和资料,你发现全国人大代表构成有什么特点?

(2)为什么会有这样的构成和变化呢?

学生活动：
（1）阅读 P56 活动园，多媒体展示图片。
（2）小组内成员讨论发言，组长主持。
教师活动：
教师课上引导学生认识到全国人大代表的广泛性，理解选出的全国人大代表只有最大程度上代表不同群体、不同身份，才能最广泛的代表人民去行使国家权力，参与国家管理。
活动意图说明：
通过全国人大代表的比例变化，认识到我国致力于保障最广大人民群众的根本利益。

**环节二：交流人大代表的职责**
情境创设1：
通过图片或视频，了解十四届全国人大一次会议概况。
问题设置1：
全国人大代表是如何提出问题的呢？人大代表有哪些职责？他们是如何履行这些职责的呢？
学生活动1：
学生思考，并交流。
教师活动1：
师生交流：基层代表与人民群众联系最紧密，对改革发展、改善民生、维护社会和谐稳定等有着最直接、最真实的体会与感受。他们所占全国人大代表比例的提高，有利于调动基层群众参政议政的积极性和主动性，能更好地反映人民群众的意愿，有力地推动人民群众最关心的问题的解决。
情境创设2：
图片激趣，引发学生思考在闭会期间人大代表又有哪些职责，又会做些什么事呢？
学生活动2：
观看图片讲解，了解一名人大代表在闭会期间的职责。
问题设置2：
十四届全国人大一次会议已经顺利闭幕。在闭会期间，人大代表又会做些什么事呢？多媒体展示人大代表在闭会期间的职责。
学生活动2：
学生通过观看图片，了解人大代表在闭会期间的工作职责。

**教师活动2：**

师生交流中，引导学生了解人大代表在闭会期间多方调研，了解民情、社情；设立接待日，接待来访群众；撰写议案和建议，准备在人民代表大会上提交等职责。

**活动意图说明：**

通过视频直观了解到全国人大代表关注的问题与人民的生活密切相关，从而思考并懂得人大代表是代表人民群众的心意、利益的。

**环节三：探究人大代表的履职**

情境创设：我心目中的人大代表。

教师可让学生课前从网络或采访身边的人大代表，搜集一些人大代表履行职责的故事和案例。引导学生全面了解人大代表的职责。

问题设置：

（1）请你说一说，你心目中的人大代表是什么样子的呢？

（2）你认为人大代表怎样才能不辜负人民的重托？

学生活动：

（1）学生共同分享课前搜集到的一些人大代表履行职责的故事或案例。

（2）小组长主持，成员有序交流。

教师活动：

对学生活动进行点评与总结归纳，再次点明重点，即人大代表要密切联系群众，充分反映民意，广泛集中民智，按照人民的意愿办事，不辜负人民的重托。

**活动意图说明：**

通过实例，让学生思考人大代表怎样做到为人民服务、不负人民重托，懂得履职的意义，初步理解人大代表和人民的关系。

## 结束新课

情境创设：

通过本节课的学习你了解到了哪些关于人大代表的知识？人大代表怎样做才能不辜负人民的重托？（学生交流总结本课所学）

结语：

人大代表要积极履行代表职责，充分掌握民情，广泛集中民智，准确反映民意，努力做到权为民所用、利为民所谋、情为民所系。人民赋予人大代表参与国家管理的职权，人大代表只有认真履行职责，想人民所想，反映人民的呼声和需求，才能不负重托。

**活动意图说明：**

通过总结提升让同学们回顾了解到的关于人大代表的知识，明白人大代表只有认真履行职责，想人民所想，反映人民的呼声和需求，才能不负重托。

## 十一、板书设计

责任在肩　人民在心

广泛的代表性　　　　依法履行职权

对人民负责，受人民监督

## 十二、作业设计

通过上网、收看电视、查阅报纸或现场访谈等方式了解一名人大代表的故事，和同学说说他或她是如何履行职责的，然后将交流结果写下来。

## 十三、教学反思

本话题引导学生了解人大代表构成的广泛性，懂得人民选出的代表要依法履行职责，要为人民服务、受人民监督。在本课教学时，要注意以下两个方面：

其一，人大代表构成的广泛性。本部分内容由教材第56页组成，通过对全国人大代表构成的分析，使学生了解人大代表的选择要考虑广泛性和代表性，考虑是否能代表最广大人民群众的利益，反映人民的意愿、呼声和需求。

其二，人大代表的职责。本部分内容由教材第57—58页组成，通过人大代表履职的场景和事例，使学生了解人大代表有哪些职责、如何履行职责，认识到人大代表尽责履职的重要性，懂得人大代表为人民的真正含义。

其三，注意与时事相联系。教材中使用的材料是党的十七大的相关材料，可结合刚刚过去的党的二十大选取贴近时事的材料，增强教育的时效性。

## 第三节　"依法治国"大中小学教学设计

### 【大学阶段】"依法治国"教学设计

| 学科 | 思想政治 | 单元名称 | 学习法治思想 提升法治素养 | 课型 | 新授课 |
|---|---|---|---|---|---|
| 教材 | （2023年版）大学《思想道德与法治》 | 课时名称 | 坚持走中国特色社会主义法治道路 | 课时 | 1课时 |

续表

| 学科 | 思想政治 | 单元名称 | 学习法治思想<br>提升法治素养 | 课型 | 新授课 |
|---|---|---|---|---|---|
| 总领：党的二十大报告关于法治的表述 ||||||
| 党的二十大报告提出，我们要坚持走中国特色社会主义法治道路，建设中国特色社会主义法治体系、建设社会主义法治国家，围绕保障和促进社会公平正义，坚持依法治国、依法执政、依法行政共同推进。 ||||||

## 一、课标要求

根据党的二十大精神与教材内容提出如下教学要求：

1. 内容要求：讲清中国特色社会主义法治道路的基本内涵；讲清坚持中国特色社会主义法治道路的原因和措施；教育引导学生学思践悟习近平全面依法治国的新理念新思想新战略，牢固树立法治观念，坚定走中国特色社会主义法治道路的理想和信念。

2. 教学提示：以"《中华人民共和国青藏高原生态保护法（2023年颁布）》为何、以何、如何发挥作用，助推保护修护青藏高原良好生态环境"为总问题，探究了解中国特色社会主义法治道路的中国特色、实践特色、时代特色，理解何为中国特色社会主义法治道路、为何走中国特色社会主义法治道路、如何走中国特色社会主义法治道路三大问题。以"青藏高原生态保护法如何走深落实"为主线组织开展讨论，重点分析坚持走中国特色社会主义道路的基本原则。

## 二、教材分析

1. 本框地位：本框选取自大学《思想道德与法治》（2023版）第六章第二课第二框。其中，第二课内容对应"坚持全面依法治国"，"坚持走中国特色社会主义法治道路"作为第二课的第二框，承接第一框"全面依法治国的根本遵循"对法治道路的基本要求，开启后续如何建设法治中国的理论学习。学习本框，有助于学生进一步了解我国坚持走中国特色社会主义法治道路的生成逻辑和发展原则，提升学生法治意识、增强学生法治观念。

2. 本框内容：本框主要包含两个内容。第一目"为何走"，即分析走中国特色社会主义法治道路的原因，阐述走中国特色社会主义道路是历史的必然结论、是由国家性质所决定、是立足国情的基本选择，引导学生正确认识中国特色社会主义道路，坚持做到了以人民为中心、依法治国和以德治国相结合，在新时代不断丰富和发展的中国道路。第二目"怎样走"，即分析坚持中国特色社会主义法治道路遵循的原则，阐述走中国特色社会主义法治道路，必须坚持中国共产党的领导、坚持人民主体地位、坚持法律面前人人平等，坚持依法治国和以德治国相结合，坚持从中国实际出发。

### 三、学情分析

1. 知识基础：在高中阶段，学生较为系统地学习了"全面推进依法治国的总目标""法治中国建设"和"科学立法"等基本知识，学生可能会对中国法治道路认知较为混乱，对以往知识缺少系统的梳理和概括，对当下如何走好中国特色社会主义法治道路缺少全面的认知和理解，本堂课就是为解决上述困惑而来。大一学生在生活中积累了一定的法律常识，并且在高中阶段积累了一定的理论知识，但在实际生活中，法治道路离学生日常学习较为遥远，结论性表述较多、理论性较强。因此，需要选用恰当的教学方法和情境素材激发学生学习兴趣、触动学生情感体验，才能拉近学生与中国特色社会主义法治道路的距离、深化学生对中国特色社会主义法治道路的认识。

2. 心智特征：经过小学6年、中学6年的学习成长，特别是3年高中学习，这一阶段学生的智力水平已由感性向理性发展，具备较为成熟的观察辨析和逻辑思考能力。他们关心国家大事和社会生活，但由于理论认识还有限，实际社会生活中公民角色体验有限，想问题、做事情容易出现片面化和简单化倾向。

### 四、学习目标

1. 通过课前研讨、课堂讨论与课后研讨，引导学生深刻把握人民群众的理论内涵及现实表现，认同人民群众是社会历史的主体，是历史的创造者。并有机融入马克思主义经典理论与习近平新时代中国特色社会主义思想，切实提升学生马克思主义理论水平以及学生对人民群众是历史创造者的理论认同。

2. 通过情景场景设置，组织学生开展课堂交流讨论，引导学生能够坚持历史唯物主义的基本立场，正确把握运用人民群众创造历史的知识去解决分析社会现象和实际问题，切实提升学生对人民群众是历史创造者的实践认同。

3. 通过学习，深入理解中国共产党人的人民情怀和家国观念，在日常生活中自觉践行群众观点和群众路线，树立为广大人民群众服务的人生观及价值观，保持同人民群众的血肉联系，培养公民意识，增强主人翁责任感，切实提升学生对人民群众是历史创造者的情感认同。

### 五、评价任务

1. 观看视频《青藏高原捡垃圾的90后》，注意观察学生在情景展示时的表情，引导学生归纳概括出中国特色社会主义法治道路的内涵。

2. 阅读青藏高原环境污染相关材料，从"青藏高原保护刻不容缓、青藏高原保护存在立法真空"两个角度总结提高青藏高原立法保护质量的必要性，归纳走中国特色社会主义法治道路的必然性。

3. 参与"青藏高原生态保护法推广介绍会"课堂模拟活动，能结合角色背景从不同立场思考该法律如何走深落实，进一步学习了解走中国特色社会主义法治道路所需要坚持的三大原则。

### 六、教学重难点

教学重点：坚持走中国特色社会主义法治道路的原因。
教学难点：坚持走中国特色社会主义法治道路的原则。

### 七、设计思路

本课以"看立法重拳如何保护'世界屋脊'"为总问题，创设"世界屋脊之殇、世界屋脊之幸、世界屋脊之治"一系列结构化情境，聚焦自然资源和生态环境保护，生成坚持走中国特色社会主义道路的内涵、原则和措施；学生通过课堂模拟会议等活动，生成核心知识；整堂课由理解向应用螺旋上升，引导学生走进教材、走出教材、走向生活，使核心素养落地生花。

### 八、方法与策略

1. 精心设计情境，注重案例教学。根据总体教学目标，精心设计每一个环节的教学情境，通过一个个生动的案例，引发学生对相关理论问题的直观感知、情感共鸣。

2. 精心设计问题，注重启发教学。根据总体教学目标，精心设计每一个环节的问题，努力做到由浅入深、由具体到一般，引发学生对相关理论问题的深刻感知、深入思考。

3. 精心组织讨论，注重互动教学。根据总体教学目标，组织学生紧紧围绕设计的问题，开展分组讨论、课题交流、理论辨析，引导学生对相关理论问题深刻理解、全面准确把握。

## 九、资源与工具

1. 硬件：多媒体教室、移动式课桌、互联网系统。
2. 软件：视频材料《在青藏高原捡垃圾的90后》；文字材料《中华人民共和国青藏高原生态保护法》；图片材料"青藏高原风景图片以及被污染照片"。

## 十、教学过程

### 导入新课

情境创设：

视频材料：

呈现大学生兴起特种兵式旅游视频，展现青藏高原的自然风景片与环境污染照片，引导学生进行对比思考。

问题设置：

是什么原因导致大学生做出这样的选择？这样选择的背后是否会给环境带来一定的破坏和污染？

学生活动：

认真观看视频，联系自己旅游期间所为、所见、所闻、所感，积极回答教师问题，充分认识了解到现在污染与破坏的严重性。产生兴趣，开启学习。

教师活动：

带领学生分析原因："报复性旅游"的消费心理及较为有限的旅游预算使得特种兵式旅游在大学生中兴起，而短快精的旅游在一定程度上会造成资源浪费和环境污染。

追问：景区环境污染有法律保护吗？为什么要通过法律保护景区环境？

导入新课：

"走中国特色社会主义法治道路"。

活动意图说明：

由大学生特种兵式旅游以及青藏高原污染现状导入课程，一方面更加贴近学生生活，能够激发学生学习兴趣；另一方面，凸显法治之路在保障青藏高原等自然资源和环境中的重要作用，设疑激思，引出本课学习主题。

## 讲授新课

**环节一：世界屋脊之殇——探析何为中国特色社会主义法治道路**

情境创设：

视频材料：

播放视频《青藏高原捡垃圾的90后》，呈现青藏高原生态环境污染严重、立法缺失的状况。

文字材料：

近年来，自驾进藏的游客非常多。在游客心目中，西藏的地位可谓特殊，是雪山白云青草，"荡涤灵魂尘埃"的所在。所谓"诗和远方"，很难有比青藏高原更完美的诠释。但并不规范的进藏旅游给青藏高原的生态环境带来了极大的破坏。

截至2021年上半年，西藏生态环境保护领域现行有效法规57件，约占西藏全区现行地方性法规的33.5%。青海也类似，按照行政区划制定地方性法规。这些地方性法规自成体系，但也导致了青藏高原整个区域的生态保护以行政区域管理体制为主，缺乏协调性和统一性。

2021年7月9日，中央全面深化改革委员会第二十次会议审议通过《青藏高原生态环境保护和可持续发展方案》。此后，青藏高原生态保护立法工作加快推进。

问题设置：

为什么国家需要通过法律来强制保护青藏高原的生态环境？

追问：

之前地方性法规为何不能有效起到保护青藏高原生态的作用？为什么国家要统一制定推出《中华人民共和国青藏高原生态保护法》？

学生活动：

（1）观看视频以及文字材料。

（2）课堂分组讨论（分4组）：请结合展示案例以及文字材料进行解释。（时间：总共5分钟）

（3）课堂分组交流：每一个组选派一位代表交流讨论情况。（时间：每组1分钟）

教师活动：

点评学生的讨论成果，结合学生回答归纳三个问题的答案，总结中国特色社会主义法治道路的内涵。

①坚持党的领导。我们要坚持党的领导、人民当家作主、依法治国有机统

一,这是我国社会主义法治道路建设的一条基本经验。

②坚持中国特色社会主义制度。法治道路本质上是中国特色社会主义道路在法治领域的具体体现。

③贯彻中国特色社会主义法治理论。中国特色社会主义法治理论是以法治道路、法治体系和全面推进依法治国的中国实践为基础的科学理论体系。

④法治与法制辨析

法制相对于政治制度、经济制度,法治则相对于人治;法制内涵是指法律及相关制度,法治内涵则相对于人治的治国理论、原则和方法。

活动意图说明:

这一环节是探究"世界屋脊之殇",以今天青藏高原保护现状为典型案例,通过"青藏高原保护刻不容缓"和"青藏高原保护存在立法真空"两个材料的对比,引导学生明确中国特色社会主义法治道路的内涵,解决"是什么"的问题。

**环节二:世界屋脊之幸——明晰为何走中国特色社会主义法治道路**

情境创设:

开展课堂活动"保护青藏高原"民意座谈会。

(1) 活动要求:

①座谈会主题:男女老少、乡邻百姓共话——保护青藏高原的困境与对策。

②分小组代表不同的角色,提出在青藏高原保护过程中遇到的麻烦和困难。(角色:政府、企业家、旅游爱好者、当地农民、生态专家、法律专家)

(2) 活动过程:

①地方政府:青藏高原生态环境保护是历史性问题,多年来一直在反复强调和落实,但缺乏统一的法律管理。

②旅游爱好者:青藏高原是我们旅游者心中的天堂,我们也可以为青藏高原环境保护献一份力,但是目前不知道有什么正规渠道平台参与其中。

③当地百姓:我们一方面希望大家更多关注、走进青藏高原,使我们的特色产品销售出去;另一方面,越来越多的关注也加剧了我们环境的污染,环境保护只靠我们自己根本忙不过来。

问题设置:

不同利益主体在保护青藏高原生态环境过程中的诉求如何平衡?

追问:

为何要通过立法平衡综合不同利益主体的需求?为何只有走中国特色社会主义法治道路才能从根本上保护好青藏高原生态环境?

学生活动：

结合课前教材预习、文献学习，积极参加角色扮演，参与"保护青藏高原民意座谈会"，从不同角色出发，畅所欲言，提出保护诉求和当下存在的困境，引导学生思考总结出只有坚持走中国特色社会主义法治道路，做到科学立法、严格执法，才能保护好青藏高原自然生态环境。（每组 3 分钟）

教师活动：

引导学生总结概括出走中国特色社会主义法治道路的三大原因。

①是历史的选择。要不要走法治道路、走什么样的法治道路，是近代以来中国人民面临的历史性课题。

②是国家性质所决定。依据法律规定，人民通过各种途径和形式管理国家和社会事务，本质上是中国特色社会主义道路在法治领域的具体体现。

拓展：1844 年，马克思恩格斯合著《神圣家族》，通过对法国革命史的考察，从现实的物质生产在历史上起决定作用和物质利益决定思想原则的观点出发，进一步强调社会经济关系的运动决定法治道路的现象。

③是基于国情的必然选择。我们有自己的历史文化传统，有长期积累的经验和优势，要在较短时间内建成法治国家，我们必须走法治道路。

拓展：马克思在《经济学著作和手稿》中指出，法的关系正像国家的形式一样，既不能从它们本身来理解，也不能从所谓人类精神的一般发展来理解。相反，它们根源于物质的生活关系，这种物质的生活关系的总和，称之为"市民社会"（即可理解为自己国家的国情）。

活动意图说明：

这一环节是探究"世界屋脊之幸"，以青藏高原保护实际困境为主线，通过"民意座谈会"课堂研讨交流活动为主线，引导学生明确走中国特色社会主义法治道路的原因，解决"为什么"的问题。

**环节三：世界屋脊之治——辨析如何走中国特色社会主义法治道路**

情境创设：

（1）文字材料：

《中华人民共和国青藏高原生态保护法》的出台过程和条文内容目录：

2021 年，全国人大常委会高度重视这项立法工作，组织开展了青藏高原生态保护调研和立法论证，共提出 8 份调研和评估报告。

2021 年，党中央印发《青藏高原生态环境保护和可持续发展方案》，对加强青藏高原生态文明建设作出专门部署，提出建立青藏高原生态环境保护制度体系。

2022年4月22日,中央召开青藏高原生态保护立法座谈会,当面听取国务院相关部门、青藏高原六省(区)和有关专家的意见建议。

2023年4月26日,十四届全国人大常委会第二次会议通过《中华人民共和国青藏高原生态保护法》,自2023年9月1日起施行。

青藏高原生态保护法共7章63条,贯彻体现了习近平生态文明思想,坚持生态保护第一,聚焦青藏高原生态保护的主要矛盾、特殊问题、突出特点,坚持山水林田湖草沙冰一体化保护和系统治理。

(2)开展课堂活动:《中华人民共和国青藏高原生态保护法》青春宣讲推广会。

①活动要求:

宣讲主题:讲好《中华人民共和国青藏高原生态保护法》的出台过程和重点条文内容。

具体要求:每个小组选取1~2个条例内容起草宣讲草案,课后以在校大学生身份向广大人民宣讲推广青藏高原生态保护法。每个小组选1个代表展示自己的宣讲方案和知识点。(分四个小组,每个小组3分钟)

问题设置:

从《中华人民共和国青藏高原生态保护法》的出台过程和条文内容思考中国特色社会主义法治道路的中国特色、时代特色,进而尝试通过法治道路的中国、时代特色去归纳概括出走中国特色社会主义法治道路的基本原则。

学生活动:

阅读材料,选取条文内容,结合课堂资料,勾画关键信息,组织开展小组讨论,在思维碰撞中明确坚持走中国特色社会主义法治道路的基本原则。

教师活动:

(1)点评学生的宣讲,引导学生从三个角度总结坚持走中国特色社会主义法治道路的基本原则。

①从全国人大主持召开举行各种立法调研活动,以《中华人民共和国立法法》为重要依据,提炼概括出坚持中国特色社会主义法治道路最根本的是坚持中国共产党的领导。

②从青藏高原生态保护法立法过程中,组成多个调研组,赴青海、西藏、四川等地开展深入调研,提炼概括出中国特色社会主义法治道路坚持了人民主体地位和从中国实际出发的原则。

③从青藏高原生态保护法中聚焦生态保护主要问题,强化生态风险防控等方面采取的措施凝练概括出中国特色社会主义法治道路坚持了依法治国和以德

治国相统一的原则。

（2）2016年12月9日，习近平在中共中央政治局第三十七次集体学习时强调，要把依法治国基本方略、依法执政基本方式落实好，把法治中国建设好，必须坚持依法治国和以德治国相结合，使法治和德治在国家治理中相互补充、相互促进、相得益彰，推进国家治理体系和治理能力现代化。

活动意图说明：

这一环节是探究"世界屋脊之治"，以青藏高原保护实际困境为主线，通过"青春宣讲推广会"课堂研讨交流活动，引导学生明确走中国特色社会主义法治道路的原则，解决"怎么办"的问题。

## 结束新课

课堂小结：

呈现青藏高原生态保护过程中青年志愿者的照片影集，引导广大青年学生积极投身生态环境保护中去。

结语：

党的二十大提出：我们要坚持走中国特色社会主义法治道路，建设中国特色社会主义法治体系、建设社会主义法治国家，围绕保障和促进社会公平正义，坚持依法治国、依法执政、依法行政共同推进。

青藏高原是世界屋脊、亚洲水塔，是地球第三极，是我国重要的生态安全屏障，生态保护地位特殊，立法意义重大。同学们，唯有国家立法之春风、执法之重拳，方能从根本上为"世界屋脊"的生态环境改变保驾护航，方能守住世界上最后一方净土，让世界屋脊的野生动植物自由生长。

活动意图说明：

简要回顾、系统总结课堂讲授的"法治""法制""中国特色社会主义法治道路"三个重要范畴，引导学生进一步全面、深刻把握三个范畴的基本内涵、内在逻辑。其次，结尾引用习近平总书记关于全面依法治国的重要论述，既是推进习近平新时代中国特色社会主义思想"三进"工作的需要，也有利于进一步加深走中国特色社会主义道路重大意义的理性认识。最后以青年志愿者投身青藏高原生态保护为情境，旨在引导学生强化法治观念和奉献精神，树立保护生态环境、遵守法律法规的意识。同时，也进一步升华主题，强调走中国特色社会主义道路的重要性，提升学生法治意识和奉献精神。

## 十一、板书设计

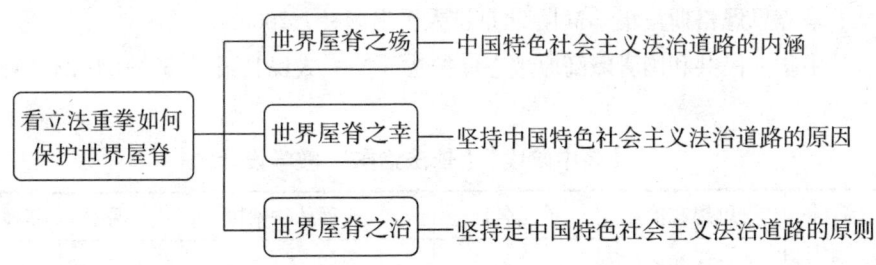

## 十二、作业设计

以小组为单位深入了解《中华人民共和国青藏高原生态保护法》，就相关问题进行总结整理，形成宣讲稿和宣传手册，深入社区和基层党支部做好宣讲工作。

活动要求：

1. 运用文献调查法、实地调查法等多种方法撰写宣讲稿和宣传手册，形成宣传文稿。

2. 内容契合主题，积极向上，字数1000字左右，至少深入社区、党组织开展一次宣讲，附上宣讲实地照片。

## 十三、教学反思

本课的教学设计有以下几个特点：

1. 问题式教学，层层递进有深度。整个教学设计较为注重知识线、任务线、情境线的有机统一，相互贯通，通过创设生活化、具象化的情境，在活动中思考问题，在任务中落实知识，最终落实在青年何以作为、青年何以可为，情感升华较好。

2. 互动式教学，角色扮演有温度。本课紧跟国家最新法律文件，选取青藏高原生态环境保护的典型案例，并结合学生的身心发展特点，开展立法民意咨询会和青春宣讲活动等课堂模拟活动，力求呈现真情境、提出真问题、获得真收获。增强了学生的体验感，提升了实践育人实效。

## 十四、参考文献

习近平. 高举中国特色社会主义伟大旗帜　为全面建设社会主义现代化国

家而团结奋斗——在中国共产党第二十次全国代表大会上的报告［M］.北京：人民出版社，2022.

马克思恩格斯全集［M］.北京：人民出版社，2006.

中华人民共和国青藏高原生态保护法［N］.人民日报，2023-04-28（15）.

### 【高中阶段】"依法治国"教学设计

| 学科 | 思想政治 | 单元名称 | 全面依法治国 | 课型 | 新授课 |
|---|---|---|---|---|---|
| 教材 | （2021年版）《政治与法治》 | 课时名称 | 科学立法 | 课时 | 1课时 |
| 总领：党的二十大报告关于科学立法的表述 |||||||
| 党的二十大报告指出，要"推进科学立法、民主立法、依法立法，统筹立改废释纂，增强立法系统性、整体性、协同性、时效性"。"推进科学立法"是习近平法治思想中关于立法工作重要论述的集中概括。习近平总书记指出，"立法是为国家定规矩、为社会定方圆的神圣工作"。建设法治中国，必须加强和改进立法工作，深入推进科学立法、民主立法、依法立法，不断提高立法质量和效率，以高质量立法保障高质量发展、推动全面深化改革、维护社会大局稳定。 ||||||

### 一、课标要求

《普通高中思想政治课程标准（2017年版2020年修订）》（以下简称"新课标"）对本课时的基本要求如下：

1. 内容要求：搜集材料，阐述科学立法、严格执法、公正司法、全民守法的基本要求。

2. 教学提示：以"公民参与立法有什么意义、有哪些途径"为议题，探究推进科学立法、民主立法、依法立法，以良法促进发展、保障善治的意义，理解公民依法行使民主权利的制度。可观看有关人大会议的录像，或旁听地方立法听证会，以"我的立法建议"为题组织讨论，解析公民有序参与立法的方式和途径。可参与社区有关规则的制定，亲身体验基层群众依法表达诉求、参与社区治理的过程。

### 二、教材分析

1. 本框地位：本框位于统编版高中思想政治必修三第三单元第九课第一框。

第九课四框内容分别对应全面推进依法治国四项基本要求。其中，"科学立法"作为第一框，承接"法治中国建设"对依法治国的基本要求，开启后续依法治国基本要求的学习。学习本框，有助于学生了解我国立法的主体、程序和要求，提升法治意识。

2. 本框内容：本框共两目。第一目"科学立法的内涵"，阐述科学立法的含义，分析科学立法的原则，即要体现我国的国家性质符合我国的政治制度和历史传统、国情和实际，遵循法律体系的内在逻辑、立法工作规律、立法程序，要注重立法技术，努力实现立法过程科学化。第二目"推进科学立法"，阐述实现科学立法必须依法立法，充分发扬民主，合理设定权利与义务、权力与责任。

### 三、学情分析

1. 知识基础：在深入学习"全面推进依法治国的总目标"和"法治中国建设"系统性工程基础上，学生不禁产生如何实现目标、推进工程之困惑，第九课就是为解决上述困惑而来。学生在生活中积累了一定的法律常识，但在四个方面的基本要求中，科学立法离学生相对遥远，结论性表述较多、理论性较强。因此，需要选用恰当的教学方法和情境素材激发学生学习兴趣、触动学生情感体验，才能拉近学生与立法的距离、深化学生对科学立法的认识。

2. 心智特征：本框教学对象为高一学生。这一阶段学生的智力水平逐渐由感性向理性发展，已经具备一定的观察辨析和逻辑思考能力。他们关心国家大事和社会生活，但由于心智还不够成熟，生活参与能力有限，想问题、做事情容易出现片面化和简单化倾向。

### 四、学习目标

1. 通过观看视频、阅读材料，了解我国"黑土之殇"，理解我国科学立法的必要性，充分认识科学立法的内涵，提升政治认同和科学精神。

2. 通过参与课堂模拟活动，对照《中华人民共和国黑土地保护法》条文，充分明确科学立法的原则，提升法治意识和科学精神。

3. 通过阅读《中华人民共和国黑土地保护法》的出台过程和条文内容的材料，了解"黑土之治"，深刻掌握科学立法的措施，提升法治意识和科学精神。

### 五、评价任务

1. 观看视频《流失的黑土地》和相关材料，能从"黑土地保护刻不容缓、

黑土保护存在立法真空"两个角度总结提高黑土立法保护质量的必要性,归纳科学立法的内涵。(针对学习目标1)

2. 参与"立法研究会"课堂模拟活动,能结合角色背景从不同立场提出立法诉求,并从方向、方法和实效三个方面总结科学立法的原则。(针对学习目标2)

3. 阅读《中华人民共和国黑土地保护法》的出台过程和条文内容的材料,能准确勾画出台过程和条文内容的关键信息,总结出科学立法的措施。(针对学习目标3)

## 六、教学重难点

教学重点:科学立法的内涵和原则。
教学难点:推进科学立法的措施。

## 七、设计思路

助力核心素养生长的课堂离不开结构化的情境、活动型的任务、序列化的知识。其中,任务线是素养生长的活动主线,知识线是素养生长的理论辅线,情境线是素养生长的生活辅线,三线合一,形成指向学科核心素养的"金字塔"架构。

本课以"看立法春风如何吹绿东北沃野良田"为总议题,创设"黑土之殇、黑土之幸、黑土之治"一系列结构化情境,聚焦土地保护和粮食安全,生成科学立法的内涵、原则和措施;学生通过课堂模拟会议等活动,生成核心知识;整堂课由理解向应用螺旋上升,引导学生走出课堂、走向生活,使核心素养落地生花。

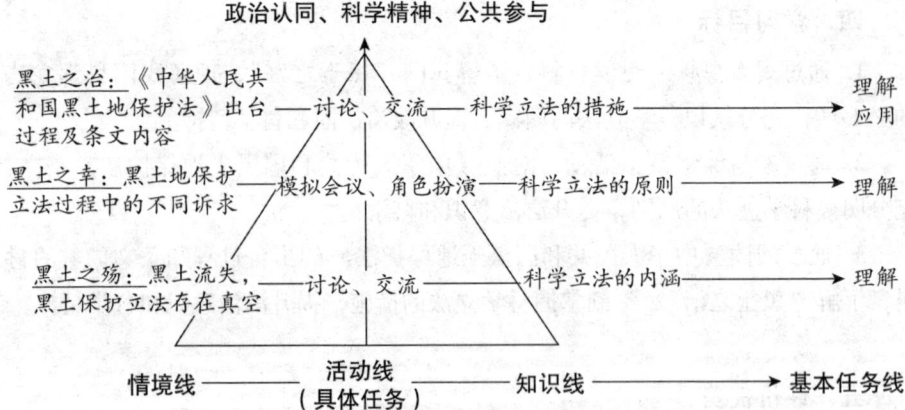

## 八、方法与策略

1. 优化议题情境，创设体验式氛围。围绕议题，创设情境，打造活动型课堂，让学生在真实情景中去体验、去感悟、去生成，落实核心素养，促进思想政治理论性与实践性相统一。

2. 精心设计问题，激发探究式兴趣。巧设问题，用问题驱动学生深度思考，激发课堂探究兴趣，提升关键能力，培养思维品质，体现课堂主导性与主体性相统一。

3. 高效组织活动，打造交互式课堂。在课堂搭建活动平台，为师生、生生之间交流互动提供契机，在交互中提升能力，体现课程内容活动化与活动设计内容化相统一。

## 九、资源与工具

1. 硬件：多媒体工具、立法研讨会中不同角色的座签。
2. 软件：视频《流失的黑土地》。

## 十、教学过程

### 看立法春风如何吹绿东北沃野良田
### 导入新课

情境创设：

图片材料：一碗米饭、我国大米品牌排行榜。

问题设置：

立法春风如何吹绿东北的沃野良田？

学生活动：

观看米业排行榜，前10中有9个都来自东北，感受黑土肥，对老师提出的问题产生兴趣，开启学习。

教师活动：

展示图片，点拨黑土肥沃，引出本课的学习主题"科学立法"。

活动意图说明：

由稻米香导入黑土肥，一方面更加贴近学生生活，能够激发学生学习兴趣；另一方面，凸显东北黑土地在保障国家粮食安全中的重要作用，设疑激思，引出本课学习主题。

## 讲授新课

### 环节一：黑土之殇——释科学立法内涵

**情境创设：**

播放视频《流失的黑土地》，呈现反映黑土保护存在立法真空的文字材料：

早在1998年，《内蒙古自治区耕地保养条例》就已出台。辽宁和黑龙江分别于2006年、2016年出台了《辽宁省耕地质量保护办法》和《黑龙江省耕地保护条例》。但这3个地方性法规的保护对象均是泛指的耕地，且对黑土地保护的相关规定较为分散，没有直接与黑土地有关的上位法。另外，就跨地域分布的黑土侵蚀沟而言，所需治理资金较多，谁来出、出多少、谁监督等方面尚无成熟的工作机制，不能与我国现阶段对于黑土地保护的需求相适应。

**问题设置：**

结合情境材料，思考我国出台《中华人民共和国黑土地保护法》的必要性。

**学生活动：**

观看视频，阅读文字材料，从中了解黑土治理现状，感受必须立法保护黑土地，提高立法质量，从而明确科学立法的内涵。

**教师活动：**

点评学生的讨论成果，总结科学立法的内涵，突出在空白领域，精准立法，从无到有；在重点领域，加强立法，从有到优。

**活动意图说明：**

此环节探究"黑土之殇"，以今天黑土保护现状为典型案例，通过"黑土地保护刻不容缓"和"黑土保护存在立法真空"两个材料的对比，引导学生明确科学立法的内涵，解决"是什么"的问题。

### 环节二：黑土之幸——明科学立法原则

**情境创设1：**

开展课堂活动"黑土地保护立法研究会"。

**活动要求：**

①会议主题：解"东北粮仓"黑土之问，探良善管用之法。

②分小组代表不同的角色，提出在黑土地保护立法过程中的诉求。（角色：中央政府、地方政府、土壤学专家、农民、化肥企业）

**问题设置1：**

结合不同利益主体在黑土地保护立法过程中的诉求及相关法律条文，思考这对我国开展立法工作有何启示。

学生活动1：

角色扮演，参与"黑土地保护立法研究会"，从不同角色出发，畅所欲言，提出立法诉求。

教师活动1：

主持黑土地保护立法研究会议，引导学生展开会议讨论。

情境创设2：

呈现黑土地保护相关法律条文：

第一条：为了保护黑土地资源，稳步恢复提升黑土地基础地力，促进资源可持续利用，维护生态平衡，保障国家粮食安全，制定本法。

第二条：本法所称黑土地，是指黑龙江省、吉林省、辽宁省、内蒙古自治区（以下简称四省区）的相关区域范围内具有黑色或者暗黑色腐殖质表土层，性状好、肥力高的耕地。

第六条：四省区人民政府应该加强对黑土地保护工作的协调、统筹工作。

第十三条：科学减少化肥施用量，鼓励增施有机肥料，推广土壤生物改良等技术。

第三十一条：农业生产经营者经批评教育仍不改正的，可以不予发放耕地保护相关补贴。

问题设置2：

同问题设置1。

学生活动2：

结合不同角色的立法诉求和黑土地保护相关法律条文，思考对开展立法工作的启示，生成科学立法原则的相关知识。

教师活动2：

点评学生的讨论成果，从方向、方法和实效三个角度总结点拨科学立法的原则。

活动意图说明：

这一环节是继上一环节讨论"黑土之殇"后，聚焦"黑土之幸"，从立法视角，以良法促善治，明确科学立法的原则。开展课堂活动"黑土地保护立法研究会"，学生在角色扮演中生成学科知识，增强情感体验。

**环节三：黑土之治——探科学立法措施**

情境创设：

呈现《中华人民共和国黑土地保护法》的出台过程：

高度重视黑土地保护立法工作，认真学习领会习近平总书记重要批示精神。

2021年3月,第十三届全国人民代表大会常务委员会第四次会议,人大代表提出"关于制定黑土地保护法的议案"。

2021年3月底,开展立法调研论证工作,召开中央座谈会、专家学者座谈会、赴地方调研询问基层农民意见。遵守宪法和立法法,开展立法工作。

2021年12月20日,《中华人民共和国黑土地保护法(草案)》提请全国人大常委会审议。

2021年12月和2022年4月,第十三届全国人民代表大会常务委员会对黑土地保护法草案进行了两次审议。在此期间,在中国人大网公开征求社会公众意见,共有147名网民提出了229条意见。

2022年6月24日,第十三届全国人民代表大会常务委员会第三十五次会议通过《中华人民共和国黑土地保护法》。

2022年6月24日,国家主席习近平签署第115号主席令予以公布。

呈现《中华人民共和国黑土地保护法》条文内容目录:
- 立法目的和法律适用范围
- 黑土地保护的重要原则和要求
- 关于政府及其部门职责
- 关于各类主体责任
- 关于强化考核监督制度
- 关于法律责任的追究

问题设置:

从《中华人民共和国黑土地保护法》的出台过程和条文内容看,我们应该如何提高立法质量,推进科学立法?

学生活动:

阅读材料,勾画关键信息,开展小组讨论,在思维碰撞中明确科学立法的措施。

教师活动:

点评学生的讨论成果,从"依法立法、民主立法、做到权利与义务/权力与责任相对应、相统一"三个角度总结点拨科学立法的措施。

活动意图说明:

这一环节通过呈现《中华人民共和国黑土地保护法》的出台过程和条文内容,深入探究提高立法质量、实现科学立法的措施。以真实法律为切入口,引导学生在真实情境和活动体验中做社会主义法治的忠实崇尚者、自觉遵守者、坚定捍卫者。

**结束新课**

情境创设:

呈现吉林省黑土地保护条例的部分内容:

视频播放《中国这五年,推进法治建设,夯实法制之基》。

结语:

立法是为国家定规矩、为社会定方圆的神圣工作。人不负土,土定不负人,唯有立法春风,方能吹绿东北沃野良田,方能让我们一起扎根吾土吾乡,守护吾国吾民。

活动意图说明:

作为课堂总结部分,以《吉林省黑土地保护条例》为情境,引导学生理解我国的立法体制机制能够充分发挥地方的积极性,提高立法质量,从而更好地做到了科学立法。升华主题,再次强调科学立法的重要性,提升学生法治意识。

## 十一、板书设计

看立法春风如何吹绿东北沃野良田

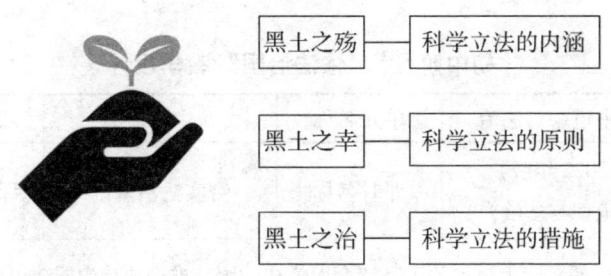

## 十二、作业设计

课后实践:

以小组为单位深入了解成都"天府粮仓"所面临的困境,进行实地调研,就相关问题进行总结整理,形成意见和建议,为即将出台的《中华人民共和国耕地保护法》建言献策,并将其发送到自然资源部邮箱。

活动要求:

1. 运用文献调查法、问卷调查法等多种方法进行村(社区)治理调查,形成调查报告。

2. 内容契合主题,积极向上,图文并茂,字数 1000 字左右。

### 十三、教学反思

1. 三线联动，指向学科核心素养。整个教学设计注重知识线、任务线、情境线的有机统一，相互贯通，通过创设生活化、具象化的情境，在活动中思考问题，在任务中落实知识，最终指向学科核心素养的落地。

2. 思政小课堂牵手社会大课堂，为教学有效赋能。本课紧跟保障国家"粮食安全"的战略，选取黑土地保护的典型案例，同时结合学生的身心发展特点，开展"立法研究会"课堂模拟活动，学生角色扮演，生成学科知识，力求呈现真情境、提出真问题、获得真收获。善用"大思政课"凝聚合力，赋能课堂，增强了学生的体验感，提升了实践育人实效。

3. 本课的教学设计依然还有上升空间：如何增强活动型课堂的理论厚度；如何引发学生的更长效的思考；如何更好地体现问题的进阶性；等等。这些缺憾都需要在今后的教育教学实践中去完善。作为青年教师，在教学过程中，既要精于"道"，也要攻于"术"，授课结束后要积极学习先进教学理念，更新教学思想，将理念融入课堂，提升教学技能。教学之路漫漫，唯有始于足下，方能行稳致远。

### 【初中阶段】"依法治国"教学设计

| 学科 | 初中道德与法治 | 单元名称 | 民主与法治 | 课型 | 新授课 |
|---|---|---|---|---|---|
| 教材 | （2022年版）《道德与法治》 | 课时名称 | 夯实法治基础 | 课时 | 1课时 |
| 总领：党的二十大报告关于坚持全面依法治国、推进法治中国建设的表述 ||||||
| 党的二十大报告指出，"全面依法治国是国家治理的一场深刻革命，关系党执政兴国，关系人民幸福安康，关系党和国家长治久安。必须更好发挥法治固根本、稳预期、利长远的保障作用，在法治轨道上全面建设社会主义现代化国家。"全面依法治国是历史发展的新要求，这一要求的内涵极为丰富，它应体现在党的领导、科学立法、严格执法、公正司法、全民守法等各个方面。全体人民对待依法治国的态度，决定了全面依法治国的成败。全体人民的尊法学法守法用法，是法治发展的不竭动力与力量源泉。青少年作为社会主义事业的建设者和接班人，要勇担责任，做社会主义法治的忠实崇尚者、自觉遵守者、坚定捍卫者。 ||||||

## 一、课标要求

《义务教育道德与法治课程标准（2022年版）》（以下简称"新课标"）对本课时的基本要求如下：

1. 内容要求：初步认识法治的内涵，理解法治是治国理政的基本方式，全面理解法治建设对中国发展的重大影响。

2. 教学提示：以某个社会法治新闻为切入口，通过观看法治节目或进行专题调研等形式，引导学生全面理解法治建设对中国发展的重大影响，深化对法治作用的理解。

## 二、教材分析

1. 本框地位：本内容选自初中《道德与法治》九年级上册第二单元第四课第一框"夯实法治基础"，本框阐述法治的内涵，论证法治是中国的必然选择，展现我们改革开放以来的法治进程及中国法治新蓝图，阐明法治是现代政治文明的核心，是实现中华民族伟大复兴的必然选择。

2. 本框内容：本课时包含两个重要内容。一是"选择法治道路"，即法治的内涵和价值，理解坚持走中国特色社会主义法治道路是实现中华民族伟大复兴的必然选择；二是"描绘法治蓝图"，即党的十一届三中全会以来我国法治建设的进程、取得的历史成就，全面依法治国是中国特色社会主义的本质要求和主要保障。

## 三、学情分析

1. 知识基础：本框教学对象为九年级学生。经过八年级的学习，学生已经初步了解个人成长和参与社会生活必备的基本法律常识，初步具备运用法律知识辨别是非、依法维护自身合法权益、参与社会生活的能力。法治作为社会主义核心价值观的重要内容，学生对其缺乏系统认识。

2. 心智特征：进入九年级，学生感受、认识和参与公共生活的范围不断扩展，学生思维水平快速提升，思维开始由"经验型"向"理论型"转化，对国民身份认同的心理需求日益凸显。

## 四、学习目标

1. 通过环节一新闻资料，展示"人脸识别"的使用所引发的法律纠纷，讨论用什么方式能有效规范人脸识别的使用，感受法治的内涵及意义，提升学生的公共参与意识与法治素养。

2. 通过环节二参与探究张先生的维权过程，以学生分享课前搜集的相关法律条文作为支撑，全面客观地了解法治的要求，通过人治思维与法治思维的比较，论证法治是中国的必然选择，提升学生政治认同与法治观念。

3. 通过环节三阅读中国法治进程的文字材料，知道全面推进依法治国的总目标。提取视频中的关键信息，从立法、执法、司法、守法不同层面进行分析，感受法治中国的进步离不开全社会每一个人的参与，提升学生法治观念与责任意识。

**五、评价任务**

1. 通过"刷脸进小区引发纠纷"案例介绍，能够多角度（个人隐私、公共安全等）分析由此造成的侵权问题，体会法治在社会生活中的作用，认同中国特色社会主义法治观。（针对学习目标1）

2. 通过参与探究张先生的维权过程，能够正确分析日常生活中的法治现象，明辨社会生活中的法治行为，总结出良法善治的法治要求，践行法治精神。（针对学习目标2）

3. 通过阅读文本和视频材料，提取关键信息，能够从立法、执法、司法、守法不同层面进行分析，坚定走中国特色社会主义法治道路的理念。（针对学习目标3）

**六、教学重难点**

教学重点：选择法治道路。

教学难点：绘制法治蓝图。

**七、设计思路**

设计说明：

助力核心素养生长的课堂离不开结构化的情境、活动型的任务、序列化的知识。其中，任务线是素养生长的活动主线，知识线是素养生长的理论辅线，情境线是素养生长的生活辅线，三线合一，形成指向学科核心素养的"金字塔"架构。

本课以"'刷脸时代'，如何保护公民合法权利？——从依法规范'人脸识别'系统的使用看中国法治道路的发展"为主题，创设"'刷脸'引纠纷、'护脸'维权益、'透脸'看进步"一系列结构化情境，呈现"刷脸时代"新科技在生活中从广泛运用、引发争议，到制定法律边界、依法治理完善的探究过程；学生通过课前调查、小组探究等活动，为张先生的维权出谋划策，生成"全面依法治国"的核心知识；整堂课的探究层层递进，引导学生在理解依法治国基本方略的过程中，提升关键能力和必备品格，厚植核心素养。

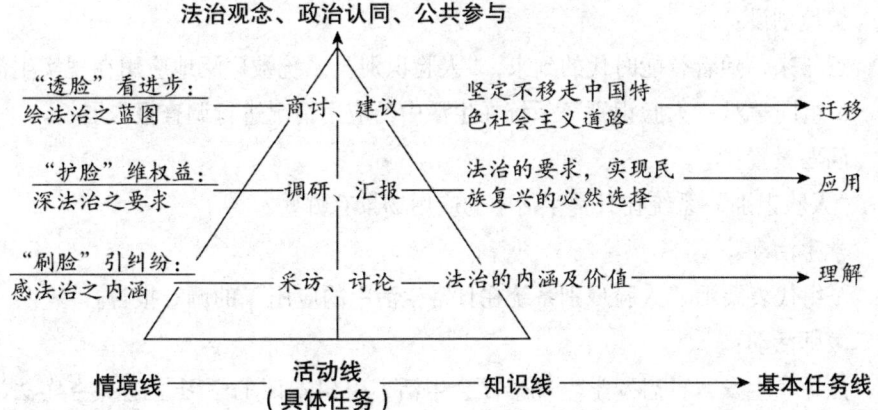

## 八、方法与策略

1. 以真实情境为主线，以问题设置为导向。结合学生生活真实情境，通过创设恰当的情境，设计有导向性的问题，让课堂教学的思路更集中、更深入，提高课堂教学及学生学习的有效性。设计问题时充分考虑学情、知识特点、课堂预设等问题，更多地关注学生接受能力，体现"以学生为中心"。

2. 以学科知识为基础，以素养落地为目标。本节课把道德与法治小课堂同社会大课堂结合起来，在法治观念和社会实践结合中，引导学生把法治思想落实到实际行动中，使其明确法治的含义及意义，树立法治观念，知行合一，在建设法治中国的道路中，勇担责任，明法笃行，从而形成法治素养。

## 九、资源与工具

1. 硬件：稿纸、多媒体工具、不同调查小组的座签。
2. 软件：视频《朝闻天下——不刷脸不让进小区》《人脸识别助力整治行人闯红灯》。

## 十、教学过程

### "刷脸时代",如何保护公民合法权利?
——从依法规范"人脸识别"系统的使用看中国法治道路的发展

### 导入新课

**情境创设:**

近年来,随着智能时代的到来,"人脸识别"系统被广泛地应用在现实生活中。A组同学对"人脸识别"系统在生活中的应用情况进行调查报告展示。

**问题设置:**

"人脸识别"系统在日常生活中的应用场景有哪些?

**学生活动:**

A组代表展示"人脸识别系统在日常生活中的应用"的调查报告。

**教师活动:**

点评学生发言,启发学生观察社会生活,引出本课的学习主题"夯实法治基础"。

**活动意图说明:**

导入环节在本课知识与社会热点问题的结合中寻找学生感兴趣的项目话题,意在激发学生学习的内驱力。选择贴近学生生活的问题顺势导入课题。通过让学生亲身调查人脸识别系统在日常生活中的运用现状,培养学生关注社会的意识。

### 讲授新课

**环节一:"刷脸"引纠纷——感受法治之内涵**

**情境创设:**

B组学生播报新闻,央视新闻《朝闻天下》栏目报告了江苏某小区"不刷脸不让进小区"引发物业服务合同纠纷,业主张先生和物管对将"人脸识别"作为进入小区唯一凭证发生争执,双方各执一词,难以达成一致。

**问题设置:**

(1)人脸识别系统作为出入小区的唯一凭证是否合法,可能会造成业主哪些合法权利的受损?

(2)你觉得用什么方式能有效规范人脸识别的使用?

**学生活动:**

B组学生对该新闻的基本情况进行通报,介绍该事件引发的物业方和业主方不同的观点,其余同学根据新闻通报,针对问题进行小组探究。

活动要求：

①小组分工合作，完成新闻描述和分析并制作 PPT 进行展示。

②其他同学以小组为单位，讨论问题，作出回答。

教师活动：

借助"不刷脸不让进小区"引发的物业服务合同纠纷案件，揭示社会生活中需要法治维护公民权利和社会秩序。

活动意图说明：

此环节是借助人脸识别系统的新闻，展示人脸识别广泛运用中所产生的个人信息安全等问题，促使学生辩证看待生活中的问题，知道用法律的方式解决生活中的矛盾已经成为大家的共识，通过体验感受到法治的内涵和意义。

**环节二："护脸"维权益——探法治之要求**

情境创设1：

法律小顾问：

针对张先生的烦恼，为他提供相关的法律支持与物业进行协商维权。

C组学生呈现《中华人民共和国民法典》相关规定，自然人的个人信息受法律保护，同时将生物识别信息列举为个人信息。民法典第一千零三十五条规定，处理个人信息的，应当遵循合法、正当、必要原则，不得过度处理，并符合下列条件：（一）征得该自然人或者其监护人同意，但是法律、行政法规另有规定的除外；（二）公开处理信息的规则；（三）明示处理信息的目的、方式和范围；（四）不违反法律、行政法规的规定和双方的约定。

问题设置1：

《民法典》中的相关规定对规范人脸识别系统的使用，对个人、社会、国家有何积极意义？

学生活动1：

C组学生扮演法律小顾问，呈现相关法律规定；其他学生根据呈现的法律规定进行小组讨论，呈现自己的观点。

活动要求：

①C组展示国家面对人脸信息技术广泛使用的问题，所成立的相关法律规定。

②小组制作分享PPT，推选出发言人进行讲解。

③其他同学以小组为单位，讨论问题，呈现观点。

教师活动1：

点评小组发言，总结法治的要求是实行良法之治。从发言中归纳良法的特征及意义。

情境创设2：

视频资料：

业主张先生依据法律规定再次找到物业协商，依旧未达成所愿。

问题设置2：

人脸识别系统的规范使用"需要良法"？"不只需要良法"？

学生活动2：

小组讨论、辩论，并展示观点。

教师活动2：

引导学生通过讨论和辨析厘清"法制"与"法治"的区别，知道法治必须依据法律进行治理。

情境创设3：

播放视频，张先生依法对物业进行起诉，在当地法官实地查勘后，根据《最高人民法院关于审理使用人脸识别技术处理个人信息相关民事案件适用法律若干问题的规定》以及《民法典》的相关法律规定，判决张先生胜诉，要求物业管理方同意业主出入小区可以自愿选择门禁卡、手机或人脸识别的方式。

问题设置3：

张先生维权的成功，是如何体现良法善治的？

学生活动3：

学生从不同层面分析讨论，归纳实现良法善治的要求。

教师活动3：

归纳学生观点，总结良法和善治不可分割，良法是善治的前提、善治是良法的保障，二者的有机结合才是法治。

情境创设4：

古今对比："人治思维"与"法治思维"。

| 不同处 | 人治思维 | 法治思维 |
| --- | --- | --- |
| 治理依据 | 人高于法　权高于法 | 法律是治国理政的基本依据 |
| 治理方式 | 漠视规则的普遍适用性，按照个人意志和感情进行治理，具有极大的任意性和非理性 | 坚持法律面前人人平等原则，具有稳定性和一贯性 |
| 权威依据 | 奉个人意志为最高权威 | 以法律为最高权威 |

问题设置 4：

如果回到古代，张先生的个人维权会成功吗，说出你的理由。结合所学，分析法治的作用/价值？

学生活动 4：

小组合作探究，学生通过学习人治思维与法治思维的不同，推理古代公民维权的可能性，并给出判断理由，分析法治的作用或价值。

教师活动 4：

点评学生的讨论结果，总结中国特色社会主义现代化建设选择法治道路的必然性及意义。

活动意图说明：

此环节是教学的重点环节。以"业主张先生的维权过程"为线索，分析讨论，逐步深入，感受公民与法治的关系，知道法治需要良法与善治相结合，通过人治思维和法治思维的对比，增强选择法治道路的坚定性，明确走法治道路是实现中华民族伟大复兴的必然选择，培养学生解决问题的能力和法治观念。

环节三："透脸"看进步——绘法治之蓝图

情境创设 1：

阅读教材第 48 页相关链接："改革开放以来的法治进程"，完成进程展示图表。

改革开放以来的法治进程

| 提出"有法可依、有法必依、执法必严、违法必究" | 提出依法治国，建设社会主义法治国家 | 提出加快建设社会主义法治国家 | 形成中国特色社会主义法律体系 | 提出全面推进依法治国 | 要求坚持全面推进依法治国 | 《中华人民共和国民法典》公布，开创了我国法典编纂立法的先河 | 首次提出并用"十一个坚持"系统阐述了习近平法治思想 | 全面依法治国总体格局基本形成，对"坚持全面依法治国，推进法治中国建设"进行专章部署 |
|---|---|---|---|---|---|---|---|---|
| 1978年 | 1997年 | 2007年 | 2010年 | 2012年 | 2017年 | 2020年 | 2020年 | 2022年 |
| 党的十一届三中全会 | 党的十五大 | 党的十七大 | | 党的十八大 | 党的十九大 | 中央全面依法治国工作会议 | | 党的二十大 |

问题设置 1：

完成改革开放以来的法治进程图，寻找其中的"变"与"不变"。

学生活动 1：

阅读教材相关资料，补充完成改革开放以来的法治进程，小组讨论归纳其中的"变"与"不变"。

教师活动 1：

引导学生了解党的十一届三中全会以来，我国法治建设的进程、取得的历史性成就，最终明确了"全面推进依法治国的总目标是建设中国特色社会主义法治体系，建设社会主义法治国家"，为我国法治建设描绘了壮丽的蓝图。

情境创设2：

图片资料

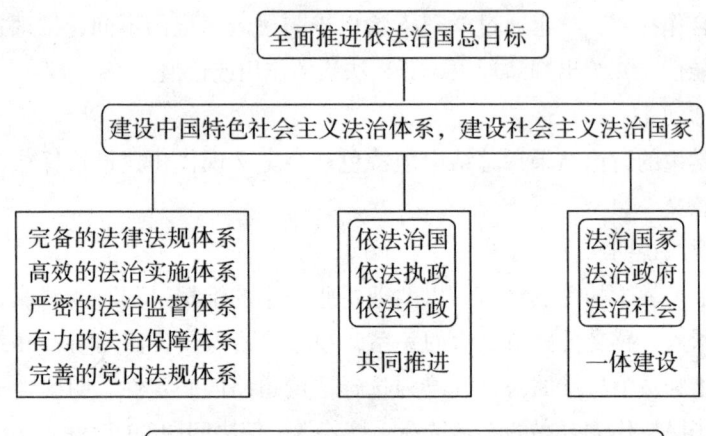

问题设置2：

国家依法使用人脸识别系统整治行人闯红灯，是否正体现了国家法治建设的题中之义呢？要使立法符合民意、科学公正、严格落实，那么我们每个公民又当如何践行呢？

学生活动2：

小组探究与分享，从科学立法、严格执法、公正司法、全民守法的角度理解建设法治中国的总要求。

教师活动2：

总结学生的讨论结果，强调建设法治中国的总要求就是，要努力使每一项立法都得到人民群众的普遍拥护，使每一部法律都严格执行，使每一个司法案件都体现公平正义，使每一位公民都成为法治的忠实崇尚者、自觉遵守者和坚定捍卫者！

活动意图说明：

通过本环节设置，使学生从感性认识上升到理性认识，并用理性认识指导生活实践，从深层次理解国家法治建设历程，提升国家认同感和公民法治意识。

**结束新课**

情境创设:

视频资料:

播放视频:《习近平法治思想推动法治中国建设开创新局面》。

文字资料:

习近平在十八届四中全会第二次全体会议上强调:"全面推进依法治国,必须走对路。如果路走错了,南辕北辙了,那再提什么要求和举措也都没有意义了。全会决定有一条贯穿全篇的红线,这就是坚持和拓展中国特色社会主义法治道路。"

结语:

通过本节课的学习,同学们通过人脸识别系统使用的案例分析,对法治中国建设道路的探索有了初步认识。法治建设任重道远,绝不仅仅局限在人脸识别一个视角。随着社会的发展,中国要坚定不移地走社会主义法治道路,坚持党的领导、人民当家作主、依法治国有机统一,在法治中国的道路上实现中华民族伟大复兴。

**十一、板书设计**

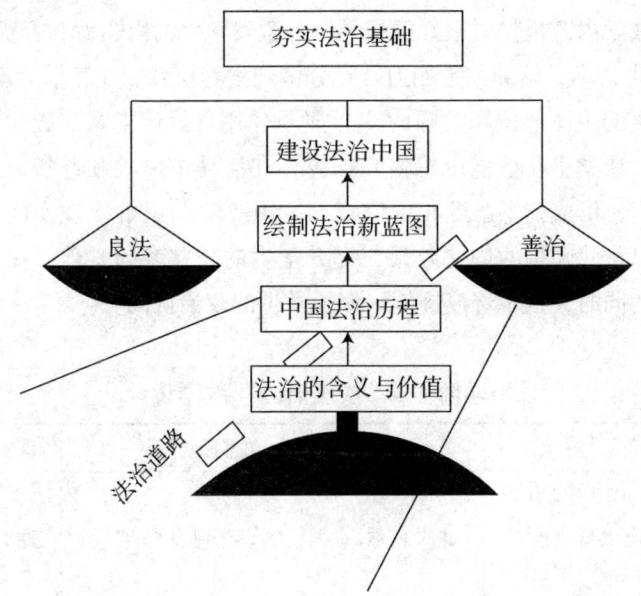

## 十二、作业设计

拓展空间：

社会主义市场经济本质上是法治经济。

- 我国宪法规定："国家实行社会主义市场经济。"
- 保护市场主体的法律：民法典、劳动法、公司法……
- 维护市场经济秩序的法律：反垄断法、反不正当竞争法、消费者权益保护法、广告法……

查找资料，说一说保障社会主义市场经济的法律还有哪些。制作一份"法治与市场经济"的手抄报，在学校或班级的"法治长廊"中展示。

## 十三、教学反思

1. 从学生的生活出发，为抽象的内容找到落脚点。教学设计准确把握课程性质，全面落实课程目标，创造性地使用教材，坚持"教学内容生活化、教学设计活动化"的原则，通过联系社会生活中鲜活的典型案例，以及学生的生活实际，使学生直观感受我国的法治进程和走法治道路的必要性，引导学生明确什么是法治，探究为什么走法治道路和怎样走法治道路。这种教学设计为学生理解抽象的教学内容提供了很好的指导，对激发学生的内驱力有着积极的影响。

2. 以学生为本，培养关键能力，充分体现素养培育。在教学活动的开展中，充分发挥学生的主体地位和教师的"导演"作用。设计丰富的教学情境和多元开放的活动，让学生在情境中感悟和探究，在活动中体验和升华，从而获得知识，培养能力，形成情感态度和价值观，运用所学知识解决现实问题，进而达到学以致用、自我建构的内化效果，提升学生的公共参与素养。在充分落实法治观念培育的同时，也不着痕迹地培育了学生的政治认同。

### 【小学阶段】"依法治国"教学设计

| 学科 | 道德与法治 | 单元名称 | 我们是公民 | 课型 | 新授课 |
|---|---|---|---|---|---|
| 教材 | （2019年版）《道德与法治》六年级上册 | 课时名称 | 认识居民身份证 | 课时 | 1课时 |
| 总领：党的二十大报告关于依法治国的表述 ||||||

续表

| 学科 | 道德与法治 | 单元名称 | 我们是公民 | 课型 | 新授课 |
|---|---|---|---|---|---|
| 党的二十大中23次提到"法治",其中强调"全面依法治国是国家治理的一场深刻革命,关系党执政兴国,关系人民幸福安康,关系党和国家长治久安。必须更好发挥法治固根本、稳预期、利长远的保障作用,在法治轨道上全面建设社会主义现代化国家。" | | | | | |

## 一、课标要求

《义务教育道德与法治课程标准(2022版)》(以下简称"新课标")对本课时的基本要求如下:

1. 内容要求:了解公民的内涵、公民的权利和义务,树立法律面前人人平等的观念。

2. 教学提示:结合真实案例,了解公民的权利和义务;通过角色扮演,学习行使公民权利,履行公民义务的方式和途径。

## 二、教材分析

本课内容选自六年级上册第二单元"我们是公民"这一主题中的第3课"公民意味着什么"。这一课共分三课时,本节课属于第二课时"认识居民身份证",本话题旨在引导学生认识身份证上的信息,了解身份证的用处,学会正确使用身份证。认识身份证的重要性,学习妥善保管身份证。此外本话题还设置了查验身份证的内容,引导学生了解相关知识,在现实生活中依法配合国家机关工作人员履职。

本课时教学设计:身份证记载的信息——身份证的用处——如何保护个人身份信息。第一个教学环节向学生展示身份证正反面记载的身份信息;第二个教学环节请学生列举身份证的用处;第三个教学环节请学生列举在日常生活中个人身份信息被泄露不当使用的经历及案例,告诫学生注意保护个人身份信息。

## 三、学情分析

身份证虽是生活中使用频率较高的一种证件,但对于正在上小学的孩子来说,他们独立使用身份证的机会并不多。他们对于身份证的用途了解得较多,但对身份证上的具体信息了解不清楚,而且由于许多学生是独生子女,家长们的保护意识强,致使孩子们的法治意识、防范意识较为薄弱。本课时设计旨在通过视频、图片等方式的呈现,提高学生的法治意识和对个人身份信息的保护意识。

### 四、学习目标

1. 了解居民身份证正反面信息、身份证号码中各部分数字的意义、身份证的用途以及使用身份证注意的问题。

2. 了解居民身份证的正反面信息、用途；能够正确使用身份证。

3. 向学生渗透法治教育，让学生意识到身份证的重要性，要妥善保管身份证，不能轻易借给别人。遇到警察查验身份，积极配合是我们应尽的义务。

### 五、评价任务

1. 通过合作探究了解居民身份证正反面信息、身份证号码中各部分数字的意义、身份证的用途以及使用身份证应注意的问题。（针对学习目标1）

2. 结合生活中的真实案例，说出居民身份证的正反面信息、用途及作用。（针对学习目标2）

3. 学生能够在生活中有意识地保护个人身份信息。（针对学习目标3）

### 六、教学重难点

教学重点：了解居民身份证相关用途，学习如何保护居民身份信息。

教学难点：熟悉和保护身份信息，树立公民意识。

### 七、设计思路

本次教学围绕"探秘身份证"这一主题活动展开教学，设置了"探秘身份证记载的信息""探秘身份证的用途"和"解密如何保护个人身份信息"三个教学环节。课前通过游戏"你说我猜"，激发学生探秘身份密码的兴趣，再通过"找一找""想一想"等方式解密身份证正反面的信息、身份证号码的编码规律和身份证使用期限的设置规律，"探秘身份证记载的信息"。第二个环节将身份证与其他证件进行对比教学，发现其内在的联系，并结合学生课前的调查报告进行交流，解密身份证在生活中的重要作用。第三个环节选择了平时生活中较为常见的生活事件——"网上用身份证号码进行验证"，引发同学们的思考和讨论，在思辨中提高学生的自我防范意识，学会保护个人的身份信息。本课以学生核心素养生长的活动为主线，知识线是素养生长的理论辅线，情境线是素养生长的生活辅线，三线合一，形成指向学科核心素养的"金字塔"架构。

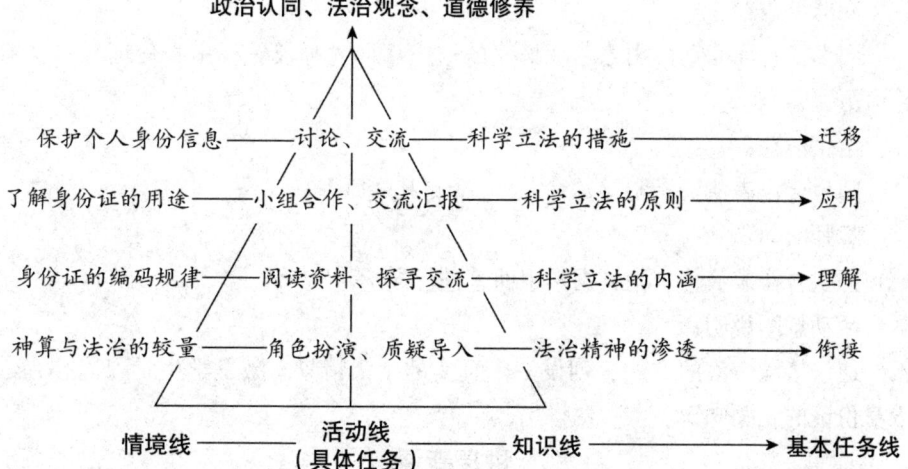

## 八、方法与策略

1. 优化议题情境，创设体验式氛围。围绕议题，创设情境，打造活动型课堂，让学生在真实情景中去体验、去感悟、去生成，落实核心素养，促进思想政治理论性与实践性相统一。

2. 精心设计问题，激发学习兴趣。巧设问题，用问题驱动学生深度思考，激发学生探究兴趣，提升关键能力，培养思维品质，体现老师主导性与学生主体性相统一。

3. 高效组织活动，打造交互式课堂。在课堂搭建活动平台，为师生、生生之间交流提供契机，在交互中提升能力，体现课程内容活动化与活动设计内容化相统一。

## 九、资源与工具

1. 硬件：情景剧的头饰，身份证信息调查表，小组合作练习单。
2. 软件：视频《如何保护身份证信息》。

## 十、教学过程

认识居民身份证
导入新课

情境创设：

师生合作表演情景剧《算命》。

问题设置：

同学们，你们觉得刚才老师扮演的这位算命大师仅凭一串身份证号码就能算命厉害吗？

学生活动：

师生合作表演情景剧《算命》，并猜测其中原理。

教师活动：

师生合作表演情景剧，据学生回答进行导学。

活动意图说明：

通过情境表演的方式，创设一个真实的生活情景，激发学生学习兴趣，融入身份证的相关知识。

## 讲授新课

**环节一：探寻身份证的奥秘**

情境创设1：

学生阅读材料一，认识身份证的正反面，并了解其包含的相关信息。

问题设置1：

身份证的正面、反面各是哪一张，身份证上都包含了哪些信息？

学生活动1：

学生阅读材料一，区分身份证的正反面，并请学生汇报身份证上都包含了哪些信息。

教师活动1：

所谓的天机就是身份证号码的编码规律。引导学生了解身份证的相关知识。

情境创设2：

学生阅读材料二，互助学习，探寻身份证编码的规律。

问题设置2：

居民身份证上有许多信息，哪个信息是独一无二、终身不变的？这个独一无二的身份信息又藏着什么秘密呢？

学生活动2：

学生阅读材料二，互助学习，探寻身份证编码的规律。并根据身份证号码排列组合的规律，引导学生现场记忆一下自己或亲人的身份证号码。

教师活动2：

结合手中材料引导学生探寻身份证编码规律。

情境创设3：

阅读教材第25页内容，了解身份证的使用期限。

问题设置3：

身份证为什么根据年龄的不同，制定出不同的使用年限呢？

学生活动3：阅读教材第25页内容，了解身份证使用的不同期限。利用我们找到的这把金钥匙，为材料三中弄混的身份证复印件配对，看哪两张才是同一张身份证。

教师活动3：身份证的使用期限与持有者年龄密切相关，分为5年、10年、20年和终身四种。

活动意图说明：

本环节采用"探秘身份证"为主要设计思路，通过"你说我猜""找一找""想一想""算一算"等多种学习方式为学生营造了一个自主探究、合作交流的空间，初步感知身份证号码中蕴含的个人身份信息，激起学生强烈的求知欲。再通过运用学到的身份证编码的规律"现场记忆自己或家人的身份证号码""为弄混的身份证复印件配对"等活动，让学生在运用所学知识解决实际问题的过程中感受乐趣。

**环节二：解密身份证的用处**

情境创设1：

对比观察，发现身份证与其他证件之间的关系。

问题设置1：

户口本、社保卡、驾驶证等，它们之间都有哪些联系？

学生活动1：

学生观察并思考，户口本、社保卡、驾驶证等，它们之间都有哪些联系？

教师活动1：

这几种证件上的名字和身份证号码一样。

（1）户口簿是证明户籍成员之间关系的。而身份证则是证明自己身份的。户口本跟身份证二者之间有联系，又可以独立使用。

（2）办理其他证件时都需要提供身份证件才能办理。

情境创设2：

通过材料四中的对比，了解身份证的用途。

问题设置2：

我们发现人们在办理结婚证、驾驶证、社保卡都要用到身份证，那你们知道除了这些，身份证的用途还有哪些吗？

学生活动2：

学生交流，应用领域应用企业之广泛。如买火车票、飞机票，寄包裹，结婚、买房，在电信营业厅办理业务，证券公司开销户，办理住房公积金、医疗保险、养老保险等。

教师活动2：

身份证在生活中的用途十分广泛，涉及生活的方方面面。

情境创设3：

行为辨析，强调身份证的重要性。你知道警察为什么要查验身份证吗？（抽生交流）

①核实是否本人使用；

②我们的很多信息都与身份证相关联，可以通过查验身份证了解本人的相关信息，便于业务办理和社会治安管理，保障公民的合法权益。

问题设置3：

警察在什么情况下可依法查验居民身份证呢？请学生阅读P27页的"知识窗"，寻找答案。

学生活动3：

阅读P27页的"知识窗"，了解警察在什么情况下可依法查验居民身份证。

教师活动3：

国家通过查验居民身份证，核实了我们中国公民的身份后，国家各机关部门将依法保障我们作为中国公民的各项权益，但权利与义务又是相对的。当警察基于履行职责的需要，依法有权查验居民身份证时，我们必须配合，这是我们作为公民的法定义务。

活动意图说明：

本环节通过引导学生发现身份证与其他证件之间的联系，将身份证的信息与其用途巧妙地联系起来，顺利过渡到"了解身份证的用处"这一环节。接下来结合学生在课前开展的社会调查中了解到的身份证的用途展开交流分享，让学生明白身份证在生活中起到的重要作用。然后再通过行为辨析，联系日常警察查验身份证信息这一职务行为，强化身份证的重要性，并给学生渗透法治教育：要配合警察查验身份，这是作为公民应尽的义务，否则会受到法律的制裁。最后让学生谈收获。通过本环节使学生对本课的知识形成一个全面完整的框架，促使学生养成良好的习惯，学会反思，走近生活。

**环节三：如何保护个人身份信息**

情境创设1：

播放视频"有效避免身份信息泄露"至"手机短信提示音"时暂停进行讨论，引导学生思考如何保护个人身份信息不泄露。

问题设置1：

同学们，于情，好哥们请帮忙，该帮，因为不帮肯定伤感情。可于理，身份证号码在网上进行验证这事能行吗？如果你是小丁，你该怎么办呢？请同学们思考，并在小组间展开辩论。

学生活动1：

小组间展开讨论：如果你是小丁，你该怎么办呢？

教师活动1：

组织开展班级辩论。

情境创设2：

教师继续播放视频了解保护个人信息的方法。

问题设置2：

那我们到底该如何保护个人的信息不泄露呢？请同学们结合P27页的"活动园"一起去了解一下。

学生活动2：

学生阅读P27页"活动园"，一起探索保护个人信息不泄露的方法。

教师活动2：

教师视频补充。是的，除了书中的方法，警察叔叔同时提醒我们还应该注意这些。

情境创设3：

出示二十大精神节选：

"我们将坚持全面依法治国，推进法治中国建设。"

"全面依法治国是国家治理的一场深刻革命，关系党执政兴国，关系人民幸福安康，关系党和国家长治久安。"

问题设置3：

结合课前了解的时事和历史事件，说说你对以上内容的理解。

学生活动3：

学生朗读二十大有关依法治国相关内容，并初步说说自己的看法。

教师活动3：

点拨指导，提升学生法治意识。

活动设计意图：

通过创设情境，代入角色，引导学生思考该如何处理生活中出现的可能导致信息泄露的情况，并通过辩论、视频引导等方式，渗透《中华人民共和国居民身份证法》和党的二十大关于依法治国的相关论述。引导学生做一名知法、守法的合法小公民，并培养他们在日常生活中运用法律保护自身合法权益的法治意识。在新课学习结束后，引导学生思考如何处理课前收集的身份证信息资料，既妥善处理好了学生及其家人的身份信息，避免信息的泄露，同时也是对所学知识的拓展延伸和学以致用。

### 结束新课

情境创设：

同学们，通过今天这堂课的学习，同学们已经了解了身份证的相关信息、身份证的用途，以及如何保护身份信息不泄露的一些方法。现在老师就来考考大家，课前老师让同学们收集了你和家人的身份证信息，避免被不法分子冒用，现在我们可以怎么处理？

结语：

运用儿歌对所学知识进行总结："小小身份证，信息含量多。使用范围广，泄露需预防。"

活动意图说明：

在新课学习结束后，引导学生思考如何处理课前收集的身份证信息资料，既妥善处理好了学生及其家人的身份信息，避免信息的泄露，同时也是对所学知识的拓展延伸和当堂检测。

## 十一、板书设计

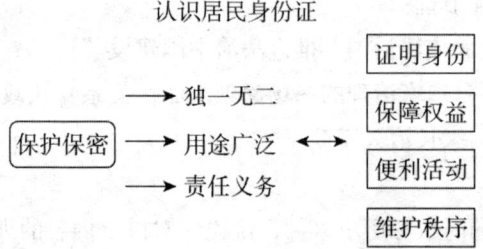

## 十二、作业设计

实践题：我是身份信息安全官。

请你运用本堂课中所学知识，帮助家人完成个人身份信息泄露风险自查，帮助家人提高自我防范意识。

| 我是身份信息安全官 | 自查时间 | — | 自查地点 | — |
|---|---|---|---|---|
| | 自查对象 | — | 风险等级 | ☆ ☆ ☆ |
| | 自查项目 | 1.<br>2.<br>…… | 改进措施 | 1.<br>2.<br>…… |

**十三、教学反思**

1. 本课属于六年级上册法治专册中的一部分内容,法治专册的内容相较于其他年级的教学内容来说,稍显枯燥,因此应尽量采用活动串联的方式进行教学,将知识的传授融入活动之中,寓教于乐。

2. 六年级学生的自主意识逐渐强烈,喜欢用批判的眼光看待其他事物。通过查找问题、找不同之处等方式,调动了学生的学习积极性,同时发展了学生的逻辑思维能力。

## 第四节 "社会主义核心价值观"大中小学教学设计

### 【大学阶段】"社会主义核心价值观"教学设计

| 学科 | 思想政治 | 章节名称 | 全体人民共同的价值追求 | 课型 | 新授课 |
|---|---|---|---|---|---|
| 教材 | (2023年版)大学《思想道德与法治》 | 课时名称 | 价值观与社会主义核心价值观 | 课时 | 1课时 |
| 总领:党的二十大报告关于社会主义核心价值观的表述 ||||||
| 党的二十大报告提出:"广泛践行社会主义核心价值观。""用社会主义核心价值观铸魂育人,完善思想政治工作体系,推进大中小学思想政治教育一体化建设。" ||||||

## 一、教学要求

根据党的二十大精神与教材内容提出如下教学要求：

1. 内容要求：讲清社会主义核心价值观的基本内涵，即什么是社会主义核心价值观；讲清践行社会主义核心价值观的文化渊源、理论逻辑。

2. 教学提示：可建议学生围绕教学内容提前查阅党的二十大报告及相关文献，并进行简要梳理。

## 二、教材分析

1. 本框地位：本内容选自大学一年级《思想道德与法治》第四章"明确价值要求　践行价值准则"第一节"全体人民共同的价值追求"。社会主义核心观是大学生必须培育的基本思想道德素质，因此社会主义核心观教学在整个大学思政课和整本教材中十分重要；另外，从本讲内容在本章节中的地位来看，它属于理论基础，即旨在向学生从理论上讲透彻什么是社会主义核心价值观、为什么要践行社会主义核心价值观。

2. 本框内容：本课时包含两个内容。一是讨论什么是价值观和社会主义核心价值观；二是讨论为什么要践行社会主义核心价值观。

## 三、学情分析

1. 知识基础：本框教学对象为大一学生。2006年10月，党的十六届六中全会第一次明确提出了"建设社会主义核心价值体系"的重大命题和战略任务，明确提出社会主义核心价值观是社会主义核心价值体系的内核。学生应该从小学开始就对社会主义核心价值观有所了解，在小学、初中的思政课中也学习了部分具体要求，在高中思政课《文化生活》教材"发展中国特色社会主义文化"单元专门讲了"培育和践行社会主义核心价值观"。应该说学生对社会主义核心价值观的重要性和主要内容已有了一定的认识和了解，但学生对什么是社会主义核心价值观、为什么要践行社会主义核心价值观的理解还不深。

2. 心智特征：经过小学6年、中学6年的学习成长特别是3年高中学习，大一学生的心智已经有了很大发展，具体表现在认识问题更加全面、更加深刻，抽象思维能力更强。但与此同时，他们接触的信息大多是"二手"的，对社会的直接认知还不深；另外，他们对马克思主义理论的学习还是碎片化的、浅层次的，用马克思主义立场、观点、方法分析问题、解决问题的能力还不足。

### 四、学习目标

1. 通过课前研讨、课堂讨论与课后研讨，引导学生深刻把握"价值观""核心价值观""社会主义核心价值观"的理论内涵及其内在理论逻辑，有机融入马克思主义经典理论与习近平新时代中国特色社会主义思想，切实提升学生马克思主义理论水平以及学生对社会主义核心价值观的理论认同。

2. 通过典型情景设置，组织学生开展课堂交流，引导学生深刻感受社会主义核心价值观的道德力量，促进学生产生践行社会主义核心价值观的内在动力，切实提升学生对社会主义核心价值观的情感认同。

3. 通过价值观的影响因素及社会主义核心价值观与国家、民族、人民、政党之间的内在关系的研讨，引导学生深刻认识社会主义核心价值观具有鲜明的时代性、民族性、阶级性，是全体人民共同的价值追求，是中国共产党执政理念的生动体现，切实增强学生"四个自信"，切实提升学生对社会主义核心价值观的政治认同。

### 五、评价任务

1. 观察学生课堂表情。注意观察学生在情景展示时的表情，评价相关情景对学生的道德感召力以及学生对社会主义核心价值观的情感认同度。

2. 研判学生课堂表现。注意对学生在课堂讨论、交流环节的实际表现进行分析、研判，评价学生马克思主义理论知识基础以及运用马克思主义世界观、方法论分析问题、解决问题的能力，同时评价学生对社会主义核心价值观的理论认同度。

3. 批改学生课后论文。注意加强对学生课后论文的批改，评价学生对社会主义核心价值观的基本理论的掌握程度以及对社会主义核心价值观的政治认同程度。

### 六、教学重难点

教学重点：教育引导学生深刻理解为什么要提出和捍卫社会主义核心价值观，为什么要践行社会主义核心价值观。

教学难点：教育引导学生深刻理解什么是价值观和社会主义核心价值观。

## 七、设计思路

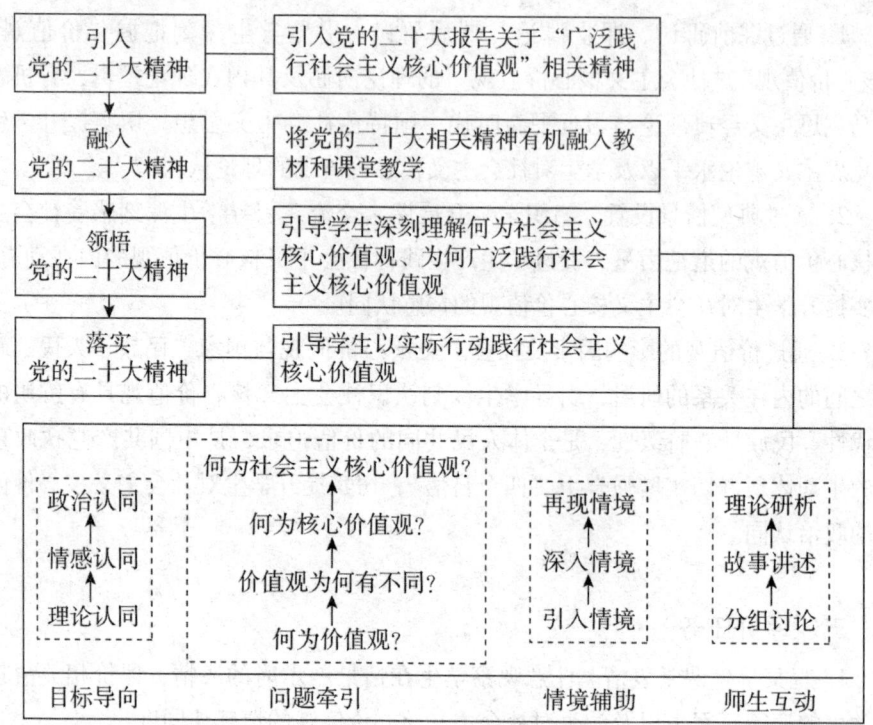

## 八、方法与策略

1. 精心设计情境，注重案例教学。根据总体教学目标，精心设计每一个环节的教学情境，通过一个个生动的案例，引发学生对相关理论问题的直观感知、情感共鸣。

2. 精心设计问题，注重启发教学。根据总体教学目标，精心设计每一个环节的问题，努力做到由浅入深、由具体到一般，引发学生对相关理论问题的深刻感知、深入思考。

3. 精心组织讨论，注重互动教学。根据总体教学目标，组织学生紧紧围绕设计的问题，开展分组讨论、课堂交流、理论辨析，引导学生对相关理论问题深刻理解、全面准确把握。

## 九、资源与工具

1. 硬件：多媒体教室、移动式课桌、互联网系统。

2. 软件：视频文件《2020 感动中国—张桂梅》；音频文件《双节棍》（演唱者：周杰伦）；文字材料《泰坦尼克号沉没的故事》《荷兰"马车夫"的诚信故事》《最美逆行者》。

## 十、教学过程

### 导入新课

**情境创设：**

·视频材料：《汪勇：义务送医护人员下班的"生命的摆渡人"》。

·文字材料：

有这样一位青年，曾是武汉的一名"快递小哥"。2020 年，在武汉新冠疫情最严重的时候，率先并组织志愿者队伍免费接送金银潭医护人员上下班，解决了医护人员急需的吃饭、出行等问题。他的志愿行为得到上级嘉奖、社会赞赏，被公司破格提升三级，从一名"快递小哥"升为分公司经理，同时被共青团中央授予"中国青年五四奖章"，入选了"感动中国 2020 年度人物"。

**问题设置：**

是什么力量激励汪勇做出这样的选择？

**学生活动：**

观看视频，联系自己的所为、所见、所闻、所感，积极回答教师问题，充分感受汪勇给我们带来的道德力量。

**教师引导：**

汪勇的力量：爱国的力量、敬业的力量、友善的力量等，这些都是社会主义核心价值观的力量。

**追问：** 什么是价值观？什么又是核心价值观？

**导入新课：**

全体人民共同的价值追求，即价值观与核心价值观。

**活动意图说明：**

引导学生直接感受到社会主义核心价值观是什么以及社会主义核心价值观的重要性。

### 讲授新课

**环节一：何为价值观？**

**情境创设：**

播放音乐音频《双节棍》片段，30 秒。

90后:"周杰伦的音乐总是清新前卫,每一首歌都是新的突破。"

80后:"周杰伦的歌给了我很多启发,他的音乐不仅仅是一首歌,而是一种生活方式。"

70后:"周杰伦,歌词单调,哼哼哈哈,吐词不清,语焉不详,很难听懂几句。"

60后:"我不知道80后、90后为什么喜欢周杰伦的歌。"

问题设置:

同学们喜欢周杰伦的歌吗?

为什么有很多人喜欢周杰伦的歌,为什么也有很多人不喜欢周杰伦的歌?

为什么同一事物有的人很喜欢,有的人不喜欢?

学生活动:

(1)分组讨论(分3组):

为什么同一事物有的人很喜欢,有的人不喜欢?请结合周杰伦案例以及搜集生活中的典型案例进行解释。(时间:5分钟)

(2)课堂交流:

每一个组选派一位代表交流讨论情况。(每组1分钟)

教师引导:

(1)一个人认为什么是美的、什么是不美的,什么是好的、什么是不好的,什么是值得做的、什么是不值得做的,其核心影响因素是价值观。价值观不一样,人们的判断和选择也不一样。《1844年经济学哲学手稿》中,马克思提出过一个著名的论断:"对于没有音乐感的耳朵来说,最美的音乐也毫无意义。"

(2)价值观是人们作出美与丑、善与恶、好与坏、是与非等价值评价所遵循的基本原则(知识、情感与道德等主观原则),不是价值评价本身。

(3)从哲学视角看,价值观反映的是主体与客体之间的意义关系,是客体价值在主体中进行反映的"标尺""镜子"。同一事物,可能在不同人的主观世界中有不同的"标尺""镜子",因此最后呈现出来的对该事物价值的评价就是不一样的。

活动意图说明:

此环节旨在从现象入手、从个例入手,发挥学生主体、教师主导作用,教育引导学生从现象到本质、从个体到一般,深刻把握价值观的科学内涵。

**环节二:价值观为何有不同?**

情境创设:

在泰坦尼克号沉没之际,许多人面临着生死抉择。其中,斯特劳斯夫妇表现出了对彼此不离不弃的深情。当船身倾斜，救生艇不足时，身为百万富翁的斯特劳斯先生拒绝了登上救生艇的机会，坚持让妻子先行。而斯特劳斯夫人也不愿独自离开，紧紧地陪伴在丈夫身边。最终，他们一起葬身大海，用生命诠释了对家人的守护和爱情的忠贞。

与之形成鲜明对比的是，船上有部分乘客在慌乱中只想着自己逃生，全然不顾他人死活。他们不顾船员维持秩序的呼喊，拼命地挤向有限的救生艇，甚至不惜与妇女儿童争抢位置，只为了能让自己获得一线生机，将自己的生命健康置于首位，而放弃了道德和责任。

问题设置：

为什么不同的人有不同的价值观？

学生活动：

结合课前教材预习、文献学习和小组讨论任务，请各小组同学进行课堂交流：为什么不同的人有不同的价值观？或者说影响价值观的因素有哪些？（每组3分钟）

教师引导：

影响价值观的因素有很多：

①价值观有时代的烙印，反映着特定的时代特点与时代精神。在《新莱茵报·政治经济评论》第2期书评中，马克思、恩格斯曾讲："随着每一次社会秩序的巨大历史变革，人们的观点和观念也会发生变革。"

②价值观有民族的烙印，反映着民族特点与民族精神。在2014年文艺工作座谈会上，习近平总书记讲："核心价值观是一个民族赖以维系的精神纽带，是一个国家共同的思想道德基础。如果没有共同的核心价值观，一个民族、一个国家就会魂无定所、行无依归。为什么中华民族能够在几千年的历史长河中生生不息、薪火相传、顽强发展呢？很重要的一个原因就是中华民族有一脉相承的精神追求、精神特质、精神脉络。"

③价值观有阶级或阶层烙印，反映着阶级或阶层的特点与利益。在《德意志意识形态》中，马克思、恩格斯认为："统治阶级的思想在每一个时代都是占统治地位的思想。这就是说，一个阶级是社会上占统治地位的物质力量，同时也是社会上占统治地位的精神力量。"

④价值观还与个人的家庭环境、教育经历、文化素养、道德素养等有直接关系。

活动意图说明：

此问题是教学的重点和难点环节。本环节仍然从具体案例入手，特别运用了一组对比强烈的案例，引导学生深入思考、产生情感共鸣，同时结合学生课前教材预习、文献学习和小组讨论情况进行课堂交流，再加之教师的理论引导，有利于学生进一步把握价值观形成背后的内在逻辑。

**环节三：何为核心价值观？**

情境创设：

文字材料：

清代（康熙年间）文华殿大学士兼礼部尚书张英的老家人与邻居吴家在宅基的问题上发生了争执，两家大院的宅地都是祖上的产业，时间久远了，本来就是一笔糊涂账。两家的争执顿起，公说公有理，婆说婆有理，谁也不肯相让一丝一毫。由于牵涉到尚书大人，官府和旁人都不愿惹是生非，纠纷越闹越大，张家人只好把这件事告诉张英。家人飞书京城，让张英打招呼"摆平"吴家。

张英大人阅过来信，只是释然一笑，旁边的人面面相觑，感到莫名其妙。只见张大人挥起大笔，一首诗一挥而就。诗曰："一纸书来只为墙，让他三尺又何妨。长城万里今犹在，不见当年秦始皇。"张大人将书信交给来人，命快速带回老家。家里人一见书信回来，喜不自禁，以为张英一定有一个强硬的办法，或者有一条锦囊妙计，但家人看到的是一首打油诗，败兴得很。后来一合计，确实也只有"让"这唯一的办法，房地产是很可贵的家产，但争之不来，不如让三尺看看。于是立即动员将垣墙拆让三尺，大家交口称赞张英和他家人的旷达态度。张英的行为正应了那句古话："宰相肚里能撑船。"尚书一家的忍让行为，感动得邻居一家人热泪盈眶，全家一致同意也把围墙向后退三尺。两家人的争端很快平息了，两家之间，空了一条巷子，有六尺宽，有张家的一半，也有吴家的一半，这条几十丈长的巷子虽短，留给人们的思索却很长。于是两家的院墙之间有一条宽六尺的巷子。村民们可以由此自由通过。六尺巷由此得名。

问题设置：

何为核心价值观？

学生活动：

（1）分组讨论（分3组）：

请学生结合"六尺巷"的故事以及自己了解的生活中的典型案例进行解释。（时间：3分钟）

（2）课堂交流：

每一个组选派一位代表交流讨论情况。（每组1分钟）

教师引导：

（3）每个人或每一个人类群体（组织或国家）都有很多不同的价值观，其中有一些价值观对其个人或群体而言,是重要的,有些却是十分重要的。十分重要的价值观就是价值观的核心,即核心价值观。

①核心价值观是不易改变的。
②核心价值观是不能伤害的。
③共同的核心价值观对于一个组织、一个国家、一个民族尤为重要,是维系一个组织、一个国家、一个民族的精神纽带,是推动一个组织、一个国家、一个民族不断发展的核心动力。

活动意图说明:

通过典型案例呈现、分组讨论与教师引导,促进学生深刻理解"价值观"与"核心价值观"的区别,深刻理解"核心价值观"的含义及其对一个组织、一个国家、一个民族的意义。

**环节四:何为社会主义核心价值观?**

情境创设:

观看视频:纪录片《2020感动中国—张桂梅》

文字材料1:

张桂梅,女,满族,1957年6月出生,党员,云南省丽江华坪女子高级中学党支部书记、校长,华坪县儿童福利院院长。曾荣获"时代楷模""全国优秀共产党员""全国先进工作者""全国师德标兵""全国最美乡村教师""全国脱贫攻坚楷模""感动2020年度人物"等荣誉称号。

张桂梅没有房子、没有财产,她30年如一日投入教书育人的平凡事业中,无私奉献,把崇高的人生价值追求铭刻在了平凡的工作岗位和繁琐的工作中。她长期坚守贫困山区,坚守自己的岗位,坚守自己的信念,创造了大山里的"教育奇迹"。

文字材料2:

2008年5月12日,四川汶川发生了一场特大地震,夺走了无数人的生命,但震后13分钟,我们的党和政府就做出反应,紧急调遣军队前往灾区救险,仅仅几日灾区就集结了14.6万子弟兵、7.5万名民兵预备役人员,调动物资共8百万吨。除了军人,还有无数社会人士,或奔赴灾区,或捐款献血,有的倾其所有,温暖了灾区、温暖了四川,也感动了全中国和全世界。不仅如此,再一次让全世界深刻地感受到了中华民族强大的凝聚力、战斗力,深刻地感受了中国共产党和中国政府强大的组织力、动员力,深刻感受了中国人民不怕牺牲、勇于奉献的崇高精神。

问题设置：

什么是社会主义核心价值观？

学生活动：

（1）故事讲述：

学生讲述抗震救灾士兵和张桂梅老师的故事。

（2）理论研讨：

请学生结合故事讨论"什么是社会主义核心价值观？"（提示：可以研读教材，也可现场通过电脑、手机查阅电子文献）

教师引导：

·社会主义核心价值观是全体人民共同的、核心的思想观念、精神信念、价值追求；

·社会主义核心价值观是中国国家意志的体现、国家核心利益所在；

·社会主义核心价值观是中国共产党的执政理念、执政目标的根本体现，是党领导中国特色社会主义现代化建设的精神指引和价值引领；

·社会主义核心价值观是中华民族的民族精神在当今时代的生动体现；

·社会主义核心价值观是社会主义核心价值体系的高度凝练和集中表达。

活动意图说明：

运用最紧急时刻国家、民族和人民的精彩故事旨在生动、全面展现社会主义核心价值观的内涵和力量，引导学生直观、深刻把握社会主义核心价值观的内涵，特别是深刻把握社会主义核心价值观与党、国家、民族、人民之间的内在联系。

## 结束新课

课堂小结：

每一个人、每个组织、每个国家和民族都有自己的价值观，也有自己的核心价值观。

价值观从根本上反映的是一个人、一个组织、一个国家、一个民族的道德品质、文化修养、理想信念与精神信仰。核心价值观是最重要的品质、修养、信念和信仰，事关核心利益，不容侵犯。

社会主义核心价值观是社会主义中国最为核心、最为重要的价值观，事关党的执政方向、国家核心利益。

"广泛践行社会主义核心价值观"，不仅是对各位青年大学生的要求，也是对我们教师以及全体中国人的要求。让我们一起携手，牢记社会主义核心价值观，践行社会主义核心价值观，一起努力为强国建设、民族复兴贡献力量！

## 十一、板书设计

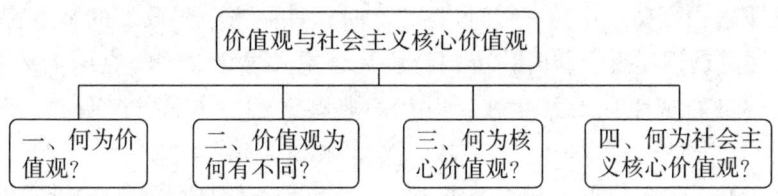

## 十二、作业设计

课后研讨：

党的二十大报告指出："坚持和发展马克思主义，必须同中国具体实际相结合"，"同中华优秀传统文化相结合。"

请同学们预习教材、深入查阅文献并开展小组研讨，以小组为单位撰写研究论文，回答：社会主义核心价值观是否实现了"两个结合"，是如何实现"两个结合"的？

论文要求：

1. 参考题目：《社会主义核心价值观实现了"两个结合"？》。

2. 基本格式：参照《马克思主义研究》杂志论文格式。字数：5000～8000字。

3. 提交要求：期末考试前发送至课程指定邮箱。

4. 评审办法：论文将评出一、二、三等奖各1名。

5. 结果运用：论文被评为一二三等奖的，小组成员期末考试成绩分别上浮10%、6%、4%，满分不超过100分。

期待你们的优秀作品……

## 十三、教学反思

本课的教学设计有以下几个特点：

1. 注重加强理论分析，有"理论味"。理论性是大学思政课的重要特征。本课题运用马克思主义哲学以及习近平新时代中国特色社会主义思想讲清讲透了"价值观""核心价值观""社会主义核心价值观"三个理论范畴及其内在理论逻辑。

2. 注重讲好中国故事，有"中国味"。讲好中国故事是大学思政课的重要使命。本课的教学设计中，充分运用中国人践行社会主义核心价值观的典型案例，进一步解释了为什么要践行社会主义核心价值观以及去践行社会主义核心价值观过后自身所展现出的优秀品格，实现的人生价值。

3. 注重融入创新理论，有"时代味"。时代性是大学思政课的基本特征。本课十分注重运用习近平新时代中国特色社会主义思想这一马克思主义中国化时代化的最新成果以及发生在新时代的典型案例，体现了鲜明的"时代味"。

4. 注重结合青年特点，有"青年味"。大学思政课是讲授给青年大学生听的。本课充分考虑青年大学生的年龄特征、性格特征以及认知特点，十分注重与青年学生的社会实践经历、基本道德要求、现实行为需求相结合，选取青年大学生熟悉的、发生在青年大学生身边甚至部分大学生具体参与了的典型案例，努力讲青年大学生感兴趣的故事、讲青年大学生能听懂的道理。

**十四、参考文献**

习近平. 高举中国特色社会主义伟大旗帜　为全面建设社会主义现代国家而团结奋斗——在中国共产党第二十次全国代表大会上的报告［M］. 北京：人民出版社，2022.

马克思、恩格斯. 德意志意识形态（节选本）［M］. 北京：人民出版社，2018.

马克思. 1844年经济学哲学手稿［M］. 北京：人民出版社，2014.

习近平. 习近平谈治国理政（第一卷）［M］. 北京：外文出版社，2014.

中共中央文献研究室. 习近平关于社会主义文化建设论述摘编［M］. 北京：中央文献出版社，2017.

## 【高中阶段】"社会主义核心价值观"教学设计

| 学科 | 思想政治 | 单元名称 | 发展中国特色社会主义文化 | 课型 | 新授课 |
|---|---|---|---|---|---|
| 教材 | （2021年版）《文化生活》 | 课时名称 | 培育和践行社会主义核心价值观 | 课时 | 1课时 |
| 总领：党的二十大报告关于社会主义核心价值观的表述 ||||||

续表

| 学科 | 思想政治 | 单元名称 | 发展中国特色社会主义文化 | 课型 | 新授课 |
|---|---|---|---|---|---|
| 党的二十大报告指出,"广泛践行社会主义核心价值观"。社会主义核心价值观是社会主义核心价值体系的内核,体现社会主义核心价值体系的根本性质和基本特征,反映社会主义核心价值体系的丰富内涵和实践要求,是社会主义核心价值体系的高度凝练和集中表达。社会主义核心价值观既凝结着全体人民共同的价值追求,又蕴含着社会主义现代化的价值目标,是当代中国精神的集中体现,是凝聚民心、汇聚民力的强大力量,已成为当代中国坚定文化自信、建设文化强国的价值引领。 | | | | | |

## 一、课标要求

《普通高中思想政治课程标准(2017年版2020年修订)》(以下简称"新课标")对本课时的基本要求如下:

1. 内容要求:自觉践行社会主义核心价值观。

2. 教学提示:以"怎样才能内化于心、外化于行"为议题,探究如何践行社会主义核心价值观。可寻找身边的榜样,感受具体的、现实的典范,为其撰写颁奖词。可组织社会主义核心价值观的专题解读,领会社会主义核心价值观既体现了社会主义本质要求,继承了中华优秀传统文化,也吸收了世界文明的有益成果,是当代中国精神的集中体现,凝结着全体人民共同的价值追求。

## 二、教材分析

1. 本框地位:本框位于人教版高中思想政治必修三第四单元第十课第一框,教学内容构建于培养担当民族复兴大任的时代新人的背景下,是第四单元和整个《文化生活》教材的逻辑终点和着眼点,对学生增强社会主义核心价值观的认同感、参与感,成长为能担大任、德才兼备的时代新人具有重要引领作用。

2. 本框内容:本框题下分两目内容。第一目"凝魂聚气、强基固本的基础工程",阐述核心价值观的重要性,以及社会主义核心价值观的基本内容和重要意义,强调它是当代中国精神的集中体现,凝结着全体人民共同的价值追求,是凝魂聚气、强基固本的基础工程;第二目"内化于心,外化于行",介绍如何培育和践行社会主义核心价值观,强调要发挥它的引领作用,使之与人们的日常生活紧密联系起来。

### 三、学情分析

1. 心智特征：本框教学对象为高二学生。这一阶段学生理性思维明显有所提升，已经具备较强的观察辨析和逻辑思考能力。同时，正处于价值观形成和确立的关键时期，由于心智还不够成熟，想问题、做事情容易出现片面化和简单化倾向，教师需要着重引导他们树立正确的价值观。

2. 认知结构：适逢新时代、新阶段，通过"四史"学习，学生普遍对我国的过去、现在有了直观的了解。同时，通过半个多学期的学习，学生对文化生活等知识已经有了一定的积累，已有的知识经验和生活经验应该得到有效开发和利用。但教学内容理论性较强，学生学习兴趣相对不足。因此，教师需要深度挖掘并整合教材、准确创设情境、恰当设置问题，采用多种教学形式，以调动学生学习积极性，达到预期的教学目标。

### 四、学习目标

1. 通过议题一材料，参与课堂分享活动，充分认识核心价值观的文化价值，初步了解核心价值观与社会主义核心价值观是共性与个性的关系，提升政治认同素养。

2. 通过议题二材料，参与"世界咖啡"课堂活动，全面理解社会主义核心价值观彰显的中国特色，确信社会主义核心价值观是发展中国特色社会主义文化，是培养担当民族复兴大任的时代新人的凝魂聚气、强基固本的基础工程，提升政治认同素养，准确把握社会主义核心价值观的基本内容，增进对社会主义核心价值观的科学认知，提升科学精神素养。

3. 通过议题三视频，参与"心灵对话"课堂活动，全面理解培育和践行社会主义核心价值观的措施，内化于心、外化于行，提升公共参与素养。

### 五、评价任务

1. 参与课堂分享活动，根据课前调查任务，分组展示世界主要国家的核心价值观，参与课堂讨论，从精神力量、精神追求、价值标准、文化软实力四个角度总结核心价值观的文化价值。（针对学习目标1）

2. 精读社会主义核心价值观形成历程的材料，参与"世界咖啡"课堂活动，在白纸上写出小组讨论结果，说出社会主义核心价值观是如何形成的，并从优秀传统文化、时代精神、共同价值追求等方面提炼出社会主义核心价值观

的中国特色。(针对学习目标2)

3. 观看张桂梅先进事迹的视频,参与"心灵对话"课堂活动,着重从个人角度说出自己最真实的感受,并分享一个张桂梅就在我们身边的真实感人故事。(针对学习目标3)

### 六、教学重难点

教学重点:社会主义核心价值观的基本内容和作用。

教学难点:将社会主义核心价值观内化于心、外化于行。

### 七、设计思路

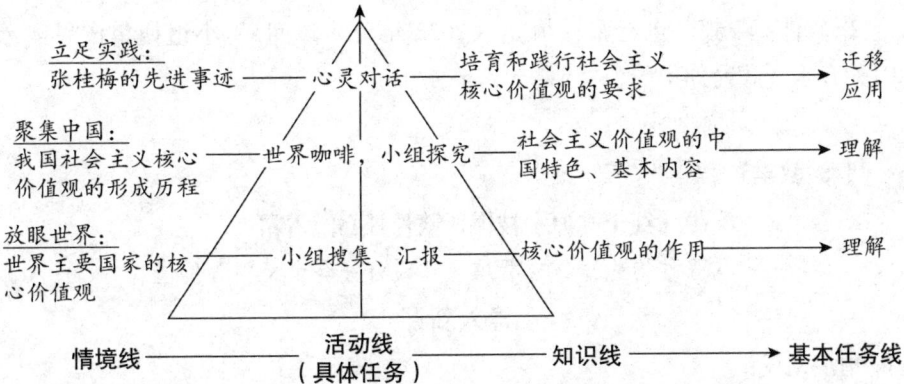

助力核心素养生长的课堂离不开结构化的情境、活动型的任务、序列化的知识。其中,任务线是素养生长的活动主线,知识线是素养生长的理论辅线,情境线是素养生长的生活辅线,三线合一,形成指向学科核心素养的"金字塔"架构。

本课围绕社会主义核心价值观的主题,创设"放眼世界、聚焦中国、立足实践"一系列结构化情境,从横向、纵向和实践视角层层深入,厘清社会主义核心价值观的来龙去脉和践行要求;学生通过小组展示、"世界咖啡"、"心灵对话"等活动,生成核心知识;整堂课由理解向应用、迁移螺旋上升,引导学生走进教材、走出教材、走向生活,促使社会主义核心价值观在学生心中真正落地生根。

### 八、方法与策略

1. 优化议题情境,创设体验式氛围。围绕议题,创设情境,打造活动型课堂，让学生在真实情景中去体验、去感悟、去生成，落实核心素养，促进思想政治理论性与实践性相统一。

2. 精心设计问题，激发学生学习兴趣。巧设问题，用问题驱动学生深度思考，激发课堂探究兴趣，提升关键能力，培养思维品质，体现课堂主导性与主体性相统一。

3. 高效组织活动，打造交互式课堂。在课堂搭建活动平台，为师生、生生之间交流互动提供契机，在交互中提升能力，体现课程内容活动化与活动设计内容化相统一。

## 九、资源与工具

1. 硬件：多媒体工具。
2. 软件：视频《走近张桂梅》《2022年破防瞬间》；小组搜集成果展示PPT；音乐《我爱你中国》。

## 十、教学过程

**红土高原一枝梅，铁骨丹心傲雪霜**

——从张桂梅先进事迹看培育和践行社会主义核心价值观

**导入新课**

情境创设：

播放暖场视频《走近张桂梅》，呈现张桂梅照片和《资治通鉴》名句。

才者，德之资也；德者，才之帅也。才德全尽谓之"圣人"，才德兼亡谓之"愚人"；德胜才谓之"君子"，才胜德谓之"小人"。——《资治通鉴》

问题设置：

培养担当民族复兴大任的时代新人，为什么要把培育和践行社会主义核心价值观作为凝魂聚气、强基固本的基础工程？

学生活动：

观看视频，欣赏图片。思考老师提出问题，开启学习。

教师活动：

引出先进典型人物张桂梅，导入新课主题：培育和践行社会主义核心价值观。

活动意图说明：

活跃氛围，激发学生学习兴趣；设疑激思，在培养时代新人的大背景下，引出本课学习主题。

讲授新课

**环节一：放眼世界，核心价值观之文化价值**

情境创设：

根据课前预习任务，开展课堂分享活动，学生分享搜集到的世界主要国家的核心价值观。

课前活动要求：

①以小组为单位搜集世界主要国家的核心价值观的基本内容。

②将搜集成果制作成PPT，并由小组代表做课堂解读。

问题设置：

放眼世界，每个国家都重视核心价值观的建设。从文化角度分析，核心价值观有何作用？

学生活动：

（1）课堂展示，以小组为单位，分享自己搜集的世界主要国家的核心价值观。

①美国将自由、民主、平等、博爱作为核心价值观。

②英国确立了自由、宽容、公正等核心价值观，并一以贯之地予以强调。

③俄罗斯新思想：将自由、民主、个人权利和传统的爱国主义、强国意识、国家作用、社会团结相结合。

（2）小组讨论议学问题，由小组代表发言，其他小组补充、评价。理解核心价值观作为一种优秀文化的重要作用。

教师活动：

（1）点评小组讨论成果和交流情况；总结核心价值观的独特的文化价值，如精神力量、精神追求、价值标准、文化软实力。

（2）点明核心价值观与社会主义核心价值观是共性与个性的关系。

活动意图说明：

议题式教学，增强课堂连贯性，引导学生多角度看问题；课堂展示，充分发挥学生学习主动性，尊重学生的主体地位，组织小组合作，提升学生的表达、沟通能力。这一环节放眼世界，从横向视角思考核心价值观的重要作用，为下一环节聚焦我国的社会主义核心价值观做铺垫。

**环节二：聚焦中国，社会主义核心价值观之中国特色**

情境创设：

呈现情境材料：社会主义核心价值观的形成历程。

开展课堂活动："世界咖啡，协作对话。"

活动要求：

①本桌讨论，将本桌主要观点用彩笔写在白纸上（2分钟）；

②可派观察员到邻桌观察并向组员汇报情况，完善成果（2分钟）；

③成果分享（2分钟）。

问题设置：

结合情境材料，说明社会主义核心价值观的形成历程是如何体现中国特色的。

学生活动：

参加"世界咖啡"活动，多角度思考社会主义核心价值观的中国特色。积极主动回答议学问题，其他同学评价、补充。

教师活动：

总结社会主义核心价值观的中国特色；总结社会主义核心价值观的基本内容：

①国家层面的价值目标；

②社会层面的价值取向；

③个人层面的价值准则。

活动意图说明：

这一环节将视角从世界回归中国，从纵向角度探讨我国社会主义核心价值观的来龙去脉，从中感悟我国核心价值观的中国特色，对其基本内容有充分了解，分议题环环相扣、层层递进，符合学生的认知规律。同时，组织"世界咖啡"活动，加强课堂师生、生生交流互动，构建符合新课标要求的活动型学科课程，引导学生在活动中积极体验，有效生成。

**环节三：立足实际，社会主义核心价值观之培育践行**

情境创设：

播放关于张桂梅的先进事迹的视频（3分钟），开展课堂活动："心灵对话"。

问题设置：

以社会主义核心价值观为标尺，对照张桂梅的先进事迹，你发现了张桂梅身上有哪些优秀品质？这些优秀品质带给你最直接、最真实的感受是什么？

请你以"我们身边的'张桂梅'"为题，展开一次你与自己的心灵对话，分享一个"张桂梅就在我们身边"真实感人的故事。

学生活动：

观看张桂梅先进事迹的视频，挖掘张桂梅身上的优秀品质；参与"心灵对话"活动，分享自己身边的"张桂梅"。从活动中感悟社会主义核心价值观就在我们身边，自觉践行社会主义核心价值观。

教师活动：

教师点评小组讨论成果和交流情况；总结培育和践行社会主义核心价值观的主要措施：

①国家和社会层面；

②个人层面。

活动意图说明：

以典型人物张桂梅的事迹触动学生心灵，汲取榜样力量。通过"心灵对话"活动，引导学生从身边中发现践行社会主义核心价值观的人物及其事迹，贴近学生生活，触动心灵，促使理论性较强的社会主义核心价值观能真正内化于心、外化于行。

## 结束新课

情境创设：

播放视频"2022年破防瞬间"。

结语：

"青年兴则国家兴，青年强则国家强。青年一代有理想、有本领、有担当，国家就有前途，民族就有希望。"作为时代新人，我们要扣好人生的第一粒扣子，在我们的生活、学习、工作中自觉践行社会主义核心价值观。

活动意图说明：

作为课堂总结部分，首尾呼应，升华主题，激励学生努力成长为能够担当民族复兴大任的时代新人。引导学生关注生活，提高公共参与素养，在生活中自觉践行社会主义核心价值观。

## 十一、板书设计

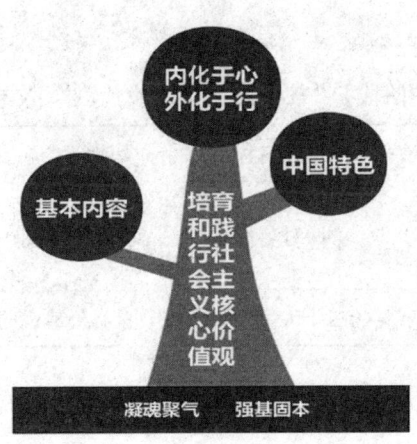

## 十二、作业设计

课后实践：

正是一滴滴不起眼的水珠，组成了浩瀚的海洋；正是一件件看似简单的小事，写就了非凡的人生。社会主义核心价值观就在我们身边，培育和践行社会主义核心价值观要从现在做起，从点滴小事做起。请同学认真观察生活，参与"信仰的力量——社会主义核心价值观'随手拍'"实践活动。

活动要求如下：

1. 紧扣社会主义核心价值观主题，用手机相关工具拍摄相关照片或短视频。

2. 内容积极向上，拍摄风格、题材、地点不限，并为照片或短视频写 200 字的推荐语；

3. 作品发送至老师邮箱，将评出一、二、三等奖和优秀奖若干名，颁发获奖证书和奖品，期待你们的优秀作品……

## 十三、教学反思

1. 三线联动，指向学科核心素养。整个教学设计注重知识线、任务线、情境线的有机统一，相互贯通，通过创设生活化、具象化的情境，在活动中思考问题，在任务中落实知识，最终指向学科核心素养的落地。

2. 坚持思政课教学的理论性和实践性的统一，提升育人实效。本课结合学生的身心发展特点，在理解社会主义核心价值观基本知识的基础上，引导学生回归生活，善于发现生活中践行社会主义核心价值观的行为，力求在生活观察中获得真收获、形成真认同，使社会主义核心价值观在学生心中真正落地生根。

### 【初中阶段】"社会主义核心价值观"教学设计

| 学科 | 道德与法治 | 单元名称 | 文明与家园 | 课型 | 新授课 |
|---|---|---|---|---|---|
| 教材 | （2022 年版）九上《道德与法治》 | 课时名称 | 凝聚价值追求 | 课时 | 1 课时 |
| 总领：党的二十大关于社会主义核心价值观的要求 ||||||

续表

| 学科 | 道德与法治 | 单元名称 | 文明与家园 | 课型 | 新授课 |
|---|---|---|---|---|---|
| 党的二十大指出，社会主义核心价值观是凝聚人心、汇聚民力的强大力量。弘扬以伟大建党精神为源头的中国共产党人精神谱系，用好红色资源，深入开展社会主义核心价值观宣传教育，深化爱国主义、集体主义、社会主义教育，着力培养担当民族复兴大任的时代新人。 | | | | | |

## 一、课标要求

《义务教育道德与法治课程标准（2022年版）》对本课时的基本要求如下：

1. 内容要求：弘扬中华优秀传统文化讲仁爱、重民本、守诚信、崇正义、尚和合、求大同的核心理念，同时也要理解中华民族孝悌忠信、礼义廉耻的荣辱观念、崇德向善、见贤思齐的社会风尚。

2. 教学提示：可以通过搜集体现正确荣辱观念的神话传说、经典故事、佳言金句等，讨论传统荣辱观与社会主义核心价值观的关系。

## 二、教材分析

1. 本框地位：本框内容选自初中《道德与法治》九年级上册第五课第二框"凝聚价值追求"，社会主义核心价值观作为当代中国精神的集中体现，是中国人民在共同生活中形成的价值共识，是中华民族最持久、最深层的力量。培育和践行社会主义核心价值观，将为中国特色社会主义事业提供源源不断的精神动力和道德滋养。

2. 本框内容：本课时包含两个重要内容。一是回答如何"高扬民族精神"，既要了解民族精神的具体内涵又要了解如何去传承和弘扬民族精神。二是回答如何"构筑中国价值"，引导学生思考价值观这一文化最深层的内核，以及要自觉培育和践行社会主义核心价值观。

## 三、学情分析

1. 知识基础：本框教学对象为九年级学生。九年级学生对民族精神和社会主义核心价值观在情感与知识经验上都有所认知。但是，学生对民族精神和社会主义核心价值观的认识仅停留在一般的知识层面，对其深层次的价值和意义认识和思考不多，对于社会主义核心价值观，学生一般仅停留在认知、记忆层面，对社会主义核心价值观的具体内涵和意义理解较浅。

2. 心智特征：九年级学生有一定价值判断的标准和能力，对于是非曲直的判定初步形成了自我的价值标准，但对于整个社会的核心价值观的由来以及如何践行并没有形成完整的认知，青少年作为社会主义建设者和接班人，需要增强对社会主义核心价值观的理解和认同，同时还要肩负起践行社会主义核心价值观的使命。

### 四、学习目标

1. 通过视频引入，参与课堂分享活动了解北京冬奥精神，进而理解中华民族精神的内涵、重要价值以及社会主义核心价值观的内涵，提升学生政治认同的素养。

2. 通过绘路线图寻中国精神的生长史来理解民族精神在不同时期的不同表现，同时通过真实的新闻事件，理解社会主义核心价值观的重要意义；提高理解和践行社会主义核心价值观的能力，提升学生道德修养。

3. 通过班级主题活动，参与感悟提升，引导学生在日常生活中自觉高扬民族精神和积极践行社会主义核心价值观，提升学生责任意识。

### 五、评价任务

1. 参与北京冬奥精神素材搜集并进行课堂分享的活动，能初步理解民族精神。（针对学习目标1）

2. 参与绘制"中国精神生长图谱"的课堂活动，主动探寻民族精神在不同时期的表现和意义。（针对学习目标2）

3. 参与"践行社会主义核心价值观"活动，向榜样学习，从点滴做起，弘扬民族精神和践行社会主义核心价值观。（针对学习目标3）

### 六、教学重难点

教学重点：社会主义核心价值观的内涵、要求。

教学难点：如何践行社会主义核心价值观。

### 七、设计思路

助力核心素养生长的课堂离不开结构化的情境、活动型的任务、序列化的知识。其中，任务线是素养生长的活动主线，知识线是素养生长的理论辅线，情境线是素养生长的生活辅线，三线合一，形成指向学科核心素养的"金字塔"架构。

本课以培养学生核心素养为目标，以北京冬奥会与中国式浪漫相约为主线，探索中华优秀传统文化与民族精神，讲好北京冬奥精神，对初中生进行思想政治教育。采用议题式的教学方式，课例围绕一条主线、三个议题、三个情景、三个活动，引导学生在"寻根、探秘、践行"中感知、品味、了解中国精神的力量之源，深刻领悟中国价值的时代内涵，同时要让社会主义核心价值观在日常生活中落细、落小、落实。

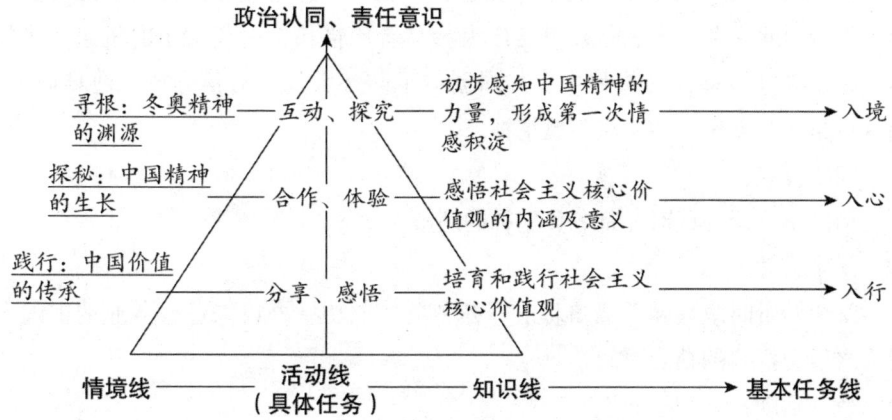

## 八、方法与策略

1. 寓学科内容于情境之中。教学情境不仅是教学的资源，更是学生了解社会的一个重要窗口。本课设计关注学科内容与学科情境的有机融合，把冬奥精神与中国精神紧密结合起来，既以情境服务教学，又以教学解构情境，让学生在达成学习目标的过程中，对社会有一个更全面深入的了解。

2. 寓学科学习于活动之中。活动型学科课程教学中，学科性是衡量活动成功与否的重要依据，本课设计在"绘制中国精神图谱"的系列展示中，巧设问题，在活动中用问题驱动学生深度思考，锤炼学科思维，强化学科基本观点。

## 九、资源与工具

1. 硬件：稿纸、多媒体工具、不同调查小组的任务分工。
2. 软件：视频《这就是北京冬奥精神！》。

## 十、教学过程

**冬奥与中国文化的浪漫之约**

——培育和践行社会主义核心价值观

**导入新课**

情境创设：

文字材料：

2022年4月8日上午，北京冬奥会、冬残奥会总结表彰大会在人民大会堂隆重举行。北京冬奥会、冬残奥会广大参与者珍惜伟大时代赋予的机遇，在冬奥申办、筹办、举办的过程中，共同创造了胸怀大局、自信开放、迎难而上、追求卓越、共创未来的北京冬奥精神。

问题设置：

请同学们谈一谈对北京冬奥精神的理解。

学生活动：

学生聆听时政新闻、感知北京筹办冬奥到成功举办以来各行各业的中国人民为之努力拼搏的精彩瞬间。

教师活动：

点拨北京冬奥精神呈现出胸怀大局、自信开放、迎难而上、追求卓越、共创未来的精神品质。

活动意图说明：

通过时政新闻引入北京冬奥精神，让学生了解北京冬奥会上的精彩瞬间与各行各业的努力付出有着密切的联系，激发学生去探寻北京冬奥精神背后的精神力量。

**讲授新课**

**环节一：寻根——冬奥精神的渊源**

情境创设：

观看视频《这就是北京冬奥精神！》，寻根北京冬奥成功之源，同时在冬奥精神背后去探寻我们的民族精神。

问题设置：

（1）小组搜集展示北京冬奥精神的具体瞬间（人/事）。

（2）视频里有哪些镜头让你怦然心动？这些精彩的瞬间触动了你内心深处的什么情感，给予你怎样的力量？

学生活动：

从展示的视频中选取其中一个瞬间结合北京冬奥精神的内涵简单阐述展示了中国精神的哪一方面，有何深意（精神表达），一起探寻民族精神的力量，寻找北京冬奥取得成功的力量源泉。

教师活动：

引导学生在分享展示中感受冬奥精神给予自己的精神力量，同时也在冬奥精神中探寻我们的民族精神。

活动意图说明：

通过视频更加直观地让学生去感受冬奥精神，让学生在互动分享中探寻冬奥取得成功的力量源泉，从而进一步激发学生在冬奥精神背后去寻找我们的民族精神，要让学生知道一个民族要生存和发展，就要有昂扬向上的民族精神。

**环节二：探秘——中国精神的生长**

情境创设 1：

绘制"中国精神的生长史"，板书创设一棵树和一条时间轴，引导学生赏析教材 P73 页插图。

问题设置 1：

（1）在小组绘制分享中感悟民族精神具有什么样的特点。

（2）这些精神都是在特定的时代背景下形成的，它们对当代中国具有怎样的精神价值？

（3）从北京冬奥会到成都大运会，我们从中汲取到了什么样的精神力量？

学生活动 1：

各小组结合课前搜集到的相关资料，组内共同绘制民族精神在不同时期的生长路线图。可选取一个代表性的民族精神在不同时期的表现，每个小组派代表到其他小组进行交流分享。

教师活动 1：

中华民族精神具有与时俱进的品格。它在不同的历史时期有着不同的表现，并随着时代进步而不断丰富和发展。

情境创设 2：

（1）播放央视专访张艺谋奥运开闭幕式团队纪录片的视频片段。

（2）展示从北京夏季奥运会和北京冬季奥运会里的"中国面孔"的变化。

问题设置 2：

根据视频短片，以小组为单位分析中国人价值观里的"变与不变"。

学生活动2：
（1）结合素材分析价值观的内涵是什么？
（2）从中国面孔变与不变中感悟社会主义核心价值观的内涵及意义。

教师活动2：

通过分析中国面孔的变与不变，让学生从历史和现实角度搜寻洋溢在中国人面孔之上的价值观，凝聚着中国人民的信念和信仰的价值观。

活动意图说明：

情境3的设计意图主要是通过绘制"中国精神的生长史"来追述民族精神在不同时期的具体表现，并随着时代进步而不断丰富和发展。情境4通过视频介绍张艺谋奥运会开闭幕式团队幕后的故事，让学生直观感受到社会主义核心价值观已是每一个中国人的基因标识。让学生从中国人面孔里面的"变与不变"中去探寻中国人共同的价值追求，而这一追求正是我们中国人独有的精神世界——社会主义核心价值观。

**环节三：践行——中国价值的传承**

情境创设：

课件展示熟悉的"中国面孔"中的人/事。

问题设置：

小组结合社会主义核心价值观的内涵和意义，共同描绘新一代中国青年的崭新面孔。

学生活动：

小组根据寻找的身边践行社会主义核心价值观的榜样，进行"中国面孔"的搜集和展示。并分享故事感知践行的力量。

教师活动：

引导学生在榜样身上感悟中国精神的力量，体会他们是如何践行社会主义核心价值观的。

活动意图说明：

以创意"中国面孔"为主题的活动，让学生主动参与到践行社会主义核心价值观的具体活动中，用心发现身边的榜样和先行者，身体力行做好自己的事，践行价值观，把对民族精神和社会主义核心价值观的认识从感性上升为理性认识，从理性认识再转化为弘扬和培育的具体实践行动。

结束新课

情境创设：

视频播放《中国式的浪漫》。

结语：

党的二十大指出，深入开展社会主义核心价值观宣传教育，深化爱国主义、集体主义、社会主义教育，着力培养担当民族复兴大任的时代新人。每一天，中国式的浪漫都在我们身边传递着，浪漫是传承、是坚守、是信仰、是底气，这份浪漫还在延续，也需要每一个人从点滴小事做起，真正把社会主义核心价值观落实在我们的日常生活中，构筑中国价值，中国少年当争先。

活动意图说明：

作为课堂总结部分，升华主题，在党的二十大精神的指导下，借助视频《中国式的浪漫》来进一步激发学生去传递中国式的浪漫，要从自己做起、从现在做起，自觉去践行社会主义核心价值观，真正让社会主义核心价值观落实在实际行动中。

## 十一、板书设计

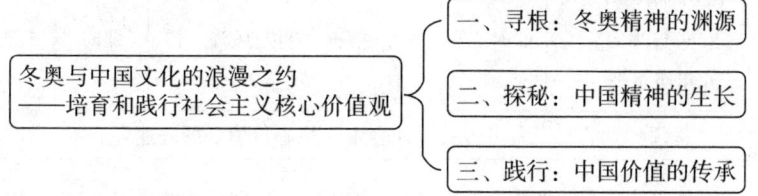

## 十二、作业设计

课后实践：

第31届世界大学生夏季运动会将于2023年7月28日在四川成都举办，假如你是一名成都大运会的志愿者，为了更好带给参赛运动员宾至如归的感受，请你以"同做青年志愿者，共创和谐文明城"为主题设计一个志愿服务活动方案，做社会主义核心价值观的宣传者和践行者，以实际行动迎接大运会，助力文明城市创建。

活动要求：

1. 活动方案中要为自己拟定一个志愿者的角色；（比如：环保宣传员）
2. 活动方案中要明晰自己具体可做事项；
3. 活动方案中要分享自己如何践行社会主义核心价值观。

## 十三、教学反思

1. 基于议题式设计，主题贯穿，有机整合。在大单元一体化教学设计背景之下,本课例围绕"冬奥与中国文化的浪漫之约"为主线,三个议题贯穿其中。寻根——冬奥精神的渊源;探秘——中国精神的生长;践行——中国价值的传承。整个课例通过创设情境与议学主题紧密结合,使第一目"高扬民族精神"和第二目"构筑中国价值"无缝衔接、有机融合。

2. 基于体验式学习,活动体验,素养培育。课例在围绕一条主线"冬奥与中国文化的浪漫之约"下开展三个议学活动,在感知中"入境"、品味中"入心"、弘扬中"入行",使学生对中华文化、民族精神、中国价值之间的内在联系由感性上升到理性,从理性认识转化为践行社会主义核心价值观,达到知行合一。

## 【小学阶段】"社会主义核心价值观"教学设计

| 学科 | 道德与法治 | 单元名称 | 百年追梦 复兴中华 | 课型 | 新授课 |
|---|---|---|---|---|---|
| 教材 | (2019年版)《道德与法治》五年级下册 | 课时名称 | 精神文明新风尚 | 课时 | 1课时 |
| 总领:党的二十大报告关于社会主义核心价值观的表述 ||||||
| 党的二十大指出,社会主义核心价值观是凝聚人心、汇聚民力的强大力量。同时党的二十大报告强调:广泛践行社会主义核心价值观。弘扬以伟大建党精神为源头的中国共产党人精神谱系,用好红色资源,深入开展社会主义核心价值观宣传教育,深化爱国主义、集体主义、社会主义教育,着力培养担当民族复兴大任的时代新人。推动理想信念教育常态化制度化,持续抓好党史、新中国史、改革开放史、社会主义发展史宣传教育,引导人民知史爱党、知史爱国,不断坚定中国特色社会主义共同理想。||||||

## 一、课标要求

《义务教育道德与法治课程标准(2022年版)》(以下简称"新课标")对本课时的基本要求如下:

1. 内容要求:助人为乐,爱护公物,遵守社会交往、公共场所中的文明规范。

2. 教学提示:了解与自己生活密切相关的社会规则,认识规则在社会生活中的重要性,懂得做一个现代文明人不仅要靠规则约束自己,还需要用道德良知要求自己。

## 二、教材分析

1. 本框地位："富起来到强起来"是统编版《道德与法治》五年级下册第三单元"百年追梦 复兴中华"中的第六课，是本单元及本教材的最后一课。本课时为第二课时，旨在引导学生了解精神文明的内涵，知道精神文明建设对于国家发展、社会进步和人民生活的重要影响。

2. 本框内容："精神文明新风尚"介绍了精神文明建设的重要性，让学生认识到文明道德风气的不断弘扬是社会风气良好的一种表现，感受祖国的发展与强大不仅体现在物质文明的发展中，也体现在精神文明领域。

## 三、学情分析

1. 知识基础：五年级的学生生活在新时代，环境优越，没有经历过艰苦岁月，对改革开放的重要影响和意义了解不全面，也不知道今日的富足生活是怎样来的。因此对大部分学生而言，理解改革开放以来的物质文明成就较为容易，但是对于深层次的精神文明成就学生领会得不够充分。

2. 心智特征：学生拥有自己的见解和主张，大多数学生初步具备分析问题、解决问题的能力，能够利用学习资源在小组内合作交流，能够表达出自己的见解，可以通过网络、书籍、影视等途径对改革开放有所了解。

## 四、学习目标

1. 了解灾难前，涌现出哪些可亲可敬的无私奉献者，感受他们在灾难前和考验中展现出的中国精神、中国力量、中国担当。

2. 了解国家和社会在精神文明创建中的行动，知道精神文明建设使人们生活得更加幸福美好。

3. 激发学生弘扬真善美、传播正能量、树立新风尚的精神品质。

## 五、评价任务

1. 知道我国精神文明建设在思想和科学文化两方面的成就。（针对学习目标1）

2. 通过全民抗击新冠疫情等事例，让学生懂得精神文明建设对国家发展社会进步和人民生活的重要影响。（针对学习目标2）

3. 通过讨论交流，学生了解践行社会主义核心价值观的途径和方法。（针

对学习目标3）

### 六、教学重难点

教学重点：知道精神文明建设对国家发展、社会进步和人民生活的重要影响。

教学难点：观察、感受国家和社会在精神文明创建中的行动，体会精神文明建设的作用。

### 七、设计思路

助力核心素养生长的课堂离不开结构化的情境、活动型的任务、序列化的知识。其中，任务线是素养生长的活动主线，知识线是素养生长的理论辅线，情境线是素养生长的生活辅线，三线合一，形成指向学科核心素养的"金字塔"架构。

本课以"改革开放成果多"的视频激趣，引导学生对上一课时"改革创新促发展"这一内容进行回顾，学生通过收集的资料，交流我们的祖国在发展的历史进程中，在大灾大难面前，中国人所迸发的精神力量，感受历史上的"精气神"。在真实案例中，感受"我们的精气神"，再通过"感动中国"人物故事的分享，感受生活中的"精气神"，继而树立弘扬真善美，树立新风尚的强烈愿望。

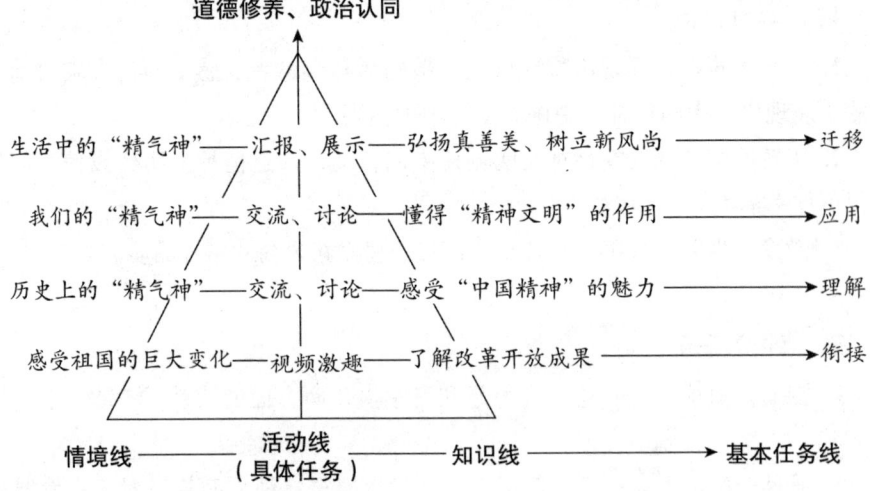

### 八、方法与策略

1. 寓学科内容于情境之中。教学情境不仅是教学的资源，更是学生了解社会的一个重要窗口。本课设计关注学科内容与学科情境的有机融合，把精神文明风尚放置于事例和情境之中，既以情境服务教学，又以教学解构情境，让学生在达成学习目标的过程中，对社会有一个更全面深入的了解。

2. 寓学科学习于活动之中。活动型学科课程教学中，学科性是衡量活动成功与否的重要依据，本课设计在探寻"历史上的精气神""我们的精气神"和"生活中的精气神"时，创设情境，以问题驱动学生深度思考，锤炼学科思维，强化学科基本观点。

### 九、资源与工具

1. 硬件：资料查阅、多媒体工具。
2. 软件：视频。

### 十、教学过程

#### 改革开放成果多
#### 导入新课

情境创设：

通过上节课的学习，我们感受到改革开放以来，我国人民的物质生活和精神生活发生了巨大的变化，中国真正实现了由富起来到强起来。接下来，我们通过一段视频，感受一下我们国家的发展变化！（视频播放）

问题设置：

看了视频你有什么想说的？

学生活动：

观看视频，谈感受。

教师活动：

在改革开放和社会主义现代化建设中，弘扬真善美、传播正能量、树立新风尚的精神文明建设一直发挥着非常重要的作用。实现中华民族伟大复兴的中国梦，需要强大的精神做支撑，这一节课我们将踏上中国精神文明的列车一起走进精神文明新风尚。（出示课题）

活动意图说明：

视频激趣，回顾旧知。让学生从中了解到正是改革开放让祖国发生了翻天覆地的发展与变化，从而引出接下来的学习。

## 讲授新课

**环节一：历史上的"精气神"**

情境创设1：

视频重现2020年新冠疫情的场景。坐上时光列车，回顾新中国成立以来，我国历史上发生过的重大挑战。

问题设置1：

2020年，工厂停产、商场停业、学校停课，新冠疫情让中国、让武汉按下了暂停键，在这场没有硝烟的战役里，你发现了哪些动人的故事？

学生活动1：

学生分享，在疫情期间的感人故事。

教师活动1：

在这场战役中，有无数像钟南山爷爷一样的英雄站出来保护我们，其实在发展的历史进程中，我们的祖国遭遇了许多挑战，我们将再现那段苦难的历史，感受一下我们中国人在灾难面前所迸发的精神力量。

问题设置2：

你们知道这些年中国发生了什么挑战？到底是怎样的中国精神带领着我们战胜挑战？（板书：灾难时）

学生活动2：

学生根据自己搜集的资料进行汇报。

教师活动2：

正如你们说的团结一心、众志成城、一方有难八方支援……这就是中国精神，这种精神将我们中国人的心紧紧地团结在一起，带领着我们凝聚人心，创造中国的伟大成就！（板书：凝聚人心）

活动意图说明：

学生从国家危难时期涌现出的人物为线索，感受中国历史上体现中国精神的人物，让学生认识到精神文明是中国的优秀传统文化之一。

**环节二：我们的"精气神"**

情境创设：

党的十八大指出，要践行和培育中国特色社会主义精神风尚，这二十四个字要扎根在我们每一个中国人的心上。（学生朗读：社会主义核心价值观）（板

书：生活中)

问题设置：

(1) 小组合作探究，我们国家在精神文明建设中采取了哪些行动？联系自己的生活实际，选择一幅图来说一说。

(2) 它对我们的生活有什么意义？我们国家是通过哪些行动来进行精神文明建设的？

(3) 精神文明建设活动对我们的生活有什么意义？

学生活动：小组合作探究

(1) 我们国家在精神文明建设中采取了哪些行动？联系自己的生活实际，选择一幅图来说一说。

(2) 它对我们的生活有什么意义？我们国家是通过那些行动来进行精神文明建设的？

(3) 精神文明建设活动对我们的生活有什么意义？

教师活动：

每一个标语都有它特定的作用和宣传的意义，除了宣传作用，它还有什么作用？（板书：指引方向）

不仅是这些标语，我们国家还有其他方面，为青少年、为整个国民在精神文明建设上作出了巨大努力。

精神文明建设是推动中国发展，实现第二个百年奋斗目标的重要推手。

活动意图说明：

由彼及此，引导学生回归到自身的生活中，通过解读二十四字核心价值观，并联系生活实际说说精神文明建设活动对我们生活的重要意义。

**环节三：生活中的"精气神"**

情境创设1：

《感动中国》被称为"中国人的年度精神史诗"，每年获奖的人都是各行各业的精英，都是对我们国家有很大贡献的人，但在2008年，《感动中国》的获得者却是千千万万普通的中国人，你们的父母也是其中的一员，为什么会是这样呢？学生观看视频《中国人是谁》。

问题设置1：

看完这个视频，你觉得中国人具有什么精神？普通的中国人值不值得拥有这个奖项？

学生活动1：

我们身边也有这样的一群中国人，他们做文明人，说文明话，行文明事，

他们就藏在老师、父母、同学的身边，把好人好事偷偷刻在了骨子里，我们一起来说说他们的故事吧！（学生分享）

教师活动1：

有一群人对你同样充满了期待，他们是各行各业的精英，是我们的前辈。播放视频《前辈们对青少年的希望》。

情境创设2：

歌且唱，风且扬，报国家，且看少年郎，你们就是中国的少年郎，我来采访一下你们这些少年郎，希望自己成为一个怎样的人？

问题设置2：

你希望自己成为一个怎样的人？

学生活动2：

看到这些前辈对青少年的愿景和期待，作为新时代的好少年，今后我们应该怎么做，把你的行动流露笔尖！（学生分享）

教师活动2：

作为新时代的好少年，我们没有理由退缩，没有理由躺平，我们要用责任和担当努力实现中华民族伟大复兴的中国梦！

活动意图说明：

在理解的基础上，引导学生思考，成为精神新风尚的践行者，实现学生由认知向行为的过渡。

## 结束新课

情境创设：

听了你们的分享，我觉得国家交给你们才有希望。少年强则国强，接下来老师要送给你们一首诗，送给每一个怀着理想的孩子。

结语：

这节课，我们感受了中国精神文明建设的伟大成就，了解了精神文明在灾难前、生活中起到的重要意义。同学们，希望在祖国未来的发展长河中，能看到我们班孩子可以登上中国的舞台，登上世界的舞台！

活动意图说明：

用诗歌进行总结，同时升华情感。

## 十一、板书设计

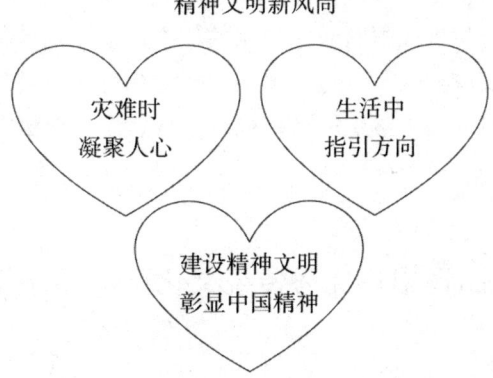

## 十二、作业设计

感动成都十大人物事件推荐卡

推荐人物：_____

颁奖词

## 十三、教学反思

1. 精设阶梯问题。本课教材的叙事逻辑主线是从国家到社会到个人，因此，教师在进行问题设计时遵循由浅入深的逻辑，符合学生的思维方式，引导学生从感性认识上升到理性认识。课堂上适时对学生的初步回答进行追问，引导学生从表面观察走向本质发现，大大提升了教学实效性。

2. 精选生活资源。课堂上教师注重联系学生生活，紧跟时代的步伐，在体会和理解精神文明新风尚时,及时补充疫情期间的感人事迹,学生刚刚经历过疫情,对这些事件所折射出的精神力量具有极强的认同感,强化了学生的责任意识;另外在引导学生思考"如何做新时代的好少年"时,教师并没有采用刻板的说教方式引导学生去理解新时代少年的优秀品质,而是借助本地区评选出的优秀少年事迹,用身边人、身边事给学生树立榜样,对其进行潜移默化的影响,这样的生活素材开阔了学生的思维视野,自然而然地激发学生追求"真善美"的意识。

## 第五节 "弘扬中华优秀传统文化"大中小学教学设计

### 【大学阶段】"弘扬中华优秀传统文化"教学设计

| 学科 | 思想政治 | 单元名称 | 建设社会主义文化强国 | 课型 | 新授课 |
|---|---|---|---|---|---|
| 教材 | (2023年版)《习近平新时代中国特色社会主义思想概论》 | 课时名称 | 增强中华文明传播力影响力 | 课时 | 1课时 |
| 党的二十大报告关于中华传统文化的表述 ||||||
| 党的二十大报告指出:增强中华文明传播力影响力。坚守中华文化立场,提炼展示中华文明的精神标识和文化精髓,加快构建中国话语和中国叙事体系,讲好中国故事、传播好中国声音,展现可信、可爱、可敬的中国形象。加强国际传播能力建设,全面提升国际传播效能,形成同我国综合国力和国际地位相匹配的国际话语权。深化文明交流互鉴,推动中华文化更好走向世界。 ||||||

### 一、教学要求

根据党的二十大精神与教材内容提出如下教学要求:

1. 内容要求:讲清增强中华文明传播力影响力的深层逻辑,教育引导学生深刻领悟为什么要增强中华文明传播力影响力。

2. 教学提示:可提前安排学生围绕教学内容,广泛查阅文献,分组开展研讨。

### 二、教材分析

1. 本框地位:本内容选自《习近平新时代中国特色社会主义思想概论》第

九讲"建设社会主义文化强国",教学内容构建于当今国际时代背景下,明确指出"增强中华文明传播力影响力","展现可信、可爱、可敬的中国形象","形成同我国综合国力和国际地位相匹配的国际话语权","推动中华文化更好走向世界"。

2. 本框内容:本课时包含三个方面的内容。一是概念之辩——什么是中华文明传播力影响力;二是问题之源——为什么提升中华文明传播力影响力;三是实践之策——如何增强中华文化传播力影响力。

### 三、学情分析

1. 知识基础:本框教学对象为大一学生。通过初中、高中《习近平新时代中国特色社会主义思想学生读本》以及必修一《中国特色社会主义》相关内容的学习,学生对中华文化的传承与创新已经有了很多感性认识和一定的理性认识,但还需要在此基础上进行提升,使学生对中华文化的传播力影响力有更为深入的了解。

2. 心智特征:大一学生对于文化方面都有或多或少的了解,有强烈的求知欲,但分析问题的全面性、系统性、深入性还不够。作为未来社会文化的接班人,学生需要加强对中华文化的传播力影响力的深层次、系统性理解。

### 四、学习目标

1. 教育引导学生深刻理解传承和创新中华文化的更高层面,培养学生对增强中华文明传播力影响力的理论认同。

2. 教育引导学生在理论认同的基础上,产生对增强中华文明传播力影响力的思想自觉,从而培养学生的文化自信。

3. 教育引导学生在理论认同、情感认同的基础上,坚定对党中央及习近平总书记提出的增强中华文明传播力影响力的政治认同,并努力为此作出贡献。

### 五、评价任务

1. 组织学生参与相关知识的课堂讨论和课堂交流,培养学生的理论认同。

2. 在学生参与课堂讨论、交流中,注重观察学生的思想情感以及政治态度,培养学生的情感认同。

3. 教育引导学生在理论认同、情感认同的基础上,结合自身能力进行增强中华文明传播力影响力的社会实践,作出自己的力所能及的贡献。

## 六、教学重难点

教学重点：为什么要增强中华文明的传播力影响力？

教学难点：如何增强中华文明的传播力影响力？

## 七、设计思路

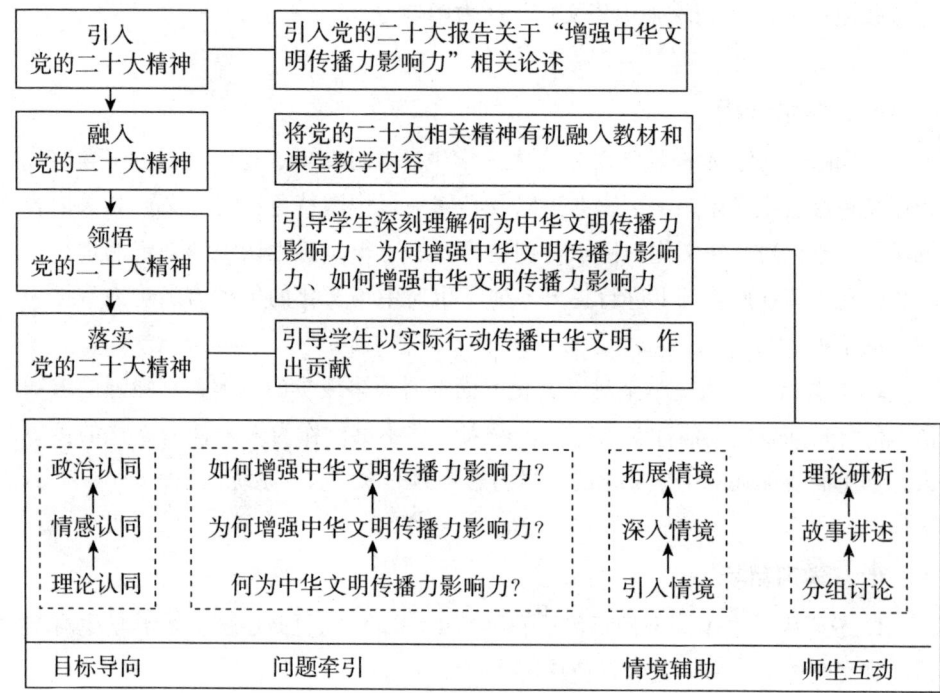

## 八、方法与策略

1. 精心设计情境，注重案例教学。根据总体教学目标，精心设计每一个环节的教学情境，通过一个个生动的案例，引发学生对相关理论问题的直观感知、情感共鸣。

2. 精心设计问题，注重启发教学。根据总体教学目标，精心设计每一个环节的问题，努力做到由浅入深、由具体到一般，引发学生对相关理论问题的深刻感知、深入思考。

3. 精心组织讨论，注重互动教学。根据总体教学目标，组织学生紧紧围绕设计的问题，开展分组讨论、课堂交流、理论探讨，引导学生对相关理论问题深刻理解、全面准确把握。

## 九、资源与工具

1. 硬件：多媒体工具。
2. 软件：图片《蓉宝》《大运会火炬》。

## 十、教学过程

### 导入新课

情境创设：

文字材料：第 31 届大运会吉祥物

吉祥物"蓉宝"以大熊猫"芝麻"为原型创作，蓉宝手中握有"31"字样火焰的大运火炬，蓉宝的耳朵、眼睛、尾巴也呈现火焰形态。蓉宝面部构思参考了传统艺术瑰宝——川剧的脸谱样式，是川剧这一中国非物质文化遗产又一次与时俱进的创新体现。将憨态可掬的熊猫形象与热情的火焰元素融为一体，凸显了"火"这一天府文化中的重要标签：它是火锅美食滚沸的动力，升腾出麻辣鲜香的"成都味道"；它更是川剧吐火绝技惊艳的点睛之笔。

图片材料：第 31 届大运会火炬

成都大运会火炬"蓉火"，取意成都的简称"蓉"，"蓉火"又寓"融合"之意。细节设计将中国风格和巴蜀韵味融入国际范儿，正面以国际级 IP、四川的大熊猫为主要设计元素；火炬顶部融入成都城市形象标识、中国文化遗产标志太阳神鸟，火炬侧面犹如三星堆青铜立人造型。

问题设置：

同学们在成都大运会吉祥物和火炬中找到了哪些具有巴蜀特色的文化？

学生活动：

思考老师提出的问题，激发学习兴趣。

教师引导：

向同学们讲解成都大运会吉祥物和火炬中所蕴含的巴蜀文化，独特的巴蜀文化以大运会为契机向全世界彰显，导入学习主题"增强中华文明传播力影响力"。

活动意图说明：

世界大学生运动会是规模仅次于奥运会的世界大型综合性运动会，以大运会的巴蜀文化为导入，贴近学生生活，活跃氛围，激发学生学习兴趣；设疑激思，引出本课学习主题。

## 讲授新课

**环节一：概念之辨——什么是中华文明传播力影响力**

情境创设：

文字材料1

习近平总书记在党的二十大报告中提出，"增强中华文明传播力影响力"，并对此作出全面部署。

问题设置：

（1）什么是文明？文明与文化有何区别与联系？

（2）什么是中华文明？具体包括哪些内容？

（3）什么是中华文明传播力影响力？中华文明传播力与中华文明影响力有何区别与联系？

学生活动：

（1）将学生分成5组；

（2）请第一组学生交流课前查阅文献和思考的情况；（课前将3个问题提前布置给学生，请学生查阅文献、自行思考）

（3）围绕3个问题依次开展讨论。

教师引导：

第一，什么是文明？文明与文化有何区别与联系？

①文明（civilization）一词源于古拉丁文 civie 和 civilis，其本义是城市居民，引申为罗马人的公民身份，含有较之当时的外乡人特别是蛮族的生活状态更为优越之意，因此"文明"是相对于"野蛮"（savage）或"原始"（primitive）而言。文明有广义与狭义之分。狭义的文明限于物质领域的发展，广义的文明包括物质领域的发展和精神领域的进步，即物质文明与精神文明。

②"文化"（culture）的本义是栽培、耕作，相对于自然（nature）而言，凡是经过人的加工创造的事物都属于文化。广义的文化，可分为物质、制度、习俗、精神等层面；狭义的文化，主要指人类的精神活动及其成果。

③文明与文化通常作为近义词。文化即文明。如果要有区分，可以说"文明"是"文化"发展到一定阶段（摆脱野蛮状态）的产物，文化是文明的基础。有研究认为，文明标志在以下几方面：政治上，有城市类型的大型聚居地，有宏伟的公共建筑，居民有明显的阶级分化，国家形成；经济上，有发达的社会分工和商品交换，有相对固定的税收制度或定期的贡赋制度；意识形态上，有全民族比较统一的宗教信仰，包括崇拜对象和祭祀仪式等；文化教育上，有文字的使用和科学技术的发展，有某种形式的学校。只有在文化上具备了以上

标志和特征的社会，才算进入了文明社会。

④文明展现的是积极的、优秀的文化；消极的、落后的文化不属于文明范畴。

第二，什么是中华文明？具体包括哪些内容？

①中华文明就是中华民族在长期实践中形成的优秀物质的、精神的成果，这些成果在很大程度上也表现为优秀的文化。

②中华文明包括中华民族在长期实践中形成的一切物质文明与精神文明，包括先进的生产工具、生活器具、娱乐方式、艺术作品等。

第三，什么是中华文明传播力影响力？中华文明传播力与中华文明影响力有何区别与联系？

①中华文明传播力影响力即中华文明的传播力与影响力。

②中华文明的传播力指的是中华文明传播到世界其他国家和地区的能力；中华文明的影响力指的是中华文明被其他国家和地区的群众所接受、所认同的能力。二者互为支撑，传播力支撑影响力，影响力反映传播力；并且二者共同构成中华文明软实力。

活动意图说明：

引导学生多角度看问题；通过小组代表角色扮演，直观形象展示年俗，充分发挥学生学习兴趣，增强学生的体验感。

**环节二：问题之源——为什么提升中华文明传播力影响力**

情境创设1：

材料：电影《流浪地球》《伦敦陷落》。

问题设置：

（1）比较这两部电影，它们表现出的文化有什么差异？

（2）结合材料，全面分析为什么要增强中华文化传播力影响力？

学生活动：

请同学们比较影视和文字材料，比较中西方的文化和语言差异在课上与同学们分享。

教师引导：

第一，电影所体现的中西文化差异：

在《流浪地球》里，行动是集体的，绝大部分行动都是靠群体来完成的，具有浓厚的东方集体主义色彩。主角团的救援小队只是千千万万个救援小队的一个，地球的拯救，是靠千千万万个地球人做到的。地球的流浪，不是靠个人单打独斗，而是靠着1万个行星推进器，是靠着150万人的救援队伍的共同努力。

《伦敦陷落》是《白宫陷落》的续集,讲述孤胆特工迈克·班宁陪同美国总统本杰明·阿瑟前往英国伦敦参加英国首相的葬礼,不料却遭遇恐怖袭击。在加拿大、法国、意大利、日本和德国领导人相继遇难的情况下,英国人自私自利,自顾自逃命,置其他国家领导人生死于不顾。值此千钧一发之际,班宁协助总统冒险逃生,最终,二人不仅逃出龙潭虎穴,还成功挫败恐怖分子毁灭世界的阴谋,让世界重新回归和平。总之,这是一部靠一己之力,拯救整个场面的个人英雄主义电影。

集体主义与个人主义一方面是文化差异,同时也是价值观蕴含的阶级立场的反映。当代中国的集体主义,既继承了国家一体的传统价值观,又直接来自马克思主义价值观。

第二,为什么要增强中华文化传播力影响力?

①在中西文化的交流中,西方文化的个人主义、利己主义与中华文化所弘扬的集体主义、利他主义有时会产生冲突。

②排除掉部分西方人士恶意翻译的因素,由于中西方社会语境差异,基础性的思想文化术语往往有多个诠释文本和解读方式,有些核心术语在不同历史时期、文化条件和知识范畴内也可能引发不同的理解。

之所以要增强中华文化传播力影响力,是因为中国的发展需要创设一个良好的国际环境,需要增强世界各国对中国的理解。

情境创设2:

党的十八大以来,习近平总书记发表的一系列重要讲话和文章中,精妙的典故信手拈来,广博的引用贯通古今。从这些用典中,既可以追溯习近平新时代中国特色社会主义思想的源头活水,又能在古为今用的创造性转化中感受中华优秀传统文化的博大精深。

比如:【为政】先天下之忧而忧,后天下之乐而乐。　　——(北宋)范仲淹《岳阳楼记》

"先天下之忧而忧,后天下之乐而乐"是一种为人民,也就是为大多数人的幸福观,习近平在谈为官之道时多次引用。他指出,古往今来,许多有作为的"官"都以关心百姓疾苦为己任,为官者要有"先天下之忧而忧,后天下之乐而乐"的政治抱负,心无百姓莫为"官"。他要求党员干部对个人的名誉、地位、利益,要想得透、看得淡,自觉打掉心里的小算盘。"我们不舒服一点、不自在一点,老百姓的舒适度就好一点、满意度就高一点,对我们的感觉就好一点。"习近平将范仲淹这句名言赋予新的时代意义,那就是为人民着想,把自己的幸福同人民的幸福紧紧连结在一起,为实现中华民族伟大复兴的中国梦而奋斗。

【笃行】图难于其易，为大于其细。天下难事，必作于易；天下大事，必作于细。——（春秋）老子《道德经·第六十三章》

习近平总书记在讲话文章中多次引用了老子《道德经》的这句名言，体现了他的实干兴邦思想。习近平总书记指出成功的背后永远是艰辛努力。大事全是由小事积累起来的，要把小事当作大事干，一步一个脚印往前走。滴水可以穿石，只要坚韧不拔、百折不挠，就一定能够成功。我们推进改革的原则是胆子要大、步子要稳。对改革进程中已经出现和可能出现的问题，困难要一个一个克服，问题要一个一个解决，既敢于出招又善于应招，做到"蹄疾而步稳"。"蹄疾而步稳"就是对老子"图难于其易，为大于其细"的另类表述。

问题设置：

（1）中华文明中有哪些优秀的思想？

（2）中华文明对世界的发展有哪些意义？

学生活动：

请第二组同学们课前阅读《习近平用典》，并选出自己最喜欢的一句典故，在课上与同学们分享。

分享要求：一是讲明这句典故的出处，讲明这句典故习近平总书记在何处引用过；二是分享典故对自己的影响以及对人类社会的影响。

教师引导：

第一，中华文明的内容。中华文明博大精深，不仅包括教育、历史、哲学、道德等，还包括文学艺术、科学技术等各个方面。

中华文明还有其独特的包容性、开放性和深刻性。

中华文明还有其对世界文明的贡献和影响力。

第二，中华文明对世界的重要贡献。

①科学技术贡献：中国古代在农业、手工业、冶金、纺织、建筑等领域取得了许多重要发明和创新，为世界科学技术的发展作出了贡献。例如，中国是世界上最早使用纸张的国家，也是火药、指南针和活字印刷术的原发地。

②文化传承：中华文明以其独特的哲学思想、文化价值观和美学概念，对世界文化传承产生了深远影响。例如，中国的儒家文化对东亚地区的文化发展产生了重要影响，儒家思想在东亚各国仍然具有重要影响力。

③文学艺术贡献：中国古代文学作品如《诗经》《孟子》《论语》等是世界文学的重要瑰宝，对世界文学的发展有重要影响。中国的绘画、音乐、舞蹈等艺术形式也以其独特的艺术风格和创作方法对世界艺术产生了影响。

④哲学思想贡献：中国古代哲学思想如儒家、道家、墨家等思想体系对世

界哲学产生了广泛而深远的影响。这些哲学思想为世界提供了不同的思维方式和价值观念，对人类社会发展产生了积极影响。

⑤文明交流与贸易：中华文明通过丝绸之路等交流通道，与西方、中亚、东南亚等地区进行了广泛的文化、经济、科技交流与贸易往来，促进了各地文明的交融和共同发展。

活动意图说明：

继上一环节探讨中华文明传播力影响力的含义后，这一环节从"为什么"的角度认识增强中华文化传播力影响力的重要性。开展课堂辨析，能够引导学生在活动中积极体验，有效生成，提升学生的辩证思维，提升科学精神素养。

**环节三：实践之策——如何增强中华文化传播力影响力**

情境创设1：

讲好中国故事、传播好中国声音，展现可信、可爱、可敬的中国形象。

视频材料：成都宣传片《蜀道开·大运来》

被称为"国潮浪漫"的宣传片《蜀道开·大运来》，探讨"都说蜀道难，为什么成都这座城却又如此开放"的话题，引发民族认同感和文化共鸣，同时收获了关注度和好评度。

问题设置：

（1）说说你还有哪些喜欢的宣传片，为什么喜欢它？

（2）从城市宣传片我们能看出中国故事应该如何才能讲好和传播好？

学生活动：

请第三组同学观看视频，感受城市宣传片的魅力，总结优秀宣传片需要具备的特点。

教师引导：

从成都的宣传片成功出圈的案例，我们可以发现要想讲好中国的故事需要能够与观众产生情感的共鸣。

情景创设2：

分别展示部分国家的文化产业和文化事业的图片。

①美国文化产业代表好莱坞电影。

②韩国文化产业代表韩剧。

③日本文化产业代表日漫。

问题设置：

（1）你最喜欢看哪个国家的影视剧？为什么？

（2）你喜欢的国产片是哪一部？为什么？

（3）你认为我国文化事业和文化产业与国外还有哪些差距？应该从哪些方面提升呢？

学生活动：

请第四组同学讨论，并上台与大家分享自己的观点。

教师引导：

第一，文化产业的作用。文化产业发展不仅关乎经济增长，而且关乎文化自信，关乎国家形象。美国、日本、韩国等多国实践表明，文化产业在助力国家形象国际传播、增强本国文化的全球吸引力、提升国家软实力等方面发挥着巨大作用。

第二，文化产业与文化产品是国家形象国际传播的重要驱动力。文化产业重在基于文化内容进行创意，生产出大众喜爱并愿意消费的文化产品，通过产品的形式在润物细无声的过程中，在消费者心智中产生影响力。

文化产业与文化产品建立于消费逻辑基础上，最容易让国际受众在不知不觉中接触到他国文化，并受到他国文化的影响。这种文化输出的方式能够降低因"文化基因"而造成的文化折扣，帮助克服文化传播过程中的硬推广问题。

情景创设3：

深化文明交流互鉴，推动中华文化更好走向世界。

1990年12月，在就"人的研究在中国——个人的经历"主题进行演讲时，著名社会学家费孝通先生总结出了"各美其美，美人之美，美美与共，天下大同"这一处理不同文化关系的十六字箴言。

问题设置：

（1）请谈谈你对费孝通先生这句话的理解。

（2）你认为中华文明与其他文明应当如何相处，以便中华文明更好地走向世界？

学生活动：

请第五组同学讨论后上台与大家分享自己的观点。

教师引导：

人们要懂得各自欣赏自己创造的美，还要包容的欣赏别人创造的美，这样将各自之美和别人之美拼合在一起，就会实现理想中的大同美。

要承认世界文化的多样性、尊重不同民族的文化，文化既是民族的又是世界的。各民族文化都以其鲜明的民族特色丰富了世界文化，共同推动了人类文明的发展和繁荣。只有保持世界文化的多样性，世界才更加丰富多彩，充满生机和活力。

活动意图说明：

这一环节是迁移应用环节，理解基础知识后，开展课堂故事分享活动，引导学生关注现实生活中的文化传承发展，从中坚定文化自信。

### 结束新课

情境创设：

想象自己是成都大运会的志愿者，选择一个景点对外国朋友进行介绍。

结语：

青少年是中华优秀传统文化的传承者，也是传播中国文化的使者，肩负着把中国文化传播到世界各地的责任使命。

活动意图说明：

作为课堂总结部分，继续挖掘"大运会中的传统文化"，和导入部分首尾呼应。同时，升华主题，鼓励学生坚定文化自信，以实际行动推动中华优秀传统文化的创造性转化、创新性发展，提升政治认同、公共参与素养。

## 十一、板书设计

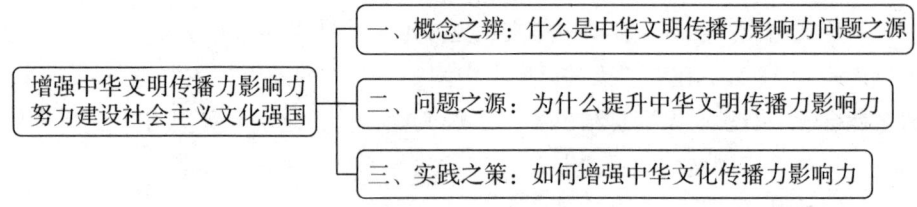

## 十二、作业设计

课后实践：

请你结合本次大运会，设计一个可以体现巴蜀文化的大运会文创产品或者宣传视频。

活动要求：

1. 文创产品可手绘，亦可电脑软件绘制。

2. 宣传视频要求契合主题，积极向上。

3. 作品发送至老师邮箱，将评出一、二、三等奖和优秀奖若干名，颁发获奖证书和奖品，并传达至学校。

期待你们的优秀作品……

**十三、教学反思**

本课的教学设计有以下几个特点：

1. 注重加强理论分析，有"理论味"。理论性是大学思政课的重要特点，本课以增强中华文明传播力影响力为主题，以什么是中华文明的传播力影响力、为什么要增强中华文明传播力影响力、如何增强中华文明传播力影响力为主线，运用习近平文化思想，深刻讲解了文化传承与创造的基本理论与实践，具有"理论味"。

2. 注重讲好中国故事，有"中国味"。讲好中国故事是大学思政课的重要使命。本课的教学设计中，充分发挥了故事在理论讲述中的生动性、趣味性，绝大多数案例都是中国案例，是学生熟悉、容易理解且尽可能新的中国案例，例如成都大运、《习近平用典》等案例，具有浓浓的"中国味"。

3. 注重融入创新理论，有"时代味"。时代性是思政课的基本特征。本课十分注重运用习近平新时代中国特色社会主义思想这一马克思主义中国化时代化的最新成果，习近平文化思想以及新时代文化强国建设的生动实践有机融入课程，体现了鲜明的"时代味"。

4. 注重结合青年特点，有"青年味"。大学生思想课是讲给青年大学生听的。本课考虑到青年大学生的年龄特征、性格特征以及认知特点，注重与青年学生关注的问题相结合，紧扣建设社会主义文化强国这一时代使命以及增强中华文明传播力影响力这一时代特性，努力讲青年大学生感兴趣的故事、讲青年大学生能听懂的道理。

## 【高中阶段】"弘扬中华优秀传统文化"教学设计

| 学科 | 思想政治 | 单元名称 | 文化的传承与创新 | 课型 | 新授课 |
|---|---|---|---|---|---|
| 教材 | （2021年版）《文化生活》 | 课时名称 | 传统文化的继承 | 课时 | 1课时 |
| 总领：党的二十大报告关于传统文化的表述 ||||||
| 党的二十大报告指出，要"传承中华优秀传统文化"。这深刻阐明了我们党对待传统文化的立场态度，集中体现了当代中国共产党人的鲜明文化观，指明了永葆中华文化生机活力的必由之路。中华优秀传统文化源远流长、博大精深，是中华文明的智慧结晶，蕴含着中华民族最原始的精神基因，积淀着中华民族最深层的精神追求，彰显了中华民族最深厚的民族认同感，为我们在新时代新征程以更为坚定的文化自信传承中华文明，以中国式现代化全面推进中华民族伟大复兴提供了丰富的精神滋养。 ||||||

## 一、课标要求

《普通高中思想政治课程标准（2017年版2020年修订）》（以下简称"新课标"）对本课时的基本要求如下：

1. 内容要求：辩证地看待传统文化，领会对中华优秀传统文化进行创造性转化、创新性发展的重要意义。

2. 教学提示：以"传统文化是包袱还是财富"为议题，探究对待传统文化的正确态度。可结合对非物质文化遗产的保护，讨论如何传承和弘扬中华优秀传统文化。

## 二、教材分析

1. 本框地位：本框位于人教版高中思想政治必修三第二单元第四课第一框。如何在多元化的世界文化海洋中不断发展自我、保持文化的独特性，如何尊重和培育自己的传统文化，为今后发展创新传统文化做好文化铺垫，夯实文化基础，具有承前启后的作用。本框学习，有利于提升学生分辨先进传统文化与落后传统文化的能力，树立正确的文化价值观，增强文化自信和政治认同。

2. 本框内容：第二单元"文化传承与创新"从文化传播、文化继承和文化创新三个方面展开分析。本框主要介绍第二方面的内容，即传统文化的含义和内容、传统文化的基本特征和双重作用，以及我们对待传统文化的正确态度。

## 三、学情分析

1. 心智特征：本框教学对象为高二学生。这一阶段学生理性思维明显有所提升，已经具备较强的观察辨析和逻辑思考能力。他们关心国家大事和社会生活，但由于心智还不够成熟，生活参与能力有限，想问题、做事情容易出现片面化和简单化倾向。

2. 认知结构：通过《文化生活》第一单元的学习，学生已经掌握文化的作用等相关知识，为辩证地看待和传承传统文化奠定了坚实的学科基础。且他们在日常生活中接触和了解了许多传统文化内容，能够根据已有生活经验自主分析现实生活中的一些文化现象，但这些仍停留在生活经验层面，理性深入分析不足。因此，教师需要创设生活化情境、采用多种教学形式，将学生的生活经验转化为知识素养。

## 四、学习目标

1. 通过议题一材料，参与课堂展示活动，充分认识传统文化的含义和表现形式，深入了解传统文化的特征，感受传统文化的魅力，提升政治认同素养。

2. 通过议题二材料，观看视频，辩证看待传统文化对社会和人的发展的作用，全面掌握对待传统文化的正确态度，形成对传统文化的科学认知，提升科学精神素养。

3. 通过议题三视频，参与课堂写作活动，充分认识中华优秀传统文化向世界传播的现状和意义，自觉做传播中华优秀文化的使者，提升公共参与素养。

## 五、评价任务

1. 参与"多样的民族，多彩的民族"课堂展示活动，根据课前任务，分组展示不同民族的传统年俗，参与课堂讨论，总结出传统文化和传统习俗的含义，说出传统文化的四种表现形式，概括出传统文化的三个特征。（针对学习目标1）

2. 观看《放鞭炮的潜在危险》视频，精读春节放鞭炮习俗的前世今生的材料，从积极作用和消极作用两方面归纳传统文化对社会和人的发展的作用，并总结出对待传统文化的正确态度。（针对学习目标2）

3. 观看《冬奥会外国人过中国年》视频，参与"讲好中国故事"课堂写作活动，分享一个向世界传播中华优秀年文化的故事。（针对学习目标3）

## 六、教学重难点

教学重点：传统文化的作用、对待传统文化的正确态度。
教学难点：传统文化的基本特征。

## 七、设计思路

助力核心素养生长的课堂离不开结构化的情境、活动型的任务、序列化的知识。其中，任务线是素养生长的活动主线，知识线是素养生长的理论辅线，情境线是素养生长的生活辅线，三线合一，形成指向学科核心素养的"金字塔"架构。

本课以"从传统年俗的变迁看传统文化的继承"为总议题,以不同民族年俗的变迁、"放鞭炮"年俗的变迁为案例,从"是什么、为什么、怎么做"三个角度认识传统文化。学生通过年俗表演、课堂辨析、课堂故事分享等活动,生成核心知识。整堂课由理解向应用、迁移螺旋上升,引导学生走进教材、走出教材、走向生活,使核心素养落地生花。

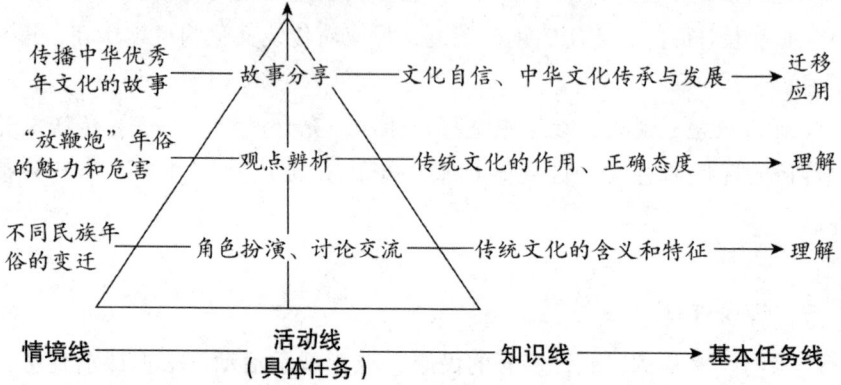

## 八、方法与策略

1. 优化议题情境,创设体验式氛围。围绕议题,创设情境,打造活动型课堂,让学生在真实情景中去体验、去感悟、去生成,落实核心素养,促进思想政治理论性与实践性相统一。

2. 精心设计问题,激发探究式兴趣。巧设问题,用问题驱动学生深度思考,激发课堂探究兴趣,提升关键能力,培养思维品质,体现课堂主导性与主体性相统一。

3. 高效组织活动,打造交互式课堂。在课堂搭建活动平台,为师生、生生之间交流互动提供契机,在交互中提升能力,体现课程内容活动化与活动设计内容化相统一。

## 九、资源与工具

1. 硬件:多媒体工具、学生年俗表演道具。
2. 软件:视频《冬奥会中的年俗元素》《放鞭炮的潜在危险》《冬奥会外国人过中国年》。

十、教学过程

### 品味年俗文化，传承中华文明
——从传统年俗的变迁看传统文化的继承

#### 导入新课

情境创设：

播放视频《北京冬奥会中的年俗元素》。

问题设置：

冬奥会里年味儿浓，传统年俗文化在现代生活中焕发出怎样的生机？

学生活动：

观看冬奥会年俗元素视频，思考老师提出的问题，激发学习兴趣。

教师活动：

点明以传统年俗为代表的传统文化对人们产生深远持久的影响，导入学习主题"传统文化的继承"。

活动意图说明：

以冬奥会中的年俗元素导入，贴近学生生活，活跃氛围，激发学生学习兴趣；设疑激思，引出本课学习主题。

#### 讲授新课

**环节一：感知春节年俗，品味传统文化魅力**

情境创设：

（1）学生课堂展示不同民族的传统年俗，并介绍其变迁过程。

活动要求：

①分组介绍三个不同民族（汉、藏、彝）的传统年俗；

②以表演方式展示该年俗的由来、内容和变迁过程。

③每个民族展示限时3分钟。

（2）不同民族年俗及其变迁的材料：

百节年为首，春节是中国一个古老的节日，起源于夏商时期。在千百年的历史发展及传承中，已形成了一些较为固定的风俗习惯，有许多还流传至今，如扫尘、贴春联、祭祖、点爆竹、拜年等。2006年5月，春节民俗经国务院批准已列入第一批国家级非物质文化遗产名录。这些习俗均以祭祀神灵、拜祭祖先、除旧布新、祈求丰年为主题，形式多样、内容丰富，是中华各民族文化的集中展示，也是民族情感得以释放、心理诉求得以满足的重要载体。

随着互联网时代的到来,一种全新的基于互联网的年俗文化正逐渐形成。从过去的登门拜年,到后来的电话、短信拜年,再到如今的视频、微信表祝福,其变化可谓日新月异。拜年方式的变迁见证了时代的发展,但寄予和承载的那份感恩和祝福永远不会变。

问题设置:

(1) 新春年俗是如何形成的?和传统文化之间有何关系?

(2) 新春年俗的古今之变、民族差异,体现了传统年俗文化具有哪些特征?请加以说明。

学生活动:

(1) 课堂展示,以小组为单位,分享自己搜集到的不同民族传统年俗。

(2) 小组讨论议学问题,由小组代表发言,其他小组补充、评价。感受传统文化随着时代的变迁仍保留基本特征,具有鲜明的民族特色。

教师活动:

教师点评小组讨论成果和交流情况。总结传统文化的特征,即相对稳定性、鲜明的民族性、继承性。

活动意图说明:

这一环节是探讨传统文化的含义和基本特征,从"是什么"角度认识传统文化。从不同民族、不同时代的视角考察年俗的差异和变迁,引导学生多角度看问题;通过小组代表角色扮演,直观形象展示年俗,充分激发学生学习兴趣,增强学生的体验感。

**环节二:回顾年俗变迁,正视传统文化作用**

情境创设:

(1) 呈现春节"放鞭炮"年俗由来的材料:

春节放爆竹是一个汉族传统年俗,已有2000多年历史,相传是为了驱赶一种叫"年"的怪兽。年兽长期生活在湖海或深山,每到年末的午夜,年兽就会进入人的领地,向人类聚居的村庄发起攻击。在人和"年"斗争了很多年后,人们发现"年"怕三种东西,红颜色、火光、响声。从那以后,每逢除夕来临,年兽出没之时,家家关门闭户,挂红绳穿红衣,燃放爆竹驱赶年兽,后来就演变成了过年。当新年钟声敲响,整个中华大地上空,爆竹声震响天宇,把除夕的热闹气氛推向了最高潮。声声爆竹寄托了汉族劳动人民祛邪、避灾、祈福的美好愿望。

(2) 播放视频《放鞭炮的潜在危险》,呈现燃放烟花爆竹危害的材料:

现代社会放鞭炮带来大气污染、噪声污染、安全隐患等问题(现在不适应社会变迁）+成都市颁布烟花爆竹禁燃令+电子鞭炮发明并畅销。

问题设置：

（1）结合材料，全面分析放鞭炮年俗对社会与人的发展的作用。

（2）针对放鞭炮这一传统年俗的变化，有人认为，现在年味儿越来越淡了，传统年俗会丧失鲜活的生命力，也有人认为会迸发出新的生机。你支持哪一种观点？请从文化角度阐明理由。

学生活动：

（1）阅读文字材料，了解放鞭炮习俗的"前世今生"，观看视频，直观感受放鞭炮的安全隐患，从中认识年俗的双重作用。

（2）小组讨论，对老师提出的两种观点进行辨析，在思维碰撞中探寻对待传统的正确态度。

教师活动：

教师点评学生参与活动的情况与讨论成果，总结传统文化对社会和人的发展的双重作用和对待传统文化的正确态度：取其精华、去其糟粕。

活动意图说明：

继上一环节探讨传统文化的含义和基本特征后，这一环节认识传统文化的双重作用，总结对待传统文化的正确态度，分议题环环相扣，层层递进，符合学生的认知规律。开展课堂辨析，能够引导学生在活动中积极体验，有效生成，提升学生的辩证思维，提升科学精神素养。

**环节三：传播优秀文化，讲好当代中国故事**

情境创设：

播放视频《冬奥会外国人过中国年》，开展课堂故事分享活动，讲述你所知道的关于传播中华优秀年文化的故事。

问题设置：

文化是民族的，更是世界的，我们需要向世界传播中华文化、讲好中国故事。请讲述你身边关于传播中华优秀传统文化的故事，体裁不限，字数300~500字。

学生活动：

观看视频，感受中华优秀传统文化传播的现状，参与课堂故事分享活动。在活动中增强文化自信、民族自信，坚定推动中华文化传承和发展的决心。

教师活动：

点评学生分享的文化传播故事，鼓励学生坚定文化自信，推动中华优秀文化的传承和发展。

活动意图说明：

这一环节是迁移应用环节，理解基础知识后，开展课堂故事分享活动，引导学生关注现实生活中的文化传承发展，从而坚定文化自信。

结束新课

情境创设：

学生分享关于传播中华优秀年文化的故事。

结语：

"文化自信，是更基础、更广泛、更深厚的自信，是更基本、更深沉、更持久的力量。"中华文明经历了几千年，积聚了无数先人的聪明智慧和宝贵经验，我们要进一步了解中国传统文化，从博大精深的传统文化中寻找到中国自信的源泉，增强民族文化自信，不断推动文化传承与创新！

活动意图说明：

作为课堂总结部分，继续挖掘"冬奥会中的传统文化"，和导入部分形成首尾呼应。同时，升华主题，鼓励学生坚定文化自信，以实际行动推动中华优秀传统文化的创造性转化、创新性发展，提升政治认同、公共参与素养。

## 十一、板书设计

传统文化的继承

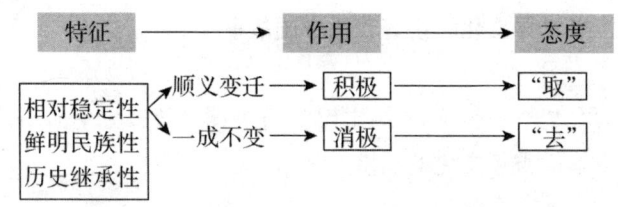

## 十二、作业设计

课后实践：

为贯彻习近平新时代文化思想和党的二十大精神，落实全国教育大会精神和中共中央办公厅、国务院办公厅《关于实施中华优秀传统文化传承发展工程的意见》，充分发挥中小学课程教材承载的中华优秀传统文化教育功能，2021年1月，教育部印发了《中华优秀传统文化进中小学课程教材指南》，首次对中小学课程教材如何有效落实中华优秀传统文化教育进行顶层设计。

请你结合生活实际，就如何让中华优秀传统文化在学生心中生根发芽，为所在学校设计一个主题活动,主题为"中华优秀传统文化进校园"。

活动要求:

1. 写出活动名称、活动形式、设计意图,字数在 200 字左右。

2. 要求契合主题,积极向上,具有可操作性。

3. 作品发送至老师邮箱,将评出一、二、三等奖和优秀奖若干名,颁发获奖证书和奖品,并传达至学校。

期待你们的优秀作品……

## 十三、教学反思

1. 三线联动,指向学科核心素养。整个教学设计注重知识线、任务线、情境线的有机统一,相互贯通,通过创设生活化、具象化的情境,在活动中思考问题,在任务中落实知识,最终指向学科核心素养的落地。

2. 思政小课堂牵手社会大课堂,为教学有效赋能。本课结合学生的身心发展特点,将学生们熟悉的年文化和冬奥会相结合,创造生活化情境,以中国年俗文化的变迁为议题,层层生成传统文化的相关知识,力求呈现真情境、提出真问题、获得真收获。善用"大思政课"凝聚合力,赋能课堂,增强了学生的体验感,提升了实践育人实效。

## 【初中阶段】"弘扬中华优秀传统文化"教学设计

| 学科 | 道德与法治 | 单元名称 | 文明与家园 | 课型 | 新授课 |
|---|---|---|---|---|---|
| 教材 | (2022年版)九上《道德与法治》 | 课时名称 | 茶韵悠扬 历久弥新<br>——走进双流彭镇老茶馆<br>延续文化血脉 | 课时 | 1课时 |
| 总领:党的二十大报告关于传统文化的表述 |||||||
| 党的二十大报告中指出,"传承中华优秀传统文化"。中华文化源远流长、灿烂辉煌。在5000多年文明发展中孕育的中华优秀传统文化,积淀着中华民族最深沉的精神追求,代表着中华民族独特的精神标识,是中华民族生生不息、发展壮大的丰厚滋养,是中国特色社会主义植根的文化沃土,是当代中国发展的突出优势,对于传承中华文脉、全面提升人民群众文化素养、维护国家文化安全、增强国家文化软实力、推进国家治理体系和治理能力现代化,具有重要意义。 |||||||

## 一、课标要求

《义务教育道德与法治课程标准 2022 版》（以下简称"新课标"）对本课时的基本要求如下：

1. 内容要求：通过与中华优秀文化传统、革命传统、国情教育等方面的关联，从真实的社会情境角度进行道德教育，强化学生的道德体验和道德实践。

2. 教学提示：以"中华优秀传统文化的魅力何在"为议题，探究中华优秀传统文化核心理念的当代价值。

## 二、教材分析

1. 本框地位："文明与家园"既是第一单元"富强与创新"、第二单元"民主与法治"的延续，又承接第四单元"和谐与梦想"，属于实现中华民族伟大复兴梦中的文化建设与生态建设的内容。本课"延续文化血脉"是九年级教材"文明与家园"第一框内容，是学生理性认识中华文化的第一课。中华文化凝聚着中华民族共同的奋斗历程，蕴含着中华民族共同培育的民族精神，贯穿着中华民族共同坚守的理想信念。

2. 本框内容：作为中华文化的一部分，茶文化已融入我们的日常生活，本课以"文化之旅项目式学习"为主题，"如何让中国茶名片发扬光大"为大任务，以成都双流彭镇茶馆一条街为载体，探究中华茶文化的历史与时代价值。

本次项目式学习，融收集资料、问卷调查、现场采访、行动落实为一体，让学生了解家乡的文化，深切感知中华文化的魅力，通过对茶馆老板、游客等的采访与资料收集，了解老街故事，了解文化渊源，激发"我愿意让家乡更美好"的主人翁意识，并能通过主动感悟思考、动手实践等行为，在传播中华文化的过程中坚定文化自信，从而实现课程目标并达成热爱家乡热爱中华文化的政治认同、友爱团结互帮互助的道德修养、关心历史和有担当精神的责任意识、自尊自信和积极向上的健全人格等核心素养目标。

## 三、学情分析

1. 知识基础：本框教学对象为九年级学生。九年级学生对中华优秀传统文化在情感与知识经验上都有所认知，有些学生可能还掌握了一定的传统文化技艺。但是学生对中华优秀传统文化的认识仅停留在一般的知识和操作层面，对其深层次的文化价值和意义的认识和思考不多。

2. 心智特征：受外界影响，学生在一定程度上会淡漠对中华传统文化的价值认识从而忽视对中华优秀传统文化的继承和发展。在课前的 228 份问卷调查中，发现九年级的学生能够较浅的分析家乡茶文化发展现状，能较清晰的表达观点。

作为文化发展的推动者，学生要加强对文化价值和意义的思考，加强对中华文化、中华精神、中华价值的理性认识和剖析。

### 四、学习目标

1. 通过"感受历史的温度组"进行关于家乡彭镇茶馆资料分享及师生对话，学生体会到中华文化源远流长、博大精深的特点，感受到文化薪火相传、历久弥新的独特魅力，增强文化认同感，提升道德修养、政治认同的核心素养。

2. 通过"文化微服私访组"分享实地调查内容，学生能提取彭镇茶馆中的茶文化及内涵、彭镇精神、游客向往等相关信息，能够合作完成关于"双流彭镇茶馆一条街，何以成为文化名片"的相关三个问题链的探究，感知中华茶文化的丰富内涵、文化底蕴、美德传承，从而提升健全人格核心素养。

3. 通过问卷结果展示与"茶的百花齐放组（全班）"传承与发扬中华茶文化的展示，学生感知文化传承与创新需要每个人的参与，增强对中华文化价值的认同，能够树立民族自豪感和自信心，主动弘扬中华文化，传承中华美德，提升道德修养、责任意识等核心素养。

### 五、评价任务

1. 针对"感受历史的温度组"的同学，通过资料组课前搜集了解相关信息，学生合作能够具体清晰地用数据、图片、文字等形式进行展示并进行完整流畅的文化表达；针对听众同学，在"感受历史的温度组"分享后，学生能从时间和内涵、韵味上总结出茶文化、中华文化的特点，增强民族自豪感及对文化的自信。（针对学习目标1）

2. 基于"双流彭镇茶馆一条街，何以成为文化名片"的探究大任务，学生能在分任务——"人、茶、心"三组问题链中，深挖中华优秀传统文化所蕴含的思想观念、人文精神、道德规范，再通过师生对话，学生能够进一步归纳总结出"文化自信、文化传承、文化创新、美德"等学科术语。（针对学习目标2）

3. 学生能从调查数据中总结出茶文化需要传承与发展的现状，能够从不同的行动为茶文化的传承和发展建言献策、实践宣传。（针对学习目标3）

## 六、教学重难点

教学重点：中华文化、传统美德的内涵；增强文化自信的原因及做法。

教学难点：用实际行动弘扬中华优秀传统文化、传承中华传统美德、增强文化自信。

## 七、设计思路

助力核心素养生长的课堂离不开结构化的情境、活动型的任务、序列化的知识。本课以情景线、活动线、知识线来构建课堂，本课是对茶文化的品、寻、创；在活动过程中增强学生的互动、探究、分享、合作等能力，引导学生进行项目式学习探究。本课开展"文化之旅走进彭镇茶馆一条街"项目式学习，收集与本课主题相关的传统文化的具体内容；分享展示与完成探究"彭镇茶馆老街何以成为文化名片"的大任务；课后能够利用自身实践探索宣传成都茶文化，用自己的文化艺术、媒体创意、茶艺展示，让更多的人听见"成都文化故事"，学生愿意用自身行动延续文化血脉。

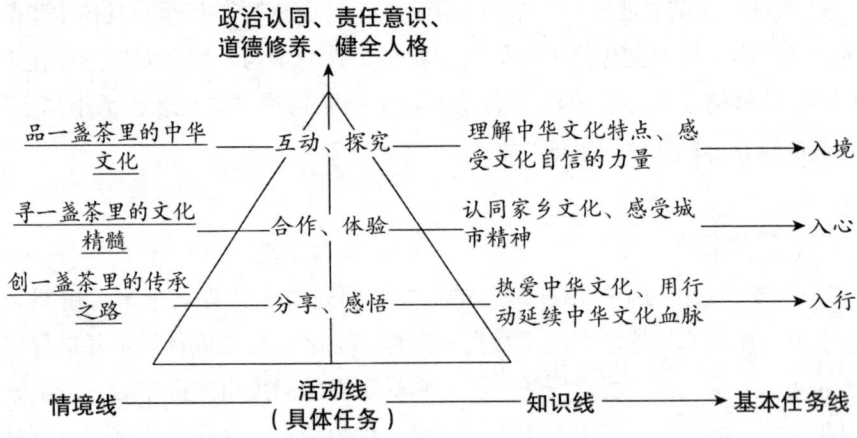

## 八、方法与策略

充分利用成都本土资源，结合双流独特的地理位置，开展"文化之旅走进彭镇茶馆一条街"项目式学习，学生亲自走进彭镇老街，学生采访到彭镇老街品茶、打卡的游客，在百年老茶馆观音阁茶馆里听老茶客述说时光的故事，听老板们讲述茶馆的故事，利用网络技术制作问卷进行科学的调查和分析，利用自身实践探索宣传成都茶文化，用自己的文化艺术、媒体创意、茶艺展示，让更多的人听见"成都文化故事"。

让学生有事可做、有话能说。学生参与面广、参与热情高涨，活动成果丰富：制作茶的文创产品——《茶》精美书签、宣传卡片，《茶在其中》立体书；编排《我与茶的校园生活》短剧；茶艺展示。

学生在亲身实践和体会中深切理解和践行中华优秀文化，提升了对茶文化的认同、体会到了文化自信，这是无法直接从书本上获得的。本课真正带领学生从生活实践中感受中华文化，延续文化血脉，更加符合主题与课标要求落地学科核心素养目标。

## 九、资源与工具

1. 硬件：稿纸、多媒体工具、不同调查小组的座签。
2. 软件：学生拍摄的视频、轻快舒缓轻音乐；教师制作精美的授课PPT，搭配动画效果、高清图片、背景音乐、剪辑视频并适时加入有声、无声视频。

## 十、教学过程

### 文化之旅走进彭镇茶馆一条街
### 导入新课

情境创设：

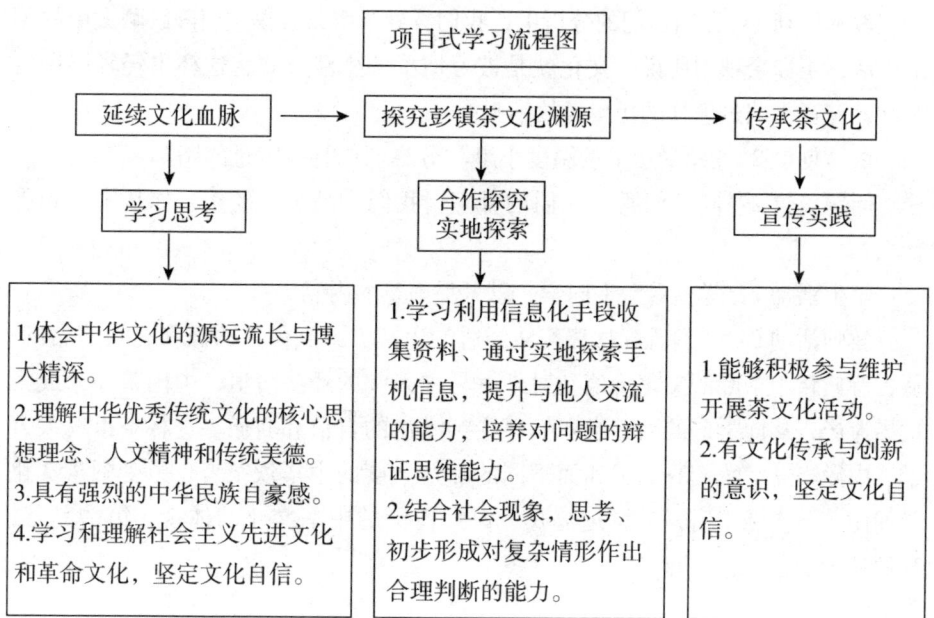

回顾本次活动,师生共饮一杯茶。

学生活动:

回忆项目式学习的过程,并与老师共同品茶。

教师活动:

引入本次关于文化的主题。

活动意图说明:

梳理与回顾历时一个多月的文化之旅项目式学习流程,与同学共品茶香,体味茶文化仪式感,引发学生对本次成果展示课、微课题探究课的期待。

## 讲授新课

**第一环节:品一盏茶里的中华文化**

情境创设1:

学生图片展示:

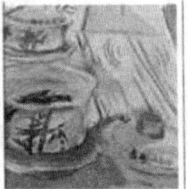

问题设置1:彭镇老街上最令人深刻印象的场景?

学生活动1:被随机抽到画作的同学,上台分享图片的意义。

教师活动1:在同学们的分析中,我们看到了喝茶、摆龙门阵、晒太阳的闲适生活,正如余秋雨所说,文化就是被习惯了的生活方式,这杯中轻轻摇曳的茶叶,究竟承载过怎样的历史与故事呢?

情境创设2:"感受历史的温度小组"分享"一杯茶走过的路"。

问题设置2:同学们听完他们的分享,我们再品手中的茶,你从中品到了什么?

学生活动2:学生看台上同学、思考手中茶的内涵。

教师活动2:我们看到这杯茶从舒适的生活方式到做人的谦和礼敬的品格、从古诗典籍中茶叶的文化价值到对外贸易中茶叶的经济价值,中国茶如今成为世界遗产,从同学们的回答中我们感受到满满的自信和骄傲。这杯茶里气象万千、内涵丰富,我们看到了和而不同的豁达大度的中华饮茶者,感受到茶文化时间悠久、内涵丰富,是源远流长、博大精深的中华文化的体现。第一品茶,我们品出了茶的色香味。

活动意图说明：

通过"感受历史的温度组"进行茶走过的路分享活动，学生细品手中茶，增加课堂仪式感，从而让学生感知茶文化的时间悠久、内涵丰富，体会到中华茶给我们带来的文化自信之力，理解中华文化源远流长、博大精深的特点。第一品茶，浅品色香味，逐渐深入，随后深入细品百年老茶里的文化内涵。

**第二环节：寻一盏茶里的文化精髓**

情境创设1：

"茶的微服私访小组"分享主题为"深入探寻彭镇茶"。

活动要求：

①每小组同学分享具体探究小主题。

②小组制作分享PPT，推选出3名代表展示，每人时间不超过2分钟。

问题设置1：

双流彭镇茶馆一条街，何以成为"文化名片"？温馨提示，分别解答"人""茶""心"问题链，就能得出本次研究问题结论。

学生活动1：

（1）分享：

①热门打卡：在热门茶馆观察其装修设施特色，了解茶馆故事，见证双流老茶馆古朴与新茶馆的潮流的碰撞。打卡彭镇观音阁百年老茶馆；打卡网红店"刘大胡子茶馆"；打卡新潮茶馆（看围炉煮茶）；参观街上其他茶馆。

②老街群像故事分享、老物件猜谜：分享典型面孔的故事，加深对饮茶人的了解；从老茶客、游客等不同视角看待茶文化的发展；与台下同学进行老物件猜谜（看图猜名：盖碗茶、老虎灶、千脚泥），提升同学参与度。

③进行茶文化了解程度问卷调查，采访游客、茶馆老板，视频记录群像故事，结论分享；

④茶道体验：盖碗茶杯盖不同放法有不同意义。

⑤历史寻踪：彭镇一条街背后的精神内核所在——槐轩文化。

⑥槐轩精神故事分享：关于孝道与坚守的故事。

（2）探究：

双流彭镇茶馆一条街，何以成为"文化名片"？（完成《探究活动表》）

教师活动1：

点拨：彭镇老茶馆里的文化底蕴。老茶馆是对优秀传统文化的继承，是以茶为载体的传统文化生活方式的延续和心灵的慰藉。新潮茶馆是对优秀传统文化的发扬，创造性转化，吸引群众前往打卡；老茶馆反映的是一种大众喜闻乐见的文化。我们在同学们分享时，看到的茶馆老板故事、网红大叔的展示、摄影者拍照打卡，这些"人间烟火气"展示的都是生活缩影，体现了包容友善、乐观坚韧、勤劳、友好的美好品质，无处不在彰显成都的人文精神，正是这些精神和美德，成就了成都品格。第二品茶，我们品出了茶的精气神。

成都的茶韵是一种文化底蕴、是继承和发扬优秀传统文化、是由无数美德的人所成就的，成就了成都城市精神。

活动意图说明：

第二品，深入品茶的精气神。"茶的微服私访组"分享实地探索信息，通过小组的成果展示，引导学生直观感受属于成都人的茶文化自信。

将课堂打造为调查分享会，构建活动型学科课堂，增强课堂真实感。台下同学在接收到信息后能够解决本课的核心问题：双流彭镇茶馆一条街，何以成为文化名片？学生在解决时，老师给予"人、茶、心"三个方面循序渐进的问题链进行提示；在学生解决核心问题的过程中，在教师的引导下，学生能够提炼出学科核心关键词，提升学生归纳提炼能力。同时通过对本次大任务的探究归纳和提炼结果。学生经过这些活动，能够感知成都的茶韵是一种文化底蕴、是继承和发扬优秀传统文化、是由无数富有美德的人所成就的，成就了成都城市精神。

**第三环节：创一盏茶里的传承之路**

情境创设：

课前调查"当代中学生对茶文化的了解和传承调查"结果。

现象①：多数人对茶文化了解较浅。

现象②：多数人对彭镇茶馆不了解。

现象③：大家想了解，但是没有方便高效的渠道。

现象④：茶文化发展现状、传承受到一定的影响。

问题设置：

新时代中学生如何传承中华传统文化？

学生活动：

三个小组代表上台展示小组创意，学生分享思考结果并进行展示。"茶的百花齐放组"（全班）分享弘扬茶文化的具体做法：

①文创产品组：展示书签、立体书。

②新媒体传播组：展示自导自演茶叶宣传片。

③茶道展示组：同学展示盖碗茶泡茶、茶艺。

教师活动：

第三品茶，我们品到了茶的传承与创新，我们看到了大家用各自的力量让我们的茶文化在岁月的长河中依旧能够焕发出独特魅力,我们都是中华茶文化的传播者!

活动意图说明:

第三品茶,品传承与创新,在学生用实践去传承和发展中华茶文化的过程中,提升责任意识素养。此环节旨在寻找茶文化的传承之法,让学生为此建言献策和动手实践,提升热爱中华文化、用行动延续中华文化血脉的意识和能力。

## 十一、板书设计

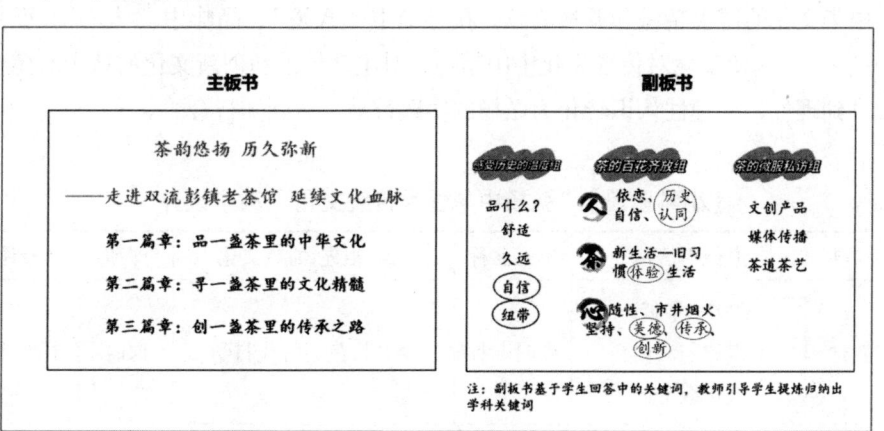

## 十二、作业设计

发展性作业:"我是成都茶文化传播者"。

使用者:适用于各地区、各层次学生,独立自主完成。

预计时间:课后布置。预计完成时间20分钟。

"一起向未来"到"成都成就梦想",在第31届世界大学生夏季运动会(成都大运会)即将举办之际,让我们一起寻根探秘,积极做成都大运会的宣传大使,讲成都故事、四川故事、向世界展示中国文化的魅力。

请你为外来观看大运会的游客策划一条"成都品茶之旅路线图",以绘制茶文化"打卡地图"宣传册的形式呈现,并写清楚打卡理由、背后的故事等。

## 十三、教学反思

第一,基于大单元主题式设计,主题贯穿,有机整合。在大单元一体化教学设计背景之下,本课例以"中华茶文化"为主线,将"中华文化与中华美德""中国精神和中国价值"进行整合。这节课紧紧围绕"走进双流彭镇茶馆"展开教学,三个话题贯穿其中:品一盏茶里的中华文化;寻一盏茶里的文化精髓;创一盏茶里的传承之路。"感受历史的温度组""茶的微服私访组""茶的百花齐放组"为议学活动提供课堂教学实施的情景载体,使"文化、精神、价值"无缝衔接,有机融合。

第二,课例是文化之旅的项目式学习,整堂课以学生为主体,部分学生分享、其余学生基于前面同学的分享进行探究,在围绕一条主线"双流彭镇的茶馆",三个行动"品、寻、创",四个课堂活动有序在课堂中展现,引导学生感知中华文化的博大精深和源远流长。在感知中"入境"、品味中"入心"、弘扬中"入行",使学生对传统文化中国精神、对主动传承和创新文化的认识有感性上升到理性,从理性认识转化为弘扬的实践行动,达到知行合一。

### 【小学阶段】"弘扬中华优秀传统文化"教学设计

| 学科 | 道德与法治 | 单元名称 | 骄人祖先 灿烂文化 | 课型 | 新授课 |
| --- | --- | --- | --- | --- | --- |
| 教材 | (2019年版)《道德与法治》五年级上册 | 课时名称 | 独具特色的古代科学 | 课时 | 1课时 |
| | 总领:党的二十大报告关于传统文化的表述 | | | | |
| | 党的二十大报告指出"坚持和发展马克思主义,必须同中华优秀传统文化相结合。"只有植根本国、本民族历史文化沃土,马克思主义真理之树才能根深叶茂。中华优秀传统文化源远流长、博大精深,是中华文明的智慧结晶,其中蕴含的天下为公、民为邦本、为政以德、革故鼎新、任人唯贤、天人合一、自强不息、厚德载物、讲信修睦、亲仁善邻等,是中国人民在长期生产生活中积累的宇宙观、天下观、社会观、道德观的重要体现,同科学社会主义核心价值观主张具有高度契合性。 | | | | |

### 一、课标要求

《义务教育道德与法治课程标准(2022版)》(以下简称"新课标")对本课时的基本要求如下:

1. 内容要求:了解中华民族对人类文明的贡献,为中华民族创造的文明成就感到自豪,坚定文化自信。

2. 教学提示:参观博物馆或收集资料,了解中华优秀传统文化的代表性成果和我国的文化遗产，积极参与文化遗产保护活动。

## 二、教材分析

1. 本框地位："独具特色的古代科学"是五年级上册第四单元第二课"古代科技　耀我中华"中的第二部分。这一部分旨在让学生了解中国古代科学的独特魅力，以中国古代科学、农学、天文学、算学为例，激发学生的探究欲、自豪感以及传承的使命感。

2. 本框内容：本课主要学习我国古代在医学、农学、天文历法、数学等方面所取得的一些成就。通过对有几千年历史的中医药学的学习，了解中医的特殊诊疗方法和中国古代几位著名的医学家。通过学习青蒿的发现和青蒿素的研制过程，感受现代中医药学对世界的贡献。并通过对甘石星表、二十四节气、《九章算术》的学习，体会到我国在农学、天文历法和数学方面取得的突出成就，使学生自然而然产生强烈的自豪感和爱国情怀。

## 三、学情分析

1. 心智特征：本框教学对象为小学五年级学生。这一阶段学生想象思维十分活跃，能够较为清楚地归纳和记录自己获得的信息和知识，具有一定的自主探究能力、合作意识，荣誉感较强。

2. 认知结构：本课所处的时代离我们比较久远，五年级的学生虽然对古代科技有一定的认知，但是缺乏对资料的整合能力，同时学生的原有认知是零碎的，分散的。在第一课时的学习中，学生学习了改变世界的四大发明之后，对中华民族历史上的科学发展有了一定的了解与认识。在此基础上，我们再次展开学习独具特色的古代科学，可以使我们的教学效果事半功倍。

## 四、学习目标

1. 了解中国一代又一代的科学巨人取得的科技成就和中国古代劳动人民的精湛技艺与勤劳智慧。

2. 通过讲故事、小组讨论、观看视频等活动，了解古代的科技成就及中国古代劳动人民创造的光辉业绩。

3. 通过对甘石星表、二十四节气、《九章算术》的学习，体会到我国在农学、天文历法和数学方面取得的突出成就，自然而然产生强烈的自豪感和爱国情怀。

## 五、评价任务

1. 了解我国古代科学——中医学取得的成果。（针对学习目标1）

2. 通过讲故事、小组讨论、观看视频等活动，了解古代在农学、算学、天文学等方面的科技成就，及中国古代劳动人民创造的光辉业绩。（针对学习目标2）

3. 畅谈自己的启发，联系自身引发思考，产生强烈的自豪感和爱国情怀。（针对学习目标3）

## 六、教学重难点

教学重点：我国独具特色的古代科学技术。

教学难点：对中国传统文化的自豪感和爱国情怀。

## 七、设计思路

本课主要学习我国古代在医学、农学、天文历法、算学等方面所取得的一些成就。通过对具有几千年历史的中医药学的学习，了解中医的特殊诊疗方法和中国古代几位著名的医学家。通过青蒿的发现和青蒿素的研制过程的学习，感受现代中医药学对世界的贡献。并通过对甘石星表、二十四节气、《九章算术》的学习，体会到我国在农学、天文历法和数学方面取得的突出成就，使学生自然而然产生强烈的自豪感和爱国情怀。

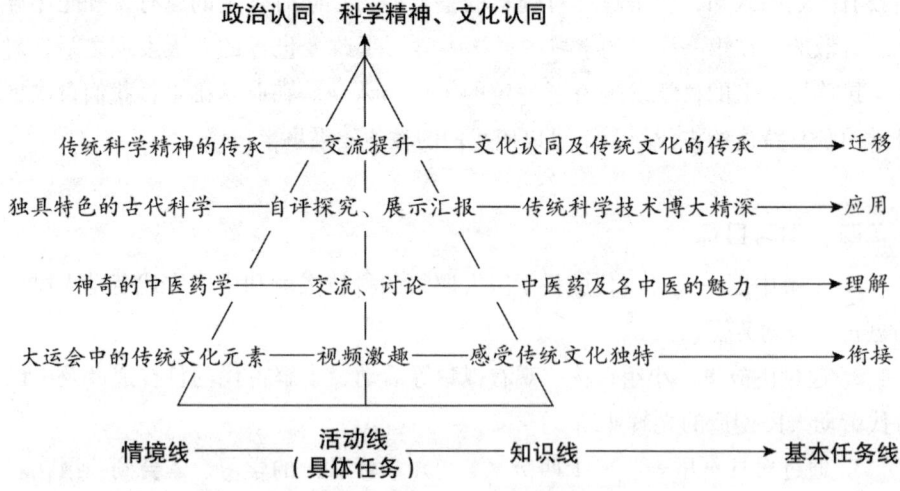

## 八、方法与策略

1. 优化议题情境，创设体验式氛围。围绕议题，创设情境，以游戏闯关的方式，打造活动型课堂，让学生在真实情景中去体验、去感悟、去生成，落实核心素养。

2. 精心设计问题，激发探究式兴趣。巧设问题，用问题驱动学生深度思考，激发课堂探究兴趣，提升关键能力，培养思维品质，体现课堂主导性与主体性相统一。

3. 高效组织活动，打造交互式课堂。在课堂搭建活动平台，为师生、生生之间交流互动提供契机，在交互中提升能力，体现课程内容活动化与活动设计内容化相统一。

## 九、资源与工具

硬件：多媒体工具、一些生活中常见中草药。
软件：视频《二十四节气》讲解、北京冬奥会倒计时、《功夫熊猫》片段。

## 十、教学过程

### 独具特色的古代科学
### 导入新课

情境创设：
观看视频《功夫熊猫》片段。
问题设置：
（1）影片中熊猫阿宝接受的是何种治疗方法？
（2）结合你们了解到的有关针灸的知识，看熊猫阿宝所做的针灸治疗有没有问题？
学生活动：
观看《功夫熊猫》视频，思考老师提出的问题，激发学习兴趣。
教师活动：
点明针灸是我国的中医药学中的一种治疗方法，导入学习主题"独具特色的古代科学"。
活动意图说明：
通过动画电影导入中医药学，激发学生学习兴趣，拉近学生与中医药学的距离。

## 讲授新课

**环节一：神奇的中医药**

情境创设1：走出国门的中医药学。

"看图猜疗法"。

①出示拔火罐图片。

②出示刮痧图片。

问题设置1：

（1）看看它们各属于中医的哪种治疗方法？

（2）从美国的好莱坞大片到外国人使用拔火罐、刮痧调理身体的事例中，你们对传统中医药学有什么新发现呢？

学生活动1：

观看视频，小组讨论，合作闯关。

教师活动1：

从美国的好莱坞大片到外国人使用拔火罐、刮痧调理身体的事例中，我们发现中医影响越来越大，不仅在中国影响深远，现在还走向了世界，得到了许多国家的认同。

活动意图说明：

通过中外老百姓对中医的认可，感受传统中医已经走出了国门，并走向了世界，影响力越来越大。

情境创设2：走进生活的中医药学。

（1）播放眼保健操的片段，学生跟做其中一节，感受中医按摩的神奇魅力。

（2）出示几种生活中常见的中草药，请学生辨别。

（3）出示生活中常见的几款中药制成的小零食，感受中医药对生活的影响。

问题设置2：

（1）眼保健操属于哪种治疗方法呢？你刚才按揉了哪个穴位？你们什么时候会做眼保健操呢？

（2）这几种生活中常见的中草药和中药小零食，你认识哪几种，怎么认识的？

（3）如果周末全家人要外出踏青野餐，在这个季节中，你觉得带上哪种中药小零食最好呢？说说你的理由吧。

学生活动2：

（1）学生跟做眼保健操并回答问题。

（2）辨认老师手中的中草药。

(3) 说一说自己打算带上哪一款小零食，并与同学交流原因。

教师活动2：

(1) 启发思考：从每天陪伴我们的眼保健操，到喝的饮品，再到家中常备的小零食，你们对传统中医药学有什么新发现呢？

(2) 点拨：中医药与我们的生活息息相关，已成为我们生活中的重要组成部分。

活动意图说明：

通过实物展示、观察发现、体验感受和交流讨论等方式感知中医药对我们生活的影响，中国传统文化根植于我们生活的点滴之中。

**环节二：中医名家的杰出贡献**

情境创设：

猜一猜：结合课前同学们了解的历代名医的相关资料，猜一猜这些材料都与哪位名医有关？

问题设置：

(1) 观看视频，视频中的这段话是谁说的？

(2) "外科鼻祖""麻沸散"与哪位古代中医名家有关？

(3) "中医抗疫、中国中医科学院院长、人民英雄荣誉称号"与哪位中医名家有关？

学生活动：

看视频或图片完成竞猜。

教师活动：

(1) 播放视频"孙思邈的一番话"和"屠呦呦获奖视频"，"人民英雄张伯礼"获奖图片。

(2) 启发思考：看了这么多中医药和中医药名家的故事，此刻你最想说的是什么？

(3) 点拨：中医药源远流长，影响深远。中医名家医术精湛，医德高尚，中国的传统文化真是博大精深啊！

活动意图说明：

通过了解古今中医药名家及其相关成就，感受中医药文化的博大精深及其深远影响。

**环节三：独具特色的古代科学**

情境创设：中国古代科学博大精深，除了刚才我们探寻的中医药之外，还有很多呢，比如农学、算学和天文学，接下来就让我们开启自主探索之旅，继续邀游"独具特色的古代科学"吧。

问题设置：通过刚才同学们的交流分享，对于中国古代科学，你有怎样的感受和认识？

学生活动：

活动一：我学习

抽学生并明确学习提示：先阅读合作学习单中的要求，小组长分配学习任务，一人阅读手中的教材资料，一人观看平板中的补充材料，一人收集记录信息完成学习单，一人进行汇报。

活动二：我收获

学生分小组分资料进行学习，记录交流学习收获，教师巡视指导。

活动三：我介绍

抽小组上台分享自己的收获和感受，老师随机出示相关图片。

教师活动：

（1）学生交流时教师巡视点拨。

（2）教师随机板书：博大精深、影响深远。

活动意图说明：

本环节通过教师准备的资源包（包括视频、文字、图片），学生自学、交流并分享，充分发挥学生的主体性，感悟中国传统文化魅力。

**环节四：传承与发展中华优秀传统文化**

情境创设1：

播放北京冬奥会开幕式倒计时视频（二十四节气）

问题设置1：

张艺谋导演为什么会以这样的方式来做开幕式的倒计时？

学生活动1：

观看北京冬奥会开幕式视频。

教师活动1：

张艺谋导演采用二十四节气作为倒计时就是为了传播我们的传统文化，让世界感受中华传统文化的魅力。

情境创设2：

我是传统文化小导游。世界大学生运动会即将在咱们的家乡成都召开，作为家乡的小主人，如果聘请你来做此次大运会中传统文化小导游，你打算怎样向全世界的大学生运动员们介绍我们的古代科学呢？

问题设置2：

如果聘请你来做此次大运会中传统文化小导游，你打算怎样向全世界的大学生运动员们介绍我们的古代科学呢？请选择其中一项具体说一说自己的打算。

学生活动2：

同桌交流后汇报如果聘请你来做此次大运会中传统文化小导游，你打算怎样向全世界的大学生运动员们介绍我们的古代科学呢？请选择其中一项具体说一说自己的打算。

教师活动2：

通过同学们的分享，我们不禁感慨古代科学博大精深，传统文化独具魅力。

活动意图说明：

从北京冬奥会开幕式的倒计时引发学生思考，感悟传统文化魅力，并结合即将在家乡成都召开的大运会谈谈如何介绍古代科学，将所学的知识内化后再输出。

## 结束新课

情境创设：

视频播放党的二十大关于"传承中华优秀传统文化精神，加强学生传统文化教育，增强学生对中华优秀传统文化的自信"内容，树立文化自信，坚定优秀传统文化的信心。

结语：

习近平总书记指出，"中国有坚定的道路自信、理论自信、制度自信，其本质是建立在5000多年文明传承基础上的文化自信"。

我们的传统文化独具魅力，古代科学也只是其中的一部分，还有更多优秀的传统文化等待着优秀的你们去学习和传承。

活动意图说明：

作为课堂总结部分，融入二十大中关于传承中华传统文化的相关要求，鼓励学生坚定文化自信，以实际行动推动中华优秀传统文化的创造性转化、创新性发展，提升政治认同、公共参与素养。

## 十一、板书设计

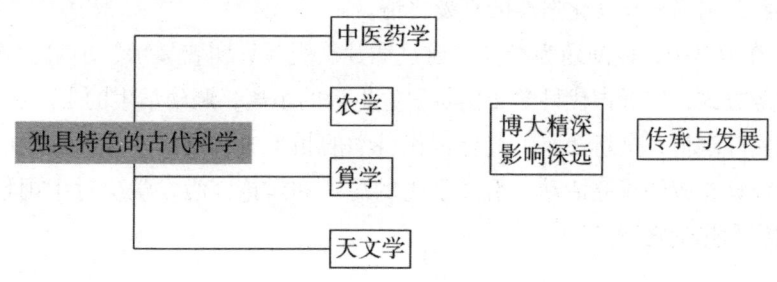

## 十二、作业设计

课后实践：

请运用课堂所学，结合查阅的资料，小组合作办一张"独具特色的古代科学"小报，并在班级进行分享展示。

## 十三、教学反思

亮点：

1. "独具特色的古代科学"是五年级上册第四单元第二课"古代科技 耀我中华"中的第二部分。科技文明是古代文明的重要维度，我国古代的科技成就能够从一个侧面充分展示出我国悠久灿烂的古代文明，让学生了解古代科技史的基本常识，十分有助于学生建立民族文化认同，培养学生的民族自信心、自豪感和对祖国科技文化遗产的真爱之情。

2. 在教学中，以问题为导向，通过图片、视频、实物展示、小组合作、游戏闯关等方式，拉近古代科学文化与学生生活的距离，调动学生的学习积极性。再结合实际学情，重新选取、整合古代科学的相关成就及对现代的影响的相关案例，设计相应的探究活动，引发学生的思考和讨论，激发学生对中国传统文化的钦佩和热爱之情。

## 第六节 "人与自然和谐共生"大中小学教学设计

### 【大学阶段】"人与自然和谐共生"教学设计

| 学科 | 思想政治 | 单元名称 | 以新发展理念引领高质量发展 | 课型 | 新授课 |
|---|---|---|---|---|---|
| 教材 | （2023年版）《习近平新时代中国特色社会主义思想概论》 | 课时名称 | 坚持绿色发展的深层逻辑 | 课时 | 1课时 |
| 总领：党的二十大报告关于绿色发展的表述 | | | | | |
| 党的二十大报告提出，"推动绿色发展，促进人与自然和谐共生。""大自然是人类赖以生存发展的基本条件。尊重自然、顺应自然、保护自然，是全面建设社会主义现代化国家的内在要求。必须牢固树立和践行绿水青山就是金山银山的理念，站在人与自然和谐共生的高度谋划发展。我们要推进美丽中国建设，坚持山水林田湖草沙一体化保护和系统治理，统筹产业结构调整、污染治理、生态保护、应对气候变化，协同推进降碳、减污、扩绿、增长，推进生态优先、节约集约、绿色低碳发展。"报告还对未来如何推动绿色发展作出了部署。 | | | | | |

### 一、学习要求

根据党的二十大精神与教材内容提出如下教学要求：

1. 内容要求：讲清坚持绿色发展的深层逻辑，教育引导学生深刻领悟为什么要坚持绿色发展。

2. 教学提示：可提前安排学生围绕教学内容，广泛查阅文献，分组开展研讨。

### 二、教材分析

1. 本框地位：本内容选自《习近平新时代中国特色社会主义思想概论》第五讲"以新发展理念引领高质量发展"，教学内容构建于推动经济高质量发展的时代背景下，明确指出"绿色发展注重的是解决人与自然和谐共生问题"，是增进人民幸福生活，建设美丽中国的关键核心。

2. 本框内容：本课时包含三个方面的内容。一是理论之引——"两山论"的思想指引；二是中国之需——中国式现代化的现实需求；三是人类之急——人类共同命运的必然选择。

### 三、学情分析

1. 知识基础：本框教学对象为大一学生。通过初中高中《习近平新时代中国特色社会主义思想学生读本》以及必修一《中国特色社会主义》相关内容的学习，学生对绿色发展已经有了很多感性认识和一定的理性认识，但对为什么要坚持绿色发展理解还不够深入，缺乏系统性理论学习。

2. 心智特征：大一学生对于社会发展有敏锐的感知，有强烈的求知欲，但分析问题的全面性、系统性、深入性还不够。作为未来社会的主人和地方发展的推动者，学生需要加强对绿色发展理念的深层次、系统性理解。

### 四、学习目标

1. 教育引导学生深刻理解坚持新发展理念的深层逻辑，培养学生对绿色发展理念的理论认同。

2. 教育引导学生在理论认同的基础上，产生对新发展理念的信念、信仰，坚定绿色发展的思想自觉，从而培养学生对绿色发展的情感认同。

3. 教育引导学生在理论认同、情感认同的基础上，坚定对党中央及习近平总书记提出的包括绿色发展在内的新发展理念的政治认同，坚决拥护新发展理念、自觉坚持新发展理念，并努力为此作出贡献。

### 五、评价任务

1. 组织学生参与相关知识的课堂讨论和课堂交流，了解学生对相关理论的认识程度，评价学生对绿色发展理念的理论认同。

2. 在学生参与课堂讨论、交流中，注重观察学生的思想情感以及政治态度，评价学生对绿色发展理念的情感认同与政治认同。

### 六、教学重难点

教学重点：绿色发展的中国之需，即引导学生深刻理解绿色发展是中国式现代化的现实需求。

教学难点：绿色发展的理论指引，即引导学生深刻理解绿色发展是习近平生态文明思想"两山论"思想指引的要求。

### 七、设计思路

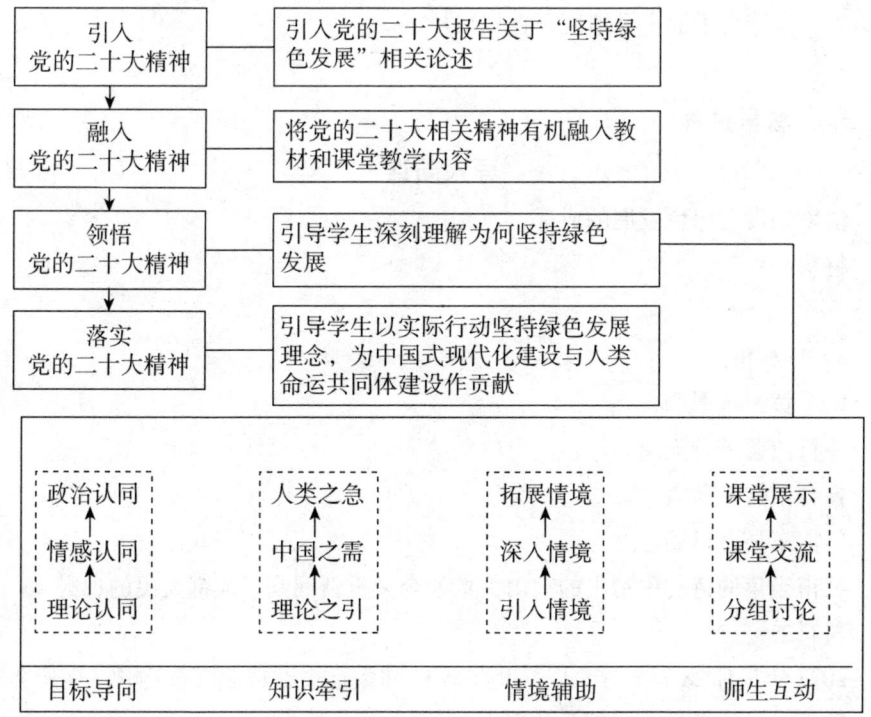

### 八、方法与策略

1. 精心设计情境，注重案例教学。根据总体教学目标，精心设计每一个环节的教学情境，通过一个个生动的案例，引发学生对相关理论问题的直观感知、情感共鸣。

2. 精心设计问题，注重启发教学。根据总体教学目标，精心设计每一个环节的问题，努力做到由浅入深、由具体到一般，引发学生对相关理论问题的深刻感知、深入思考。

3. 精心组织讨论，注重互动教学。根据总体教学目标，组织学生紧紧围绕设计的问题，开展分组讨论、课堂交流、理论探讨，引导学生对相关理论问题深刻理解、全面准确把握。

## 九、资源与工具

1. 硬件：多媒体教室、移动式课桌、互联网系统。

2. 软件：视频文件《经历了啥？中国首个生态县安吉成了这样》《世界气象组织：全球海平面上升速度正在加快》等。

## 十、教学过程

### 导入新课

情境创设：绿色发展的成都

材料一：

绝句

杜甫

两个黄鹂鸣翠柳，

一行白鹭上青天。

窗含西岭千秋雪，

门泊东吴万里船。

杜甫当年的诗句中写出的雪山美景如今又重新回到了成都人民的视野。

材料二：

2023年7月28至8月8日，世界第31届大运会在成都隆重召开。大运会期间，蓝天白云经常光临成都，共庆盛会。

材料三：

近年来，成都在绿色发展方面力度大、成效好。先后淘汰落后产能500余家，清理整治散乱污企业1.6万余家；到2022年年底，成都中心城区全部公交车、巡游出租车和城市物流配送车，都基本实现新能源化。空气质量优良天数从2013年的132天增长至2021年的299天，重度污染基本消除。

问题设置：

如何看待近10年成都在坚持绿色发展方面取得的成效？

学生活动：

学生围绕问题进行交流。

教师活动：

（1）成都空气质量显著变化全面提高了成都人民的生活质量和营商环境。

（2）成都空气质量显著变化是成都坚持绿色发展的结果。

(3) 党的二十大报告提出,"推动绿色发展,促进人与自然和谐共生"。

导入新课：

为什么要坚持绿色发展理念？

活动意图说明：

开门见山,选择学生感兴趣的话题"窗含西岭千秋雪"的景观重回人们视野,导入本课内容;同时给予学生直观感受。

## 讲授新课

**环节一：理论之引——"两山论"的思想指引**

情境创设：

文字材料一：美丽富裕的安吉

从杭州西湖往北 50 公里,就进入安吉。安吉境内,群山连绵、万顷竹海,碧波茫茫、翠浪接天,竹林如同绿色的海洋。

这里是"两山论"的发源地。2003 年 4 月 9 日,习近平同志担任浙江省委书记约半年后到安吉调研,提出"变自然资源为经济资源,变环境优势为经济优势,走经济生态化之路"。2005 年 8 月 15 日,习近平同志第二次来安吉调研。强调"利用本地资源优势,做好生态经济文章";"不要以环境为代价去推动经济增长,因为这样的增长不是发展";"绿水青山就是金山银山"。2020 年 3 月 30 日,习近平总书记到浙江安吉余村考察,了解安吉及余村多年来践行"绿水青山就是金山银山"理念、推动绿色发展发生的巨大变化。

文字材料二：

安吉县将生态环境优势转化为生态农业、生态工业、生态旅游等生态经济的优势,实现了"生态资本"向"富民资本"的转变,实现了绿水青山到金山银山的转变。2003 年,浙江安吉 GDP 66.3 亿元、农民全年人均总收入为 7499 元,2022 年分别增长到 582.4 亿元、42062 元。

文字材料三：

10 多年来,浙江安吉余村发生了翻天覆地的变化。之前的余村,"天空灰蒙蒙的一片,空气里都是水泥的粉尘";现在的余村,竹林碳汇、物联网养鱼等新业态快速发展,招募全球人才共创共建未来乡村样本。2021 年,余村入选首届联合国世界旅游组织"最佳旅游乡村",旅游总收入达到 4000 万元。2022 年,余村入选浙江省首批未来乡村。2022 年,余村全年村集体经济收入达 1305 万元,人均纯收入 6.4 万元,经营性收入突破 800 万元。2023 年初,余村年终股金分红大会共向村民发放 206 万元。

视频材料：

播放视频《经历了啥？中国首个生态县安吉成了这样》。

问题设置：

（1）如何认识浙江省安吉县及余村近年来的发展？

（2）如何理解"两山论"？

学生活动：

（1）分组讨论：将学生分成3组开展课堂讨论，时间3分钟。

（2）分组交流：每个组选派一名代表进行课堂交流；每组发言不超过2分钟。

教师引导：

（1）浙江安吉及余村的巨大发展是"两山论"指引的结果，是"两山论"实践成果的生动体现，彰显了"两山论"的理论力量。

（2）"两山论"深刻揭示了生态资源与经济发展的内在逻辑，是对马克思主义生态文明思想的继承与发展，是习近平生态文明思想的核心内容。

（3）"两山论"克服了西方资本主义现代化进程"人与自然的异化"事实，推动了中国现代化人与自然协调发展的实践，是中国式现代化理论的重要内容与理论源泉。

活动意图说明：

此环节坚持理论与实践相结合，通过生动的实践案例揭示了绿色发展的重要性，揭示了"两山论"的实践伟力，有利于深化学生对绿色发展的认识以及对"两山论"的理论认同、情感认同与政治认同。

**环节二：中国之需——中国式现代化的现实需求**

情境创设：中国式现代化与绿色发展

文字材料一：

党的二十大报告提出："从现在起，中国共产党的中心任务就是团结带领全国各族人民全面建成社会主义现代化强国、实现第二个百年奋斗目标，以中国式现代化全面推进中华民族伟大复兴。"

文字材料二：

党的二十大报告提出："中国式现代化是人与自然和谐共生的现代化。人与自然是生命共同体，无止境地向自然索取甚至破坏自然必然会遭到大自然的报复。我们坚持可持续发展，坚持节约优先、保护优先、自然恢复为主的方针，像保护眼睛一样保护自然和生态环境，坚定不移走生产发展、生活富裕、生态良好的文明发展道路，实现中华民族永续发展。"

文字材料三：

2010年美国总统奥巴马在澳大利亚访问时说，如果每个中国人都要过上澳大利亚人或者美国人的生活水平的话，地球无法承载。2021年，美国全社会人均年耗电量达到了12220kW·h，是同期中国居民的2倍多；2023年数据显示，美国每天消耗约2000万桶石油，中国每天消耗约1400万桶石油，美国的人均石油消耗量约为中国的6倍。

问题设置：

中国实现现代化为什么要坚持绿色发展？

学生活动：

（1）请学生自行核算一下，假定中国的人均石油和电力消耗量达到美国同样水平，这对中国意味着什么？进一步分析中国实现现代化为什么要坚持绿色发展？

（2）随意选取2~3名学生上台分享。

教师引导：

（1）中国的自然资源禀赋与人口规模决定了中国不可能实现像美国那样的西方式现代化。

（2）中国式现代化要坚持绿色发展：一方面是中国的人均自然资源占有量较低；另一方面在于中国式现代化的本质是以人为中心的现代化，人民对美好生活向往不仅是物质资料的富足，也包括精神生活的富足，自然界是人们重要的精神食粮。马克思指出："从理论领域说来，植物、动物、石头、空气、光等，一方面作为自然科学的对象，一方面作为艺术的对象，都是人的意识的一部分，是人的精神的无机界，是人必须事先进行加工以便享用和消化的精神食粮。"

（3）绿色发展不仅指能源供给，还包括空气、水、土壤等生活环境的保护以及食品安全等。每一个人都希望呼吸到清新的空气、喝到干净的水、吃到健康的食品。

活动意图说明：

此部分结合中国式现代化的发展需求，运用生动的事实及数据，并组织学生参与核算与讨论，引导学生深刻认识中国的未来为什么要继续坚持绿色发展；教师在引导过程中，结合马克思的自然观深刻分析坚持促进绿色发展、促进人与自然和谐的理论渊源。

**环节三：人类之急——人类共同命运的必然选择**

情境创设：绿色发展与人类命运

材料一

播放视频《世界气象组织：全球海平面上升速度正在加快》。

视频信息：

2022年5月18日，世界气象组织（WMO）在日内瓦发布《2021年全球气候状况》报告称，温室气体浓度、海平面上升、海洋热量和海洋酸化等四项关键气候变化指标在2021年创下新纪录。

报告显示，一些生态系统正在以前所未有的速度退化；气温上升增加了海洋和沿海生态系统不可逆转的风险。根据海平面上升的速度，到20世纪末，当前20%~90%的沿海湿地面临消失的风险。

材料二

如果海平面上升70米 你生活的城市会怎么样？

视频信息：随着海平面不断上升，全球很多低海拔的国家和地区都将消失。

问题设置：

结合全球气候变化并拓宽视野，讨论绿色发展对人类生存发展有哪些现实必要性？（提示：打开思维空间，多角度全方位进行思考）

学生活动：

分组交流与展示：

学生课前分3组讨论，课堂上台分享讨论结果，并通过PPT进行展示。（每组时间3分钟）

教师引导：

（1）绿色发展不仅是中国之需，也是人类急需。

（2）对于人类而言，绿色发展对人类生存发展的影响是全方位的。

一是二氧化碳的过度排放将会加速地球南北极冰雪融化，提升海平面水位，对低地国家安全构成直接威胁；引起全球地表温度的上升，使全球经历更多炎热天气，让户外工作更加困难，还容易引起野火燃烧和蔓延，甚至造成森林火灾。

二是污染物的大量排放将对人类生活的空气、水、土壤等造成直接污染，会直接影响人类健康与生活质量。

三是农药、动植物催长剂等不当使用将对人类食品安全构成现实威胁。

四是非再生化石能源的大量使用也将让人类逐渐陷入少能、无能的境地以及为争夺能源引发战争。

活动意图说明：

本部分通过课前任务、课堂交流，引导学生从全人类共同命运的视角，从气候、空气、水、土壤、能源等方面进行深入讨论。有助于拓展学生的思维，深刻理解绿色发展的意义。

## 结束新课

课堂小结：

（1）邀请学生2名上台对本次课程进行小结，每人限时1分钟。

（2）教师根据学生小结简要修正、补充、强调。

结语：

绿色发展有深刻的内在逻辑，既是理论要求，更是实践需求；既是中国之需，也是人类之急。让我们共同坚定绿色发展理念，共同推动中国以及全人类绿色发展，为中国式现代化建设以及人类命运共同体建设作出贡献。

活动意图说明：在课程结束时，邀请学生进行课程总结、教师补充，有利于学生系统回顾课程内容，加强对课程知识的理解，坚定学生对推动绿色发展的思想信念、政治认同。

## 十一、板书设计

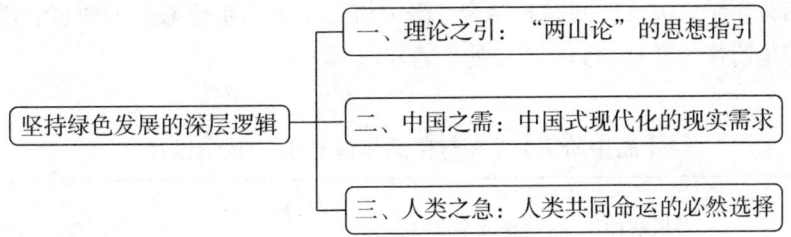

## 十二、作业设计

课后实践：

请同学们以小组为单位任选成都周边的一个古镇，为古镇提出一个兼顾生态与经济的设计方案。

活动要求：

1. 活动策划契合主题，明确活动实施办法细则。

2. 我校将评出一、二、三等奖和优秀奖若干名，并对采纳的作品酌情给付相应奖励加分。

期待你们的优秀作品……

## 十三、教学反思

本课的教学设计有以下几个特点：

1. 注重加强理论分析，有"理论味"。理论性是大学思政课的重要特点。本课的课题"坚持绿色发展的深层逻辑"就是引导学生从理论层面深刻理解为什么坚持绿色发展。本课教学运用习近平总书记提出的"两山论"讲述中国式现代化理论深刻解析了中国为什么要坚持绿色发展的道理，具有"理论味"。

2. 注重讲好中国故事，有"中国味"。讲好中国故事是思政课的重要使命。在本课的教学设计中，结合理论讲解需要选取了很多生动的案例。绝大多数案例都是中国案例，是学生熟悉、容易理解且尽可能新的中国案例，例如成都大运、浙江安吉等案例，具有浓浓的"中国味"。

3. 注重融入创新理论，有"时代味"。时代性是思政课的基本特征。本课十分注重运用习近平新时代中国特色社会主义思想这一马克思主义中国化时代化的最新成果，将习近平生态文明思想以及新时代我们在绿色发展方面的生动实践有机融入课程，具有鲜明的"时代味"。

4. 注重结合青年特点，有"青年味"。大学思政课主要是讲给青年学生听的。本课设计，充分考虑到青年大学生的年龄特征、性格特征以及认知特点，注重与青年学生关注的问题相结合，努力讲青年大学生感兴趣的故事、讲青年大学生能听懂的道理，具有十足的"青年味"。

## 【高中阶段】"人与自然和谐共生"教学设计

| 学科 | 思想政治 | 单元名称 | 总体布局：<br>统筹推进"五位一体" | 课型 | 新授课 |
|---|---|---|---|---|---|
| 教材 | 高中《习近平新时代中国特色社会主义思想学生读本》 | 课时名称 | 坚持绿色发展理念 | 课时 | 1课时 |
| 总领：党的二十大报告关于绿色发展的表述 ||||||
| 习近平在党的二十大报告指出，要"推动绿色发展，促进人与自然和谐共生。""大自然是人类赖以生存发展的基本条件。尊重自然、顺应自然、保护自然，是全面建设社会主义现代化国家的内在要求。必须牢固树立和践行绿水青山就是金山银山的理念，站在人与自然和谐共生的高度谋划发展。我们要推进美丽中国建设，坚持山水林田湖草沙一体化保护和系统治理，统筹产业结构调整、污染治理、生态保护、应对气候变化，协同推进降碳、减污、扩绿、增长，推进生态优先、节约集约、绿色低碳发展。" ||||||

## 一、课标要求

《普通高中思想政治课程标准（2017 年版 2020 年修订）》（以下简称"新课标"）对本课时的基本要求如下：

1. 内容要求：阐释创新、协调、绿色、开放、共享的新发展理念，解释经济发展方式的转变和供给侧结构性改革，评析经济发展中践行社会责任的实例。

2. 教学提示：可就某个发展理念进行专题调研或对当地转变经济发展方式的某方面情况进行调研，剖析存在的问题及其原因，提出对策建议。

## 二、教材分析

1. 本框地位：本内容选自高中《习近平新时代中国特色社会主义思想学生读本》第五讲第一框"以新发展理念推动经济高质量发展"，教学内容构建于推动经济高质量发展的时代背景下，明确指出"绿色发展注重的是解决人与自然和谐共生问题"，是增进人民幸福生活、建设美丽中国的关键核心。

2. 本框内容：本课时包含两个重要内容。一是回答"为什么需要绿色发展"，即绿色发展的地位和作用，强调绿色发展是永续发展的必要条件和人民对美好生活追求的重要体现；二是回答"怎样坚持绿色发展"，要坚持节约资源和保护环境的基本国策，坚持可持续发展。

## 三、学情分析

1. 知识基础：本框教学对象为高一学生。通过初中《道德与法治》、必修一《中国特色社会主义》相关内容的学习，学生对我国进入新时代、经济发展进入新常态等知识有所了解，但对绿色发展理念的具体内容、重要性和实践要求没有清晰的认知，或认识停留在表面。

2. 心智特征：高一学生对于社会发展有敏锐的感知，有强烈的表现欲，但缺乏鲜明的分析视角和系统的分析能力，未立足国家发展大势理性深入地探讨"为什么要绿色发展"和"怎样坚持绿色发展"，作为未来社会的主人和地方发展的推动者，学生需要加强对绿色发展举措的分析和理解。

## 四、学习目标

1. 通过阅读议题 1 文字材料，展示"包装刺客"所造成的生态环境问题，从平衡外卖发展与资源环境占有之间的杠杆中明确经济建设与生态保护的有机统一，知道坚持绿色发展理念的重要性，提升学生政治认同素养；

2. 通过阅读议题2文字材料，学生分享课前调研成果，从各外卖平台解决外卖垃圾的措施中明确绿色发展注重的是解决人与自然和谐共生的问题，从环保餐盒推行的困难全面客观了解绿色发展理念的内涵，提升学生科学精神素养；

3. 通过阅读议题3文字材料，提取视频相关信息，站在商户、餐盒制造商、消费者、政府、外卖平台等立场上拓展到外卖垃圾的解决措施，感知绿色外卖发展离不开全社会每一个人的参与，提升学生公共参与素养。

## 五、评价任务

1. 通过"包装刺客"案例介绍，能够多角度（农作物、动物、人类等）分析由此造成的生态环境问题，体会经济建设与生态保护的有机统一，明确坚持绿色发展理念的原因。（针对学习目标1）

2. 通过课前调研美团、饿了么、百度外卖三大外卖平台治理外卖垃圾的措施，能够具体清晰地用数据、图片、文字等形式进行展示，说明绿色发展解决的是人与自然和谐共生的问题；通过展示外卖平台环保餐盒推行过程中的困难，能够思考造成治理之困背后的根本原因，准确把握绿色发展的"形""神"两方面的内涵。（针对学习目标2）

3. 通过阅读文本和视频材料，提取关键信息，能够站在商户、餐盒制造商、消费者、政府、外卖平台等立场为外卖垃圾处理建言献策。（针对学习目标3）

## 六、教学重难点

教学重点：绿色发展的内涵、要求。

教学难点：如何坚持绿色发展理念？

## 七、设计思路

助力核心素养生长的课堂离不开结构化的情境、活动型的任务、序列化的知识。其中，任务线是素养生长的活动主线，知识线是素养生长的理论辅线，情境线是素养生长的生活辅线，三线合一，形成指向学科核心素养的"金字塔"架构。

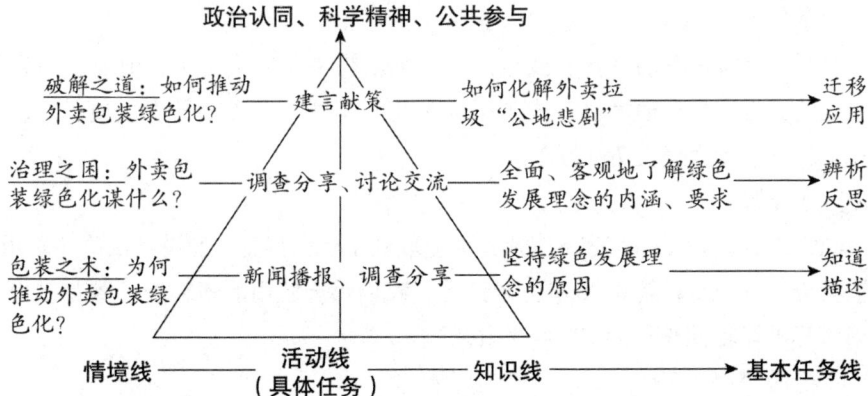

## 八、方法与策略

1. 寓学科内容于情境之中。教学情境不仅是教学的资源,更是学生了解社会的一个重要窗口。本课设计关注学科内容与学科情境的有机融合,把绿色发展理念置于推进外卖包装绿色化的背景之下,既以情境服务教学,又以教学解构情境,让学生在达成学习目标的过程中,对社会有一个更全面深入的了解。

2. 寓学科学习于活动之中。活动型学科课程教学中,学科性是衡量活动成功与否的重要依据,本课设计在"'绿动'达人调查"的系列展示中,巧设问题,在活动中用问题驱动学生深度思考,锤炼学科思维,强化学科基本观点。

## 九、资源与工具

1. 硬件:稿纸、多媒体工具、不同调查小组的座签。
2. 软件:视频《治理外卖行业塑料污染:外卖产生垃圾多,塑料餐盒回收难》(来源:央视网);背景音乐《绿水青山》(2023年春晚歌曲录音室版)。

## 十、教学过程

"绿动"达人调查,外卖垃圾何去何从?
——从外卖包装绿色化看绿色发展理念
**导入新课**

情境创设:

图片材料:

中国外卖行业交易规模及塑料产生垃圾量。

**文字材料：**

互联网外卖市场的蓬勃发展给人们的生活带来了极大便利，但随之而来外卖包装的大量产生对环境也造成了很大负担。据调查，美团外卖、饿了么、百度外卖日订单量大概在 700 万单。

**问题设置：**

同学们点过外卖吗？分析图片，你提取到了什么信息？假设：每单外卖用 1 个塑料袋，每个塑料袋 0.06 平方米计算，我们每天所用的塑料袋可覆盖多少个操场（标准操场面积约为 10000 平方米）？

**学生活动：**

回答教师问题，解读图片信息，在运算的过程中具体感受外卖垃圾带来的环境污染压力，充分认识外卖垃圾处理的紧迫性。

**教师活动：**

发挥理性思维通过分析运算的方式让学生切实感受到外卖垃圾的危害。我们随手丢掉的外卖垃圾去哪儿了？外卖垃圾处理难题究竟该如何破解？引入课堂模拟活动——"绿动"达人调查，带领学生层层探究，让外卖消费"绿"起来。

**活动意图说明：**

开门见山，选择贴近学生日常生活的主题——点外卖，由此引导学生了解外卖行业发展所带来的塑料垃圾产量，呈现文字、数据材料，让学生通过分析运算，具体感知外卖垃圾处理的紧迫性，激发学生的学习兴趣。将课堂打造为调查分享会，构建活动型学科课堂，增强课堂真实感，引导学生更好地带入角色，深入思考让外卖行业"绿"起来。

## 讲授新课

### 环节一：包装之术——为何推动外卖包装绿色化？

**情境创设：**

2023 年 3 月 29 日，上海电视台《新闻透视》栏目报道了一个"18 元的麻辣烫外卖，包装要 6 元"的案例。

**问题设置：**

外卖"包装刺客"造成的危害有哪些？为什么会出现"包装刺客"现象？面对"包装刺客"，应如何平衡外卖发展与资源环境占有之间的杠杆？

**学生活动：**

"绿动" 1 组学生对该新闻的基本情况进行通报，介绍该事件所引发的舆论关注，展示"包装刺客"所造成的环保问题。（可从农作物、动物、人类等角度进行分析）

活动要求：
①小组分工合作，完成新闻描述和分析，并制作 PPT 进行展示。
②其他同学以小组为单位，讨论问题，作出回答。
教师活动：
借助"包装刺客"案例所造成的环保问题，揭示要统筹推进经济发展与生态保护，坚持绿色发展理念。
活动意图说明：
此环节是借助"包装刺客"的新闻，展示由"包装刺客"所造成的环保问题，促使学生由直观感性认识，到深入剖析所带来的影响，充分认识到外卖垃圾造成的环保问题的严峻性，辨析经济发展与生态建设的有机统一，认识绿色发展理念在经济可持续发展中的重要性，达成对绿色发展理念的政治认同。

**环节二：治理之困——外卖包装绿色化谋什么？**
情境创设 1：
学生分组展示当前各方外卖平台的解决措施。
活动要求：
①"绿动"2 组展示面对餐盒垃圾的窘境，美团、饿了么、百度外卖是如何突围的。
②小组制作分享 PPT，推选出 3 名代表展示，每人时间不超过 2 分钟。
问题设置 1：
针对外卖餐盒引发的环保问题，目前各方外卖平台的解决措施有哪些？根据展示内容，提炼三大外卖平台解决措施的共同之处，从中感受绿色发展的特征并列举关键词简要说明。
学生活动 1：
"绿动"2 组美团代表：
推出青山计划；美团外卖环保日；环保餐盒商户加入环保标识；环保顾问团；"不需要一次性餐具"选项……
"绿动"2 组饿了么代表：
短期：从产品层面，引导用户和商户自觉减少一次性餐具的使用。中期：综合利用经济及技术手段，提高商家使用环保餐具积极性。长期：深入供应链，以需求端的进步倒逼上游产业改革。
"绿动"2 组百度外卖代表：
增加"无需餐具"、"0 套餐具"选项对使用环保餐具的优秀企业进行重点扶持，提升 rank 排名，机遇流量、资源扶持；引入环保餐具供应商，通过规模化采购，降低环保餐具使用成本，减轻环保商家的经济压力。

教师活动1：

点评小组展示成果，总结三大外卖平台的解决措施，从措施的共同之处提炼绿色发展的特征，引出绿色发展注重的是解决人与自然和谐共生的问题。

情境创设2：

"绿动"3组学生展示当前在推动环保餐具使用的过程中出现的困难。

①商家只注重自身品牌，使用自己定制的餐盒餐具。

②特殊外卖不适用外卖平台提供的环保餐盒、餐袋。

③环保餐盒成本比塑料餐盒成本高，商家逐利。

④"包装过甚过于精美"的不环保问题。

⑤商家全部默认"抓一把"餐具，造成过度浪费。

⑥外卖垃圾治理主体缺失造成"垃圾围城"。

问题设置2：

造成环保餐具推行困难的根本原因是什么？"推动形成绿色发展方式和生活方式，是发展观的一场深刻革命。"结合展示内容，对此观点进行说明。

学生活动2：

（1）"绿动"3组小组代表展示在推动环保餐具使用中出现的困难。

（2）根据展示内容，思考造成环保餐具推行困难的根本原因，感受发展观念变革的重要性，深入理解绿色发展的"形"和"神"两方面。

①绿色发展的"形"——生态环境质量的提升与改善、气候变化的应对、资源的节约高效利用等物质文明层面。

②绿色发展的"神"——理念、意识、观念、制度、文化等，通过培育和造就"人与自然和谐共生"的"绿色精神文明"与"绿色物质文明"相辅相成。

教师活动2：

引导学生反思"绿色"不应该只是一种短期的、物质意义上的发展形态，更应有必要实现其"精神文明"层面上的发展成果，具体表现为绿色的、无形的理念、意识、观念等。

活动意图说明：

此议题是教学的重点和难点环节。继上一环节感受绿色发展理念的重要性后，通过各外卖平台解决外卖垃圾的措施深入了解绿色发展理念的内涵，并通过分析环保餐具推行过程中面临的困难认识到绿色发展应浸润到人们的观念中，明确是物质文明与精神文明相统一的绿色发展观，形成对绿色发展理念全面的、客观的认识，拓展学生思维视野，提升科学精神素养。

**环节三：破解之道——如何推动外卖包装绿色化？**

情境创设：

文字材料：外卖行业发展迅速、前景广阔，但起步较晚，自身还存在诸多问题。例如外卖垃圾治理主体的缺失，"谁污染、谁治理"的基本环保原则无法在外卖垃圾处理过程中实现。首先是可降解塑料餐盒的成本较普通塑料餐盒高，且外卖垃圾多有相应部门回收处理，外卖商家不必为外卖垃圾的处理支付额外费用，所以商家的逐利性引导其完全不顾环境承载力、城市治污成本等问题。另外，目前消费者垃圾分类意识较低，加之政府监管机制不完备，最终外卖垃圾成了现实版的"公地悲剧"。

视频材料：

播放视频《治理外卖行业塑料污染：外卖产生垃圾多，塑料餐盒回收难》。（来源：央视网）

问题设置：

外卖垃圾处理，需要各方协作发力。你认为应该如何化解外卖垃圾"公地悲剧"？（提示：从商户、餐盒制造商、消费者、政府、外卖平台等角度思考）

学生活动：

观看视频，结合视频资料和个人生活体验，谈谈如何为外卖垃圾处理助力。

"绿动"4组小组代表从商户、餐盒制造商、消费者、政府、外卖平台等角度总结分享：

①商户：尽可能使用可降解环保餐盒。

②餐盒制造商：餐盒生产企业需要承担部分垃圾处理的责任；须研发成本更低、更适合餐饮商户的环保餐盒。

③政府：征收环境污染税；制定外卖餐盒标准使绿色外卖餐盒成为标配，而不是可选择项；建立专门的餐具分类回收系统；加大监管力度。

④消费者：提升环保意识；做好垃圾分类；尝试废物利用。

⑤外卖平台：对使用环保餐盒的参与商户和消费者制定奖励机制。

教师活动：

引导学生从不同角色思考应对之策，点评学生讨论成果，总结归纳外卖垃圾处理的措施。

活动意图说明：

绿色高质量发展是绿色发展和高质量发展的深度融合，社会发展不断进步，包装期待"绿色转身"，清理过度包装的"白色垃圾"还需各方协同发力，久久为功，因此坚持绿色发展理念必须落脚到激发社会各界的关注和努力这一点上，此环节旨在借助外卖垃圾的处理激励学生为此建言献策，提升公共参与素养。

## 结束新课

情境创设：

背景音乐《绿水青山》（2023年春晚歌曲录音室版）。

请你从新时代青少年视角，以第一人称任选一个角度发出一封给未来的书信——《写给蓉城的绿色未来》，郑重承诺通过自身的努力，保护我们的绿色家园，给子孙后代留下绿水青山！限时一分钟朗读分享，并把这封信投到班级收集瓶里保存。（提示：可从节约用水、低碳出行、垃圾分类、一次性制品等角度思考）

结语：

党的二十大报告指出："中国式现代化是人与自然和谐共生的现代化"，对推动绿色发展做出了系统部署。绿色发展，功在当代，利在千秋。人不负青山，青山定不负人，建设美丽中国，每个人都是行动者，让我们携起手来，让祖国的天更蓝，水更清，山更绿！

活动意图说明：

作为课堂总结部分，升华主题，结合党的二十大报告中掷地有声的话语，让学生在撰写书信《写给蓉城的绿色未来》中，坚定贯彻绿色发展理念的决心，感悟让绿水青山泽被未来子孙的深刻意义。

## 十一、板书设计

"绿动"达人调查，外卖垃圾何去何从？——从外卖包装绿色化看绿色发展理念

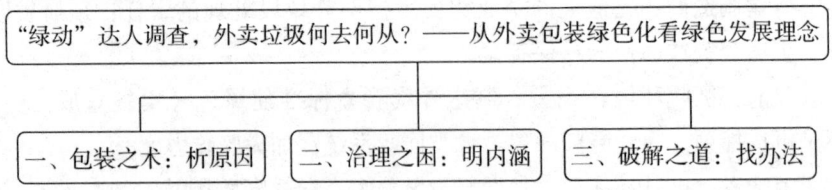

一、包装之术：析原因　　二、治理之困：明内涵　　三、破解之道：找办法

## 十二、作业设计

课后实践：

2023年6月5日世界环境日即将到来之际，四川省双流中学拟举办以"绿色发展理念的城市表达——美丽双流"为主题的绿色嘉年华庆典，旨在动员全体学生践行绿色发展理念，履行环保责任，呵护双流蓝天碧水，共建美丽家园。为保证庆典高起点、高质量、高水平开展，现在全校范围内征集活动策划方案。

请同学们以小组为单位，调研双流绿色发展成果，撰写活动策划方案。

活动要求：

1. 活动策划契合主题，明确活动实施办法细则。

2. 作品发送至双流中学官方邮箱，我校将评出一、二、三等奖和优秀奖若干名，并对采纳的作品酌情给付报酬。

期待你们的优秀作品……

### 十三、教学反思

1. 精心设计教学情境，引导学生真懂真信。选取外卖包装这一具有浓厚生活色彩的角度，密切了绿色发展理念与实际生活的联系，从学生自己观察与关注的素材出发，通过教学环节的层层推进，让学生在感悟、分析、探讨中不仅加深对学科知识的理解，更激发内心对绿色发展理念的认同。

2. 探究活动全员参与，重视课堂动态生成。本节课坚持理论性和实践性相统一，主导性和主体性相统一，活动任务清晰，小组分工明确，全班分为"绿动"达人4个小组，学生自主探究整体教学活动，充分调动学生的积极性，尽量把课堂交给学生，培养学生透过现象看本质和理论与实际相结合的能力，让学生在自主探究的过程中升华认识，达成学习目标。

## 【初中阶段】"人与自然和谐共生"教学设计

| 学科 | 道德与法治 | 单元名称 | 文明与家园 | 课型 | 新授课 |
| --- | --- | --- | --- | --- | --- |
| 教材 | （2022年版）九上《道德与法治》 | 课时名称 | 共筑生命家园 | 课时 | 1课时 |
| 总领：党的二十大报告关于绿色发展的表述 | | | | | |
| 党的二十大报告指出，中国式现代化是人与自然和谐共生的现代化。以中国式现代化全面推进中华民族伟大复兴，必须坚定不移走生产发展、生活富裕、生态良好的文明发展道路。要实施全面节约战略，发展绿色低碳产业，倡导绿色消费，加快发展方式绿色转型，推动形成绿色低碳的生活方式和生产方式，努力实现经济社会发展与生态环境保护协同共进。推动绿色转型发展，必须抓住资源利用源头，各类资源都要统筹好开发与保护、增量与存量的关系，全面提升利用效率。把自然和生态当成我们自身的一部分，把绿色发展的理念融入日常生活中，广泛形成绿色生产生活方式，为中华民族的永续发展打下坚实的基础。 | | | | | |

一、课标要求

《义务教育道德与法治课程标准（2022年版）》（以下简称"新课标"）对本课时的基本要求如下：

1. 内容要求：了解环境保护法的法律规定，树立生态文明观念。

2. 教学提示：以"建设美丽中国"为议题，探讨个人如何参与环境保护，从"如何参与"和"做践行者"的实践维度，让学生不仅能正确认识环境保护，还能落实到具体的行动中。

二、教材分析

1. 本框地位：本内容选自初中《道德与法治》第三单元第六课第二框"共筑生命家园"，教学内容构建于推动经济高质量发展的时代背景下，坚持走绿色发展道路，倡导人与自然和谐共生。本框从"怎么办"角度分析面临的人口、资源、环境这三大严峻形势，以及我们的态度与选择、行动与策略。

2. 本框内容：本课时包含两个重要内容。一是阐述"人与自然的关系"，认同人与自然和谐共生的理念，懂得建设生态文明就是造福人类；二是回答"如何坚持绿色发展道路"，主要讲述我国建设美丽中国、实现永续发展的中国路径和中国方案。

三、学情分析

1. 知识基础：本框教学对象为初三学生。初中阶段是价值观形成的关键期，通过初中地理学科、初中《道德与法治》第六课第一框"正视发展挑战"相关内容的学习，学生对人口、资源、环境等问题有一定的认知，但深度和广度远远不够，对人与自然和谐共生的理念以及走绿色发展道路的认识还不够清晰，需进一步进行正确引导。

2. 心智特征：初三学生的抽象思维和逻辑推理能力在不断发展，对于社会发展有积极的探索欲望，但抽象思维的理论化水平和逻辑思维的本质内涵还缺乏，认识容易出现表面化的现象，需引导学生理性深入地探讨"人与自然和谐共生的内涵与关系"和"走绿色发展道路的举措"，力求促进学生的全面发展和核心素养的培养。

## 四、学习目标

1. 通过环节一绿道调研，对比绿道沿线过去和现在的变化，在对比中知道人与自然和谐共生的重要性，理解并认同我国坚持生态文明建设的立场，提升学生政治认同素养。

2. 通过环节二辩论赛，学生逐步厘清生态保护和经济发展之间的关系，明白两者之间是辩证统一的关系，认同习近平总书记提出的"绿水青山就是金山银山"的理念，提升学生政治认同素养。

3. 通过环节三践行绿色发展理念的路径探析，从不同角度寻找沙河成功转型的做法，感知绿色发展理念的践行需要各方力量的支持，提升学生法治观念和责任意识素养。

## 五、评价任务

1. 通过绿道调研，撰写调研方案，对比绿道沿线的前世今生，在对比中概括人与自然和谐共生的重要性。（针对学习目标1）

2. 通过生态建设重要还是经济发展重要的辩论赛，学生能够组织论据进行辩论，在辩论中厘清生态保护和经济发展的辩证统一关系。（针对学习目标2）

3. 通过调研沙河的变化发展，从不同角度阐释践行绿色发展理念的路径，并能从自身出发，提出低碳生活的方式。（针对学习目标3）

## 六、教学重难点

教学重点：实现人与自然和谐共生。

教学难点：如何走绿色发展道路，践行绿色行为？

## 七、设计思路

助力核心素养生长的课堂离不开结构化的情境、活动型的任务、序列化的知识。其中，任务线是素养生长的活动主线，知识线是素养生长的理论辅线，情境线是素养生长的生活辅线，三线合一，形成指向学科核心素养的"金字塔"架构。

本课以"同建绿色天府，共筑生命家园——从天府绿道探绿色发展理念"为主题，创设"绿道调研、思维碰撞、路径探析"一系列结构化情境，呈现发现问题、分析问题、解决问题的一个完整的思维链条；学生通过绿道调研、辩论赛等活动，探索成都践行绿色发展理念的合理性和必要性，生成"绿色发展理念"的核心知识；整堂课的各环节之间环环相扣，不断向纵深展开，引导学生在理解绿色发展理念的过程中，提升关键能力和必备品格，培育核心素养。

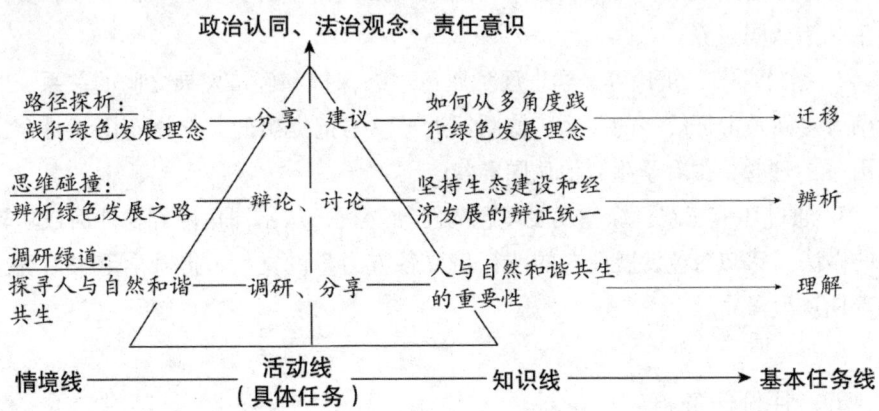

## 八、方法与策略

1. 寓学科内容于情境之中。教学内容只有发生在真实的情境中，才能发挥让学生了解社会的意义，起到立德树人的作用。本课在设计时将学科内容与真实情境有机结合，将共筑生命家园置于成都天府绿道的背景之下，拉进学生与真实生活的距离，让学生在达成学习目标的过程中，对社会的认识更加全面和深入。

2. 寓学科学习于活动之中。学科内容只有与活动结合起来，才能让学生的学习真实有效的发生。本课在设计中将学科知识的学习用学生的调研活动进行贯穿，并且设置辩论赛和手写承诺书等活动，在活动中用问题驱动学生深度思考，让学习真实发生。

## 九、资源与工具

1. 硬件：稿纸、多媒体工具、不同调查小组的座签。
2. 软件：图片资料、文字资料、学生制作的PPT。

## 十、教学过程

**同建绿色天府，共筑生命家园**

——从天府绿道探绿色发展理念

### 导入新课

情境创设：

图片材料：

图片上的这些地方它们串联起来构成了成都的一大亮点地标——天府绿道。（分别展示天府绿道的相关图片）

问题设置：

课前的学习任务中布置了查找资料并且分享天府绿道的相关信息，请"探绿"1组上台分享，其他同学听完后，用几个关键词分享感受。

学生活动：

"探绿"1组上台运用PPT结合文字讲解介绍天府绿道，主要从天府绿道建设的背景、构成、文化活动、社会评价等几方面进行，其他同学在认真倾听的过程中感受绿色发展带来的巨大效益，初步认识到人与自然和谐发展的重要性。

教师活动：

鼓励学生自主探究，通过介绍和倾听了解天府绿道的前世今生，让学生切实感受绿色发展给人民生活带来的福祉。

活动意图说明：

坚持以生为本，选择贴近学生真实生活的本土资源——成都天府绿道，先从对天府绿道的了解开始，鼓励学生自主探究，在收集资料和介绍的过程中培养归纳概括能力，激发学生的兴趣，将课堂打造为小组调查分享会，构建活动型学科课堂，为后面的探究活动做好铺垫，让学生感受到绿色发展给人民生活带来的福祉。

### 讲授新课

**环节一：绿道调研，探寻人与自然和谐共生**

情境创设：

文字资料：

天府绿道以人民为中心、以绿道为主线、以生态为本底、以田园为基调、以文化为特色，全域规划形成"一轴两山三环七道"的区域级绿道1920千米、城区级绿道5000千米以上、社区级绿道10000千米以上，但天府绿道的建设也经历了不平坦的道路，请同学们化身为调研员，去探索和了解天府绿道的发展。

问题设置：

学生课前按照小组自行选择天府绿道上的河流、公园等进行调研，了解它们的前世今生，撰写调研报告并在班级中分享。

学生活动：

"探绿"2、3、4小组按照老师要求进行网上资料搜集和现场采访调研，撰写调研报告，并在课堂上跟同学们分享小组的调研成果。（活动要求：小组分工合作，可从发展之前的面貌、发展后的变化、给人民生活带来的变化、给我们带来的启示等角度进行调研分析，并制作PPT进行展示）

教师活动：

借助调研分析小组活动，揭示要重视人与自然和谐共生的重要性。

活动意图说明：

学生以小组为单位，以调研活动为引领，深入天府绿道进行合作探究，将社会大课堂和思政小课堂结合起来。通过前后变化对比，加深学生对人与自然和谐共生重要性的认识。并且在合作中与同伴互相学习、交流思想，既提升认识，又培养团队协作和沟通协调能力，还可以在思维碰撞中取长补短、共同成长。

**环节二：思维碰撞，辨析绿色发展之路**

情境创设：

根据学生的调研报告分享，我们能看出这些地方都走过两条不同的道路：一条是将经济发展放在首位，用生态环境换经济发展；一条是将生态环境放在首位，不因经济发展牺牲生态环境。这两种观点你同意哪个？

问题设置：

针对两种观点，学生以小组为单位，选择认可的观点，组织论据进行辩论。

学生活动：

学生以小组为单位，组织论据进行辩论。（活动要求：①以小组为单位讨论。②组织成员分工。组长：组织讨论活动，注意把握讨论时间；组员：依次发表观点；记录员：以提纲形式，分点逐条记录观点；发言人：代表小组发言。③讨论时间：5分钟。④讨论结束的小组鼓掌示意。）

教师活动：

点评小组的辩论，总结走绿色发展道路需要处理好经济发展和生态环境。要懂得绿水青山就是金山银山，决不能以牺牲环境和浪费资源为代价，换取一时的经济增长。

活动意图说明：

继上一环节感受人与自然和谐共生的重要性后，以调研分享发现的两条不同道路为切入点，让学生组织辩论，运用自身已有经验进行思考、选择和陈述。目的是把社会现实带进课堂，让课堂融入社会生活，并运用已有的生活经验进行分析，达到训练思维的目的。

**环节三：路径探析，践行绿色发展理念**

情境创设：

我们再次回到调研小组的分析报告上，其中"探绿"4组关于沙河的调研很值得关注，沙河完成了从"黑臭河"到"生态河"的幸福蝶变，走上了生态文明建设、绿色发展的道路。让我们一起来探析它是如何走上绿色发展道路的，这当中有哪些经验值得借鉴？

问题设置：

从不同角度分析，沙河是如何走上绿色发展道路、践行绿色发展理念的？

学生活动：

"探绿"4组代表深入分享，其他同学思考老师提出的问题。

教师活动：

引导学生从不同角色探析沙河走上绿色发展道路、践行绿色发展理念的路径，点评学生讨论成果，总结归纳发展措施。

活动意图说明：

本环节是本框内容的重难点，推进绿色发展理念需要从各个角度发力，久久为功，本环节紧密联系现实，结合具体情境，帮助学生认识到坚持绿色发展理念必须激发社会各界的关注和努力，同时需要完善相关的法律法规，帮助学生树立推进生态文明建设和绿色发展的法治观念。

## 结束新课

情境创设：

结合所学知识，谈谈作为新时代的中学生，我们如何以实际行动建设绿道天府，我们能为环境保护做哪些力所能及的贡献？请郑重写下你的《环保承诺书》。（提示：可从理念、生活常识、学习、自身道德素质等角度思考）

结语：

同学们，坚持人与自然和谐共生，坚持走绿色发展道路，才有可能实现经济繁荣、生态良好、人民幸福，这是建设美丽中国的时代图景。在座的每一位好少年，让我们一起努力，为之奋斗！

活动意图说明：

作为课堂的最后部分，需要提升情感价值，升华主题，树立高站位，采取实际行动许下环保诺言，坚定贯彻绿色发展理念的决心。

## 十一、板书设计

同建绿色天府，共筑生命家园
——从天府绿道探绿色发展理念
- 一、绿道调研：探寻人与自然和谐共生
- 二、思维碰撞：辨析绿色发展之路
- 三、路径探析：践行绿色发展理念

## 十二、作业设计

课后实践：

活动主题：走进社区，让"环境保护"入心化行宣传活动。

活动目的：同学们走进社区，用自己的力量呼吁居民们以实际行动保护我们的环境，共同营造和谐绿色文明的生活环境，引导社区居民尊法学法守法用法，看到有损生态环境的行为要采用合理合法的方式进行劝阻，践行法治精神，培养环保意识。

任务目标：

1. 能够积极参与、组织开展环境保护活动。

2. 在准备宣传作品的过程中培养学生多种学习的途径和方法，比如小组合作讨论法、利用多种渠道查阅资料的方法。

3. 培养学生的综合能力，锻炼学生的语言表达能力、设计创造能力、自我展示能力，培养学生的大胆的参与意识。

任务驱动：

1. 结合小组成员特长，各个小组分别设计一种特色宣传方式，走进社区进行宣传。

①书签。（写上保护环境的相关知识、标语、禁止损害生态环境的有关法律条文）

例，"绿色常在，环保长随"。

②海报。

例，题目"规范自我行为，践行法治精神"，引用名言、故事或案例利用海报进行宣传，海报可以粘贴在各处显眼的位置。

③宣传册。（图文结合，创意无限）

例，宣传环境保护的海报，或者结合环保的图册，再配以禁止损害环境的相关法律或法规，以及支持环保维护公共利益的相关规定。

2. 宣传方式紧扣活动主题、活动目的，有可操作性、严肃性或趣味性。

### 十三、教学反思

1. 依托真实情境，科学设置主题。教学强调学生的合作探究建立在真实的情境中，只有这样学生才能真正获得有意义的思考、在感悟中获取知识、在探究中培养思维。创设的情境不仅要为教学内容服务，而且要深入细致进行情境内容的挖掘，还要注重情境推进的逻辑性。本课以"同建绿色天府，共筑生命家园——从天府绿道探绿色发展理念"为主题，既基于真实情境，又是可以深度展开探究的主题，符合学生的认知特点，能激发学生的兴趣，促进高阶思维的发展。

2. 践行知行合一，指导学生实践。道德与法治教学的最终目的是学以致用，知行合一，指导学生解决实际问题，促进核心素养落地。因此一堂课程的结束并不是终结，更要将教学与学生的生活相关联，指导学生的实践。在本课结束后，给学生布置了一项课后实践任务——"走进社区，让'环境保护'化心化行宣传活动"。号召学生走进社区，用自己的力量呼吁社区居民人人参与到环境保护中来，让学生在做中学，更好服务于学生的实践生活。

## 【小学阶段】"人与自然和谐共生"教学设计

| 学科 | 道德与法治 | 单元名称 | 我和大自然 | 课型 | 新授课 |
|---|---|---|---|---|---|
| 教材 | （2019年版）《道德与法治》一年级下册 | 课时名称 | 大自然，谢谢您 | 课时 | 2课时 |
| 总领：党的二十大报告关于绿色发展的表述 ||||||
| 党的二十大指出，要"推动绿色发展，促进人与自然和谐共生。"大自然是人类赖以生存发展的基本条件。尊重自然、顺应自然、保护自然，是全面建设社会主义现代化国家的内在要求。必须牢固树立和践行绿水青山就是金山银山的理念，站在人与自然和谐共生的高度谋划发展。我们要推进美丽中国建设，坚持山水林田湖草沙一体化保护和系统治理，统筹产业结构调整、污染治理、生态保护、应对气候变化，协同推进降碳、减污、扩绿、增长，推进生态优先、节约集约、绿色低碳发展。 ||||||

## 一、课标要求

《义务教育道德与法治课程标准（2022年版）》（简称"新课标"）对本课时的基本要求如下：

1. 内容要求：了解大自然与人类衣、食、住等物质生活方面的密切联系，感悟大自然给予人们的丰厚资源，从而培养热爱大自然的情感，增强保护自然的意识。

2. 教学提示：从一年级学生的生活实际出发，了解我们的生活与大自然密不可分，从而培养我们对大自然的热爱之情。

## 二、教材分析

1. 本框地位：本内容选自《道德与法治》一年级下册第二单元第八课时"大自然，谢谢您"，教学内容构建于建设富强、民主、文明、和谐、美丽的中国时代背景下，强调大自然对人们的馈赠，从而培养学生热爱大自然、保护大自然的情感。

2. 本框内容：本课时包含两个重要内容。一是"大自然的礼物"，强调生活的体验与交流，旨在告诉大家，大自然的阳光、空气、水、泥土等自然的基本要素都是我们赖以生存的礼物；二是"大自然中的快乐"，通过活动与自然交流，引导孩子在与自然共在中成长。

## 三、学情分析

1. 心智特征：本框教学对象为一年级学生。大自然在他们心中是神奇、神秘和丰富多彩的，他们有通过看、听、嗅、触等途径去感受大自然的经历，初步体验到了在大自然中活动的乐趣。但现阶段这种观察和体验还停留在表层，比较零散、浅显、缺乏目的性。

2. 认知结构：建设一个美丽国家，要求学生增强环保意识。因此，本课学习对学生的成长发展有重要指导意义。对于一年级学生而言，他们在日常生活中时常接触大自然，但停留在观察和体验层面，尚未深入思考"什么是大自然""我与大自然有什么关系"和"我要怎样对待大自然"。因此，教师需在日常生活情境中恰当设置问题、巧用多种教学形式，调动学生的学习热情，拓展学生思维，引导他们对大自然的思考和感悟，从而达到教学目的。

## 四、学习目标

1. 通过议题1问题探究，学生开动小脑筋，从自己的生活经验出发，分享关于大自然的"说一说"，在分享完成后及时有效引导大家去感受大自然的美好，培养亲近大自然的美好情感，提升学生政治认同素养。

2. 阅读议题2故事材料，引发学生思考，发现生活中的一切离不开大自然提供的养料，也离不开人们的辛勤劳动，同时要珍惜他人的劳动成果，为学生树立拒绝浪费的观念，提升学生的责任意识。

3. 通过议题3照片分享活动和诗歌朗读，学生联系生活交流自己在不同季节的故事，体会大自然带来的快乐，健全学生人格。

## 五、评价任务

1. 通过小脑筋活动，学生能分享出他们喜欢的食物、喜欢的动物、喜欢的花朵，在交流完成后进一步去思考我们所喜欢的这些东西从哪来？从而让学生去探索发现生活与大自然之间的关系。（针对学习目标1）

2. 通过阅读两个农夫故事感悟大自然对勤劳的人们以丰厚的回报，培养学生热爱自然、亲近自然的情感。（针对学习目标2）

3. 通过分享合照故事体会大自然的美，大自然中的快乐，从而引导学生要心怀感恩自然之情。（针对学习目标3）

## 六、教学重难点

教学重点：通过分享和交流，体会融入大自然的乐趣，与大自然有共在感。

教学难点：在与大自然的共在中成长，感受大自然的美好，形成对大自然的热爱和感恩。

## 七、设计思路

助力核心素养生长的课堂离不开结构化的情境、活动型的任务、序列化的知识。其中，任务线是素养生长的活动主线，知识线是素养生长的理论辅线，情境线是素养生长的生活辅线，三线合一，形成指向学科核心素养的"金字塔"架构。

本课以"护生态之花，绘春意之清嘉——从人与自然和谐共生走进'大自然，谢谢您'"为总议题，创设"走进自然、珍惜自然、感恩自然"一系列结构化情境，呈现纵向挖掘自然的探究活动；学生在此过程中乐于分享，积极思考，一步步感知自己与大自然之间的关系，发现生活中的事物离不开大自然，从而培养热爱自然、保护自然的情感；整堂课由理解向应用、迁移螺旋上升，引导学生走进教材、走出教材、走向生活，使核心素养落地生花。

### 八、方法与策略

1. 优化议题情境，创设体验式氛围。围绕议题，创设情境，打造活动型课堂，让学生在真实情景中去体验、去感悟、去生成，落实核心素养，促进思想政治理论性与实践性相统一。

2. 精心设计问题，激发探究式兴趣。巧设问题，用问题驱动学生深度思考，激发课堂探究兴趣，提升关键能力，培养思维品质，体现课堂主导性与主体性相统一。

3 高效组织活动，打造交互式课堂。在课堂搭建活动平台，为师生、生生之间交流互动提供契机，在交互中提升能力，体现课程内容活动化与活动设计内容化相统一。

### 九、资源与工具

1. 硬件：多媒体工具、课前准备的照片。

2. 软件：视频《大自然母亲在说话》（中文版）（来源：哔哩哔哩［公益影片］）；诗歌《大自然中的快乐》。

### 十、教学过程

护生态之花，绘春意之清嘉<br>——人与自然和谐共生

**导入新课**

情境创设：

播放视频《大自然母亲在说话》。

问题设置：

人们常常说："大自然就像我的母亲。"你知道大家为什么会把大自然形容成我们的母亲吗？

学生活动：

观看视频后思考问题，积极回答。

教师活动：

在我们生活的大自然中，孕育了无数的生命。大自然供给我们养料，教会我们成长，我们也在成长中不断亲近大自然。

活动意图说明：

以视频导入，激发学生学习兴趣，让学生直观地感受大自然。看完视频后及时抛出问题引导学生思考，在交流中让学生初步体验到我们与大自然之间是有联系的，大自然对人类而言是重要的。

讲授新课

**环节一：交流体会，走进自然**

情境创设：

大自然这位母亲从我们出生起就赠予了我们许多礼物，请同学们说一说。

①你最喜欢哪种食物？

②你最喜欢哪种动物？

③你最喜欢哪种花儿？

问题设置：

你最喜欢的食物、动物和花儿是来自哪里？

学生活动：

向同学分享自己的"说一说"并思考问题。

教师活动：

我们吃的食物、喜欢的小动物、喜欢的花儿都来自大自然。这些都是大自然给予我们的礼物。

活动意图说明：

通过学生的生活经验引入话题，激发学生表达的欲望，在学生回答后引导他们思考我们生活中密切相关的衣食住行都离不开大自然的馈赠。

**环节二：探究发现，珍惜自然**

情境创设：

展示故事屋：两个农夫。

（从前，村子里有两个农夫。他们一个懒惰，一个勤奋。懒惰的农夫每天睡到日上三竿才出门耕种，去到田地里，他看到太阳那么晒就躺在树下乘凉，不知不觉便又睡了过去。而勤劳的农夫每天早早就起床勤恳耕种。就这样春去秋来，勤劳的农夫收获满满，为来年积攒了足够的粮食，而懒惰的农夫只能等待饿死。）

问题设置：

(1) 大自然不是我们的母亲吗，为什么会让那位懒惰的农夫饿死呢？

(2) 你更愿意做勤劳的农夫还是懒惰的农夫呢？

(3) 小小讨论会：大自然的礼物是从何而来的呢？我们怎样才能得到大自然赠送的礼物？（结合课本四幅图片）

学生活动：

学生阅读后有所感悟展开讨论。请代表发言。

在此过程中，注重以图片引导学生：地里种出的稻谷，变成香甜的米饭；春蚕吐出的丝，织成漂亮的丝绸；我们住的房屋，是用泥沙、钢材和木材建成的；我们吃的水果，是大自然的种子、阳光、空气、水和土壤，以及人们辛勤劳作的结晶。

教师活动：

(1) 组织学生阅读感悟三个问题后开展课堂讨论活动。

(2) 评价学生的讨论成果，结合课本四幅图片引导学生去感悟：自然的礼物来之不易，需要靠人们的勤恳劳动才能获得。所以，我们需要热爱劳动，做一个勤劳的人，还得珍惜他人的劳动成果。

活动意图说明：

通过故事阅读进行感悟，懂得自然的礼物不是不劳而获的而是需要我们通过勤恳的劳动来获得的，并引导学生树立热爱劳动的意识，做一些力所能及的小事，能在生活中珍惜他人的劳动成果。

**环节三：分享快乐，感恩自然**

情境创设1：

同学们在周末都去了户外活动并在老师要求下与大自然合影，请同学们拿出和大自然快乐玩耍的合照，展示给我们看看。

问题设置1：

在分享过程中，介绍你都参与了什么活动，有什么收获。

学生活动1：

学生展示分享。

教师活动1：

点评学生的周末户外活动，总结大自然中的快乐。

情境创设2：

朗读诗歌《大自然中的快乐》。

（大地长出绿头发，我用脚趾梳理它。小草痒得咯咯笑，亲亲我的小脚丫。

我也痒得咯咯笑,捂着肚皮乐开花。)

问题设置2:

朗读诗歌后,请你来说说你最喜欢的季节,你为什么喜欢这个季节。

学生活动2:

学生发散思维,说出自己喜欢的季节和喜欢理由。(引导学生去发现,在不同的季节,我们可以玩些什么?)

教师活动2:

引导学生去发现:大自然给了我们四季不同的感受,带给了我们许多快乐的回忆。

活动意图说明:

通过展示照片的方式,以具体的图像进行感受,帮助学生直观感受在大自然中的快乐。在进一步分享中发现不同季节可以有怎样不同的玩法和感受,增强学生对自然的喜爱之情,并由此懂得大自然带给我们的快乐,懂得感恩自然。

## 结束新课

情境创设:

呈现党的二十大报告中的金句:

大自然是人类赖以生存发展的基本条件。尊重自然、顺应自然、保护自然,是全面建设社会主义现代化国家的内在要求。必须牢固树立和践行绿水青山就是金山银山的理念,站在人与自然和谐共生的高度谋划发展。

—— 习近平《在中国共产党第二十次全国代表大会上的报告》

结语:

大自然是人类的母亲,我们要珍惜大自然送给我们的礼物,做一个爱劳动的人,也要珍惜别人的劳动成果,不铺张浪费。除了这些,大自然还带给了我们许多快乐体验,我们要像爱自己的妈妈一样爱护大自然。最后,让我们用一首儿歌结束今天的学习,老师读一句,你们跟着读一句。(出示儿歌)

活动意图说明:

作为课堂总结部分,升华主题,结合党的二十大报告中相关话语要求,让学生感悟大自然对人们的意义,激发学生热爱大自然、保护大自然的情感。

十一、板书设计

十二、作业设计

课后实践：

课后，在班级里组织一次爱护自然行动，比如捡垃圾、节约用水等。写出你的行动计划，在课下执行，并记录行动过程，别忘了写下你的感受和体会哦。

活动要求：

1. 每位同学都要参与。2. 以照片、视频或文字的形式记录你的活动过程活动感受记录下来，20字左右。

十三、教学反思

1. 三线联动，指向学科核心素养。整个教学设计注重知识线、任务线、情境线的有机统一，相互贯通，通过创设生活化、具象化的情境，在活动中思考问题，在任务中落实知识，最终指向学科核心素养的落地。

2. 思政小课堂牵手社会大课堂，为教学有效赋能。本课结合学生的身心发展特点，选取的视频、故事、诗歌贴近学生生活。本课主要涉及了三条线索：第一，熟知生活中的方方面面都源于自然界的馈赠；第二，通过一年四季的活动,感受大自然带给我们的快乐;第三,引导学生认识到人类用自身的勤劳与努力回报大自然的馈赠。课文的框架脉络通过问题得以建构。这些问题从课时目标出发设计评价要求,构建相应的教学活动,形成"以终为始"的教学设计。

# 第四章

# 政策建议

## 第一节 对国家教育主管部门及教材建设部门的建议

**一、持续加强大中小学思政课一体化共同体建设**

为了贯彻落实习近平总书记关于大中小学思政课一体化建设，2022年11月教育部开展了支持建设一批大中小学思政课一体化共同体建设工作，激发了很多大中小学推进大中小学思政课一体化建设的积极性。但根据相关通知要求，2022年每一个省市只支持建设一个共同体，每个共同体成员数量为10个左右。这在一定程度上又限制了部分学校的积极性。

按照一定区域开展大中小学思政课共同体建设、并限制共同体成员数量是深入推进大中小学思政课一体化建设的好举措，因此首先建议教育部持续开展此项工作，持续支持各省市开展大中小学思政课共同体建设。同时，由于大中小学思政课一体化建设的重要性以及很多学校参与此项工作的积极性较高，建议教育部适当增加共同体建设的支持数量，力争用3~5年在全国建设一批示范性共同体，为推进习近平总书记提出的大中小学思政课一体化建设工程以及党的二十大提出的"推进大中小学思想政治教育一体化建设"提供强大动力。

**二、组织大中小学专家一体开展思政课程标准及教材修订**

课程标准、教材是思想政治课的基本指引和重要载体。当前，国家没有针对大学思政课制定统一的课程标准，这是大学思政课建设急需补齐的一块短板。普通高中、义务教育思政课，教育部都组织编写了统一的全国标准，值得充分肯定。普通高中课程标准为2017年制定2020年修订，需要进一步更新。义务教育课程标准为2022年制定，且后者充分体现了一体化思想，为全国高质量开展好义务教育思政课提供了重要指导，也为大中小学思政课一体化建设奠定了较好基础。在教材建设方面，国家高度重视思政课教材修订，一般1至2年都要修订一次，是大中小学思政课教学的根本遵循。当前，大中小学思政课的教材大都根据党的二十大精神进行了及时修订，党的二十大精神都不同程度融入了大中小学各阶段教材之中，但大中小学思政课一体化建设还很不够。

为此提出两点建议：一是建议教育部组织大中小学思政专家（吸收优秀一线青年教师代表），集中一段时间、集中在一起，对大中小学思政课程标准进行一体化研究，按大中小学思政课一体化建设与大中小学思想政治教育一体化建设的要求，修订普通高中思政课程标准，同时制定大学思政课国家标准，最终形成大中小学一体化的课程标准体系；二是建议国家教材局组织大中小学思政课专家（吸收优秀一线青年教师代表）、大中小学教育出版专家根据大中小学思政课程国家标准，对大中小学思政课教材进行一体化修订。

### 三、建立党的二十大精神精品教学资源共享库

权威的、精品的教学资源是提升教学质量的重要支撑。党的二十大召开之前，中央宣传部组织召开了系列专题发布会，中央各大媒体等发布了大量精彩视频、文章，充分展示了党的十八大以来国家建设伟大成就；党的二十大胜利召开以后，中央宣传部及中央各大媒体也先后召开了新闻发布会，组织发表了系列宣传阐释文章，为人们深刻领会党的二十大精神提供了重要参考。这些对于大中小学思政课宣讲和融入党的二十大精神，都是十分优质的、丰富的教学资源。另外，故宫、长城、敦煌、天安门广场、毛主席纪念堂、一大会址等全国各地的历史文化博物馆、名胜地、纪念场馆，对于全国的大中小学生来说也是丰富的思政教育资源。建议国家教育主管部门设立专项组织对党的二十大精神及其相关的资源进行整理，建立专门共享资源库，并供全国思政课教师免费下载。另外，充分利用元宇宙等先进信息技术，为学生提供更多能身临其境的教育场景。

## 第二节　对省市教育主管部门的建议

### 一、加强大中小学思政课教师一体化培训

当前各省市还是十分重视思政课教师培训的，但当前的培训大体是以校为单位、区为单位，且大学不参加区级培训；省市组织的一般都是骨干教师培训，且大体都是小学、中学、大学分类培训。在传统的思政课背景下，这样的分层分类培训效果是很好的，但在大中小学思政课一体化建设的背景下，这样的培训就会存在一些问题。

在研究过程中，我们做过访谈和座谈会，一些大学老师反映，目前对于高中、初中、小学思政课究竟讲什么、如何讲的，自己不了解，除非自己家有在读的中小学生；一些中小学老师也反映，现在大学思政课究竟讲什么、怎么讲，自己也不了解，只记得自己上大学时思政课的大体内容和教学方法。与此同时，一些大学老师反映，对于中小学思政课教师很少认识，很少与中小学老师一起交流大中小学思政课建设问题；一些中小学老师也反映，大学的思政课老师没机会认识，除开自己的大学思政课老师，也很少有机会同大学老师一起交流大中小学思政课的问题。可见，加强大中小学思政课教师一体化培训很有必要。

建议各省市教育部门或教育培训部门，利用学习贯彻党的二十大精神、推进党的二十大精神"三进"的契机，多开展大中小学思政课教师一体化培训。一方面有利于大中小学教师一体化把握大中小学思政课教学的概况、了解大中小学思政课一体化建设的规律，另一方面也有利于加强大中小学思政课教师之间的交流，为更多学校一起参与推进大中小学思政课一体化建设实践创造条件。

### 二、支持建设更多省级大中小学思政课一体化共同体

共同体是有效推进大中小学思政课一体化建设的重要载体。教育部在全国组织推进大中小学思政课一体化共同体建设为各省市提供了重要指引。建议各省市教育主管部门申请专项资金，在省市内支持建设一批省级大中小学思政课一体化共同体。当前，部分省市已经启动，但还需要进一步加强。

省级大中小学思政课一体化共同体建设在借鉴教育部经验——每一个共同体参与单位为10个左右、共同体由大学牵头等的基础上，多支持按网格化的思

路、以一定地域为网格的共同体。按地理网格建立的共同体建设方便共同开展集体教研、集体备课等工作，具有很强的地缘共性、自然黏性和可持续性。

### 三、积极推进大中小学思想政治教育一体化建设实践探索

习近平总书记在党的二十大报告首次提出："推进大中小学思想政治教育一体化建设"，这是继总书记 2019 年提出的"推进大中小学思政课一体化建设工程"后关于大中小学思想政治教育工作又一重要论述，是未来各级教育主管部门和各大中小学推进思想政治教育工作的重要指引。

"大中小学思想政治教育一体化建设"与"大中小学思政课一体化建设"既有联系、又有区别。我们理解，"大中小学思想政治教育一体化建设"包含"大中小学思政课一体化建设"；"大中小学思政课一体化建设"是"大中小学思想政治教育一体化建设"的核心；"大中小学思想政治教育一体化建设"还包括大中小学思想政治教育除思政课外其他重要具有共同点的任务，比"大中小学思政课一体化建设"任务更重、难度更大。

建议各省市教育主管部门在贯彻落实党的二十大精神过程中，积极推进大中小学思想政治教育一体化建设。可通过申请立项建设的方式在个别区域、少部分学校进行试点探索，在总结经验后再逐步扩大试点。大中小学思想政治教育一体化建设要充分发挥地方教育主管部门的领导、协调作用以及属地大学的引领作用。

### 四、加强本土特色思政资源共享库建设

每一个省市都有独特的人文风情、历史文化、红色记忆，这些都是十分宝贵的思政资源。建议省教育主管部门确立专项，整合省市内的博物馆、文化馆、纪念馆等，建立具有本土特色的思政资源库，并运用元宇宙等最新信息技术，供省内师生共享，以提升思政教育实效。

## 第三节　对大中小学学校的建议

### 一、高度重视党的二十大精神"三进"工作

党的二十大精神进教材、进课堂、进学生头脑，这是党中央、教育部党组

的重要工作部署，各级各类学校应该站在讲政治的高度，站在落实立德树人根本任务的高度，认真把此项工作抓紧抓实抓好。正如上文所述，当前大学对此项工作普遍落实较好，中小学校相对薄弱。

结合部分大学工作经验，各级各类学校在抓此项工作时可以从以下方面入手：一是认真制定工作方案，方案经党委常委会（党委会）讨论确定，层层落实责任，学校党委书记、校长为主要责任人，分管校领导为直接责任人，相关学院（处室）、部门负责人为具体责任人；二是主要责任人亲自领导抓落实，通过专题宣讲、思政课程、课程思政等多种渠道多种方式扎实推进；三是充分发挥思政课程主渠道作用和思政课教师的关键作用，组织思政课教师开展集体学习、集体备课，加强校领导、部门负责人随堂听课；四是充分结合学校所在地的社会资源、自然资源以及学校办学特色、学科特色等开展工作，提升工作实效，形成工作特色。

在推进此项工作中，有的教师为了提升教学效果，需要到校外开展情景教学，建议学校加强安全指导、资源协调并提供必要经费支持。

## 二、主动参与大中小学思政课一体化建设

推进大中小学思政课一体化建设工程是习近平总书记针对新时代思政课建设作出的重要指示，也是未来大中小学思政课建设的基本方向和重点任务，各学校应高度重视、主动参与。

自2019年习近平总书记作出指示以来，全国很多省市教育主管部门和大中小学都闻令而动，围绕大中小学思政课一体化建设做出了很多探索，包括四川省教育厅和部分大中小学校，但总体上讲，不平衡不充分的问题十分突出。在座谈和访谈中，我们了解到，一些学校对推进大中小学思政课一体化建设认识不深、重视不够，主动推动和参与此项工作的学校总体上还不多，有成效的更少。

针对此问题，建议：一是大学要发挥引领作用，应主动联系所在区域的中小学建立共同体或联盟，充分发挥各自优势，共同推进大中小学思政课一体化建设；二是广大中小学要充分认识参与推进大中小学思政课一体化建设的重要性，转变传统应试思维，充分发挥自身优势，主动与所在区域大学对接，主动参与大中小学思政课一体化建设；三是大中小学要主动争取属地教育主管部门的指导、支持，充分利用教育主管部门行政资源促进大中小学思政课一体化建设长效化。

### 三、大力支持思政课教师外出参加学习培训

推进大中小学思政课一体化建设,思政课教师是关键。正如上文所谈到的,当前部分教师对推进大中小学思政课一体化建设的意识不强、能力不足,加强对思政课教师的培训十分重要。与此同时,部分老师特别是中小学教师反映,学校思政课教师紧缺、培训经费不足,教师除了正常的教研活动,很难参加正规的培训,即使有机会,也是在本区、本市,很难到北京、上海等教育更为发达的地区参加培训。

针对此类问题,我们对学校特别是中小学校提出建议:一是要积极向教育主管部门申请给足思政课教师编制,配足思政课教师数量;二是设立思政课教师培训专项经费,大力支持思政课教师外出参加培训,特别是大中小学思政课一体化建设学习培训,至少保证每一位思政课教师每3年有一次外出参加学习培训的机会;三是设立大中小学思政课一体化建设教改项目,支持思政课教师加强教学研究与实践探索。

## 第四节 对大中小学思政课教师的建议

### 一、主动加强党的二十大精神的学习与研究

学习宣传贯彻党的二十大精神是各级党组织、全体党员干部、教师重要的政治任务。作为思政课教师,作为党的二十大精神的传播者,首先应主动加强学习。一是要深入学,要深刻领会党的二十大精神实质;二是要系统学,系统学习党的二十大报告全文,学习习近平总书记关于学习宣传贯彻党的二十大精神系列重要讲话,同时把党的十八大精神、党的十九大精神联系起来学,做到党的精神前后贯通;三是要联系实际工作学,要联系思政课教材、学生实际等进行学习,为向学生讲好党的二十大精神奠定基础。

### 二、主动将党的二十大精神融入思政课

将党的二十大精神主动融入思政课是思政课教师的政治任务、工作职责。首先,思政课教师要充分认识到党的二十大精神融入思政课的重要意义,在思想上形成高度自觉;其次,要在深刻领会党的二十大精神的基础上,认真研究

教材、认真研究学生，充分收集、挖掘教学资源，努力让党的二十大精神有机融入思政课，通过多种形式让学生领会、支持党的二十大精神并能结合自身实际贯彻落实党的二十大精神。

### 三、主动参与大中小学思政课一体化建设的研究与实践

大中小学思政课一体化建设是未来思政课建设的趋势和方向，作为思政课教师，不论身处哪一个学段，都应主动参与。一是要认真学习习近平总书记关于推进大中小学思政课一体化建设工程相关重要论述，深刻领会大中小学思政课一体化建设的重要意义；二是主动通过网络、讲座、论文、培训等形式加强大中小学思政课一体化建设的学习和研究，深刻把握大中小学思政课一体化建设的内在规律以及本学段的特点任务；三是积极参与本地推进的大中小学思政课一体化建设实践，多与本学段以外的思政课教师交流，取长补短、共同进步。

# 参考文献

[1] 习近平. 习近平谈治国理政：第一卷［M］. 北京：外文出版社，2014.

[2] 习近平. 习近平谈治国理政：第二卷［M］. 北京：外文出版社，2017.

[3] 习近平. 习近平谈治国理政：第三卷［M］. 北京：外文出版社，2020.

[4] 习近平. 习近平谈治国理政：第四卷［M］. 北京：外文出版社，2022.

[5] 习近平. 习近平著作选读：第一卷［M］. 北京：人民出版社，2023.

[6] 习近平. 习近平著作选读：第二卷［M］. 北京：人民出版社，2023.

[7] 中共中央宣传部. 习近平新时代中国特色社会主义思想学习纲要［M］. 北京：学习出版社，人民出版社，2019.

[8] 党的二十大报告学习辅导百问［M］. 北京：党建读物出版社，学习出版社，2022.

[9] 习近平. 思政课是落实立德树人根本任务的关键课程［J］. 求是，2020（17）.

[10] 中共中央关于认真学习宣传贯彻党的二十大精神的决定［J］. 共产党员，2022（22）.